KB058296

조선부자의 세상을 읽는 지혜

조선부자富者의
세상을 읽는 지혜

살아 있는 조선의 상도商道를 만난다

이준구·강호성 편저

스타북스

조선 부자들의 파란만장한 돈 이야기

근세를 소용돌이쳐 간 '조선의 부자들'은 확실히 서민들의 신화가 깃든 세계였다. 남들이 못 버는 돈을 손바닥이 후끈하게 번 부자들은 어떤 인생행로를 걸어온 사람들일까? 그러나 덮어놓고 부러워하지는 말자. 왕후장상王侯將相의 종자가 따로 없었던 것처럼 '돈'에도 문패 붙인 번지수가 따로 있었던 것도 아니고 선민증이 있어야만 출입할 수 있는 별천지도 아니었다. 누구나 잡으면 임자다. 의지와 배짱, 고집과 기지, 그리고 운명이 한 시대 위에서 복합적으로 형성되어 그 '돈'은 순식간에 새끼를 치며 불어난 것이다.

사실 알고 보면 부자도 일반 사람들과 똑같은 속성을 지닌 평범한 사람들이다. 단돈 만 원짜리 밑천도 못 되는 삯 지게를 지는 품팔이 신세일망정 부자가 될 수 있는 가능성은 누구에게나 있다. 아무도 내 호주머니 속에 담긴 1천 원이, 아니 내 예금통장에 있는 1만 원이 장차 나를 어떤 부자로 둔갑시킬 힘이 있는지 알 수 없다. 이처럼 돈의 가변성은 인간의 상상을 초월한다.

이 책에 나온 사람들은 경제학을 모르는 사람이다. 역사학도 모르는 사람이며 그런 학문을 전공한 일은 더더구나 없다. 그러므로 이 책은 고매한 교수가 교단에 서서 어느 고전적 이론을 체계화하고 합리화하여 쏟아 내는 박학한 경제, 역사의 강의서가 아니다. 또 거창한 기업 용어들이 나열된 서구의 부자 이야기도 아니다. 조선왕조 풍토 위에서 '미투리 경제학'과 함께 명멸한 바로 우리들의 이야기인 것이다.

호화롭게 장식된 어느 호텔의 로비에 앉아서 주고받는 거창하고 요란한 거래 언어가 아니라 시장 바닥에서 생선회 한 접시 놓고 소주잔을 기울이며 주고받을 수 있는, 어느 누구나 고개가 끄덕여지는 우리 선대의 언어라는 말이다.

과연 조선의 부자들은 어떤 인간 산맥으로 준령을 이루면서 명멸했을까? 사농공상이란 계급의 굴레에 얽매인 조선의 사회 풍토 속에서 잡초처럼 자라난 임상옥을 비롯해 개항기를 거쳐 철도, 기선의 탄생과 함께 근대적 서양 물품의 물량시대의 도래, 은행, 토지 측량, 산금정책의 여파로 등장한 노다지 광산 거부시대까지 숨 쉴 틈 없이 몰아치는 부자들의 이야기들은 과연 어느 정도로 재미있을까? 돈의 행방을 추적하면서 장쾌하게 전개된 조선의 부자들의 드라마는 오늘을 사는 우리들에게 어떤 교훈을 주는가?

이 책에 기술한 내용은 단순한 거부의 평전에 그친 것이 아니라 한 시대의 경제사이며 문화사요, 내 고장의 풍토사이다. 지학, 인물, 세태, 풍속, 산물 등이 문학적으로 얽혀 살아 있는 그대로의 거부들을 볼 수 있도록 구성했다.

이준구·강호성

차례

이승훈   독립운동가로 다시 태어난 무역상인   179

안순환   거친 인생에서 꽃피운 명월관 설립자   245

김기덕   배짱으로 밀어붙인 천만장자   261

홍순언
洪純彦

하룻밤의
은혜로
거부가 된
역관

홍순언洪純彦은 젊어서부터 통이 컸다. 게다가 의기가 있어서 남의 어려운 사정을 보면 손해가 되는 일도 서슴지 않았다. 그는 뛰어난 재능을 지녔음에도 장사 이문을 남기는 일에는 빗나가기만 해서 그를 못미덥게 여기는 사람들이 많았다.

이 때문에 홍순언은 낙척落拓해 있다가 중국말을 잘했기에 통역관으로 뽑혀 선조 초년(1573)에 사신의 일원으로 중국에 가게 되었다.

연경 가는 길의 통역관으로 뽑히게 되면 알게 모르게 얼마간의 은자銀子를 갖고 갈 수 있었고 이를 밑천으로 무역을 하여 더러 한밑천 잡기도 했다. 홍순언도 그 사행使行 걸음에 찢어진 가난은 면하게 될 만했는데 그는 중원 땅에서 그만 '통 큰 일'을 저지르고 말았다.

홍순언이 명나라에 갔을 적에 어떤 기생집에 놀러 갔다. 기생의 얼굴에 따라서 '놀이채'의 등급을 매겼는데 천금이나 되는 비싼 돈을 요구하는 여인이 있었다.

　그는 속으로 생각했다.

　"큰 나라 중국 사람도 언감생심 하룻밤에 거금을 투척하지 못하니 하물며 동방의 작은 나라 사람이야 엄두도 못 낼 일이겠구나…. 비록 가난하나 해동海東의 대장부일진대 저들이 못 하는 노릇을 내가 한 번 해보면 그 아니 쾌하랴!"

　그동안 모으고 꾸고 애걸하여 만든 공금, 사금을 합친 천금의 돈을 던져 그 기생과 하룻밤 놀기를 청했다. 그 여인은 바야흐로 16세의 절세미인이었다. 여인은 홍순언과 마주 앉자 아미를 들어 그윽이 바라보더니 울면서 말했다.

　"소녀가 애초에 이다지 많은 돈을 요청한 것은 실로 세상에는 모두들 인색한 사나이가 많으므로, 천금을 벌릴 자가 없으리라 생각하고서 당분간 모욕을 면하려는 의도였습니다."

　"그래 무슨 그런 사연이 있소?"

"사실은 세상에 의기남아가 있어서 소녀의 잡힌 몸을 속贖하여 사랑해 주기를 희망했던 것입니다. 그러나 제가 창관娼館에 들어온 지 닷새가 지나도 감히 천금을 갖고 오는 이가 없더니, 이제 다행히 이 세상의 의기 있는 남아를 만나게 되었습니다."

"그런데 왜 눈물은 흘리고 있소?"

"하오나 대인大人은 외국 사람인만큼 저를 데리고 고국으로 돌아가시기는 어렵사옵고, 이 몸은 한번 물들인다면 다시 씻기는 어려운 일이겠습니다."

홍순언은 그 여인의 처지를 불쌍하게 여기어 창관에 들어온 사연을 묻게 되었다.

"소녀는 남경호부시랑 아무개의 딸이옵니다. 아버지께서 장물에 얽매이셨으므로 이를 갚기 위해 이 몸을 기생집에 팔아 아버지의 죽음을 속하고자 한 것이옵니다."

이 말을 들은 홍순언은 크게 놀랐다.

"나는 실로 그런 줄은 몰랐습니다."

그는 언사를 정중하게 하며 다시 물었다.

"이제 내가 그대의 몸값을 내고 자유롭게 풀어 줄테니 그 액수가 얼마나 되오?"

"2천 냥입니다."

홍순언은 앉은 자리에서 2천 냥을 서슴없이 내놓고 아무 말 없이 일어섰다. 그 여인은 울면서 홍순언의 발아래 꿇어 엎디어 '은부恩父'라 일컬으며 수없이 절했다.

객기 때문에 떨어진 신용

위 대목은 연암 박지원의 《옥갑야화玉匣夜話》*에 들어 있는 얘기인데 《사대전고事大典故》에는 이와는 그 내용이 사뭇 다른 대목이 있다.

홍순언이 중국에 갔을 적에 밤에 청루에 간 것은 사실이나 그 장소가 북경이 아니고 통주였다. 천금의 방을 내건 것이 아니라 자태가 어여쁜 여인을 보고 홍순언이 주인 할미에게 부탁하여 서로 즐기기를 요구했다. 여인의 아버지가 감옥에 갇혀 있는 것이 아니라 이미 세상을 떠났다며 스스로 흰옷을 입은 까닭을 이렇게 말했다.

"첩의 부모는 본시 절강浙江 사람인데 경사經師(서울, 곧 북경)에서 벼슬하다가 불행히도 염병에 걸려 모두 돌아가셨습니다. 나그네 널이 사관에 있으나, 천한 몸이라 고향으로 옮겨 장사지낼 돈이 없으므로 부득이 제 몸을 파는 것이옵니다."

이렇게 말하며 목메어 울며 눈물을 하염없이 떨어뜨렸다. 여인이 말하는 액수도 속량贖良할 2천 금이 아닌 300금이었다. 홍순언이 전대를 톡톡 털어 다 준 대목과 그 여자를 끝내 가까이 하지 않고 일어선 대목은 흡사하다. 극적인 장면은 전고典故 쪽이 더 박진감이 있다.

그 여인이 홍순언의 성명을 물었는데도 끝내 밝히지 않으려 들자 그녀는 강경하게 나왔다.

"대인께서 성명을 말씀하시지 않는다면, 첩도 또한 주시는 것을 감히 받을 수

옥갑야화
'옥갑'이라는 여관에서 비장들과 나눈 여러 이야기를 기록한 것으로 박지원의 《열하일기》 26권 10책 중 하나이다. 조선 최고의 부자 변승업과 허생에 관한 이야기 등이 흥미롭게 담겨 있다.

없겠나이다."

마지못해 그는 성이 홍洪가라는 것만 알려 주고 그 자리에서 일어나 나왔다.

동행 중에는 그가 세상 물정을 모르는 허튼 사람이라고 나무라며 웃지 않는 자가 없었다. 이렇듯 하룻밤 객기를 부려 거금을 내다 버리 듯 탕진하고 돌아온 홍순언에게는 액운이 겹쳤다. 그는 귀국한 뒤 공 금의 빚을 갚지 못한 것 때문에 체포되어 여러 해 동안 갇혀 있었다. 장사꾼으로서 홍순언도 허랑한 사람으로 지목당해 다시는 연행 걸음 에 데리고 가려는 사람이 없었다.

그런데 이때 조선왕조에서는 '종계변무宗系辨誣'라는 커다란 외교 문제가 명나라와의 사이에서 생겨 온 조정이 발칵 뒤집혔다. 그도 그 럴 것이 명나라 역사책에 태조 이성계의 조상이 잘못 적혀 있었기 때 문이었다. 이것을 바로 잡으려고 전후 10여 차례의 사신을 명나라에 보냈으나 갔다 올 적마다 아무런 명쾌한 답변을 얻지 못했다. 선조 임 금은 크게 노하여 이렇게 엄한 전교를 내렸다.

"이것은 역관의 죄로다. 이번에 가서 청을 허락받지 못하고 돌아오 면 수석 통역관의 목을 베리라."

이러자 모든 역관 중 감히 가기를 원하는 자가 없었다. 몸을 사린 역관들이 서로 눈짓하며 그 타개책을 의논했다.

"홍순언은 살아서 옥문 밖을 나올 희망이 없으니, 우리들이 그가 빚 진 본전을 갚아 주고 풀려나오게 하여 중국에 보내기로 합시다."

이런 의논이 마침내 홍순언이 광명한 천지에 나설 수 있게 했고 다 시 압록강을 건널 수 있는 길게 했다.

홍순언이 마침내 옥중에서 풀려나 오랜만에 중국 땅을 밟게 되니

감개무량했다. 이때가 선조 17년(1584) 5월로 홍순언은 종계변무주청사 황정욱을 수행하여 북경 조양문 밖에 이르니 비단 장막이 구름처럼 펼쳐 있었다.

한 기병이 쏜살같이 달려와 사신 일행 앞에서 멎었다.

"홍 통사가 누구옵니까?"

홍순언이 대열 뒤쪽에 있다가 맞아 나아가며 대답했다.

"내가 조선국 통사 홍순언이오."

"예부의 석 시랑이 공께서 오신다는 말을 듣고 부인과 함께 맞이하러 나왔습니다."

모두들 의아하게 여기는 가운데 그 기병은 홍순언을 정중하게 모시고 갔다. 으리으리하게 장식된 장막 안에서 한 고관이 나와서 홍순언을 맞아 상좌에 앉히고 스스로를 소개하는데, 그가 시랑 석성이었다. 조금 있다가 보니 계집종 10여 명이 부인을 옹위하고 장막 안으로부터 나왔다.

연행도
지금은 없어진 연경성의 조양문으로 조선 사신들의 중국 사행길 풍경을 담았다. 단원 김홍도 作.

석성(石星)의 초상화

홍순언이 몹시 놀라 물러가고자 하니 석성이 만류하여 말했다.

"대인께서는 통주에서 은혜를 베푼 것을 기억하고 계십니까? 내 아내의 말을 들으니 그대는 참으로 천하의 의사義士입니다."

고귀한 부인이 그 앞에 나와 무릎을 꿇고 큰절을 올리는 게 아닌가. 홍순언이 당황하여 어쩔 줄 몰라 하며 절을 받지 않으려 들자 석성이 정중하게 말했다.

"이것이 '보은의 절'이니 받지 않을 수 없습니다."

절을 마친 석성의 부인은 홍순언을 다시금 우러러 바라보며 눈물을 흘리며 지난날 창관에서 구출해 준 은혜에 감사했다. 홍순언은 마치 천상의 신선 같은 대접을 받았다.

큰 잔치, 작은 잔치를 잇달아 베풀어 후하게 대접하고는 예부 시랑 석성은 앞질러 외교 현안이 무엇이냐고 물었다.

"사서史書에 조선국의 종계宗系가 잘못 기재된 것을 바로잡아 주십사 주청하러 온 걸음입니다."

국초 이래 '종계변무'라는 문제는 중국과의 외교적 큰 현안이었다. 명나라의 《태조실록太祖實錄》에 이씨 왕조의 선대가 이렇게 적혀 있었다.

'조선 국왕 이성계는 고려 권간 이인임의 아들이다.'

사실 태조 이성계가 《용비어천가》 등에서 조선왕조 창업의 당위성을 기렸듯이 선대에서부터 쌓은 여덕으로 태조가 되었다고 역대 임금들은 설명해 왔다.

종계변무를 해결하다

이성계가 이인임의 친아들이 아닌 것은 너무나 당연했으나 이인임은 고려의 권간 곧 권세를 휘두른 간신이었으므로, 그런 사람의 아들이란 소리를 듣기가 더욱 거북스러웠다. 이인임은 '이화에 월백하고…' 시조를 남긴 이조년의 손자로 홍건적을 무찌르는 등 무공을 세웠고 우왕의 신임을 얻고 나서는 친원정책을 표방하여 친명파를 탄압했다.

태조가 이런 사람의 아들로 명나라 정사에 적혀 있으니 조선왕실이 발칵 뒤집히지 않을 수가 없었다. 그래서 여러 차례 사신을 보내 이를 바로 잡을 것을 청했으나 명나라에서는 들은 척도 안 했고, 더러는 실상이 그렇지 않은 것은 인정하면서도 실록은 함부로 고칠 수가 없다고 버티던 참이었다.

이런 사정을 홍순언으로부터 들은 예부시랑 석성은 시원스럽게 도와줄 것을 다짐했다.

"대인께서는 염려 마십시오."

석성은 홍순언을 장인처럼 공경했다. 그도 그럴 것이 자기 부인이 그에게 의부義父로 대접하니 자연 자신은 사위로 자처하게 된 것이었다. 석성이 발 벗고 나섰기에 사신 일행이 사관에 머문 지 한 달 남짓 만에 요청한 대로 역사책의 오류를 바로잡게 되었다. 이때 사신 일행의 기쁨은 말할 수가 없었다. 홍순언의 적덕積德, 적선의 여경이 이렇듯 큰 줄은 몰랐다며 그의 젊은 날 한때 통 큰 하룻밤 일이 그토록 소망스러운 결실을 맺은 것을 경하해 마지않았다.

외교적 현안의 큰 매듭을 풀고 의기양양하게 북경을 떠나 귀국길에 오를 때였다. 석성의 부인이 전함(나전 세공을 한 상자) 10개에 각각 비단 10필씩을 담아와 선물로 드리며 말했다.

"이 비단은 몇 해 동안 첩이 손으로 직접 짜 가지고 아버님께서 오시기를 기다리며 준비한 것이옵니다."

홍순언이 사양하여 받지 않고 귀국길을 재촉했는데 압록강에 다다르자 깃대를 든 자가 짐바리를 싣고 달려와 기어코 그 비단 꾸러미를 놓고 가버렸다. 홍순언은 마지못해 그 비단 상자를 열어 보니 비단 끝에는 모두 '보은報恩'이라는 두 글자가 수놓아져 있었다.

이 외교적 성공을 안고 돌아온 홍순언에게 선조 임금은 그 공로를 가상하게 여기어 봉작封爵을 하고 벼슬 품계를 높여 주었다. 홍순언은 광국 이등공신에 당릉군이 되었다.

젊을 적에 한때 파락호 노릇을 했고 중국말을 잘해 역관이 되었고 또한 무역으로 크게 한밑천 잡으려 했다가 본전까지 하룻밤 청루에서 날렸으나 이제는 온 나라 사람들이 우러러보는 인물이 되었다.

홍순언이 사는 동네를 사람들은 '보은단동'이라 불렀다. 이는 '보은단골'이 변하여 '고운담골'•로, 다시 '곤담골'로 변하여 이를 한자어로

바꾼 '미장동' 또는 '여장리'가 되었다가
다시 줄인 말인 '미동'이 되었다.

이 마을은 지금의 서울 을지로 1가와
남대문로 1가에 걸쳐 있다. 홍순언의 상
혼이 살아 있어서 이 지역이 손꼽히는 상
업 중심지가 된 것일까.

고운담골
현재 서울 중구 을지로 1가 일대에
있었던 조선시대의 마을 이름으로,
현재 롯데호텔 앞에 표석이 있다.

'보은단골'이 변하여 '고은단골'이 된
것은 도성 안 서민들이 부르기 좋은 발음
으로 바꾼 것이었다. '보은단'이 '고은단'으로 바뀐 것이 아니라 '고운
담'으로 바뀌었다는 얘기도 그럴싸했다.

홍순언이 고래등 같은 집을 지으면서, 중인中人인 역관이면서도 당
릉군이란 봉군을 받았으니 며느리서까래를 단 집을 지었다. 그러고는
곱게 담을 쌓고는 담장 벽에다 '효제충신孝悌忠信' 네 글자를 수놓아
단장을 했다. 그래서 '고은단'이 아니라 '고운담'이 되었다고 한다.

이를 한자로 쓰자니 미장동 또는 여장리가 되었고 줄여서 미동으로
불렸다. 홍순언은 나라에 큰 공을 또 한 번 세웠으니 이번에는 왕실의
족보를 아름답게 한 것이 아니라 이 나라 억조창생億兆蒼生을 왜적의
분탕질에서 구해 낸 일이었다.

어배御杯 들고 취한 척 넘어지다

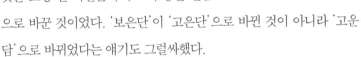

홍순언은 이른바 '고운담' 골에 으리으리한 기와집을 짓고 나라의
요긴한 외교 문제가 있을 때면 늘 뽑혀서 중국에 가는 귀한 몸이 되었

다. 그는 역관으로서는 최고의 영예를 누렸으니 공신에다 군호의 칭호까지 띠었고 높은 품계의 벼슬을 누렸다. 다만 그 신분이 중인이었기에 정사는 될 수 없었지만 더러는 정사나 부사도 사실상 홍순언의 지배를 받아야 했다.

신분의 벽을 뛰어넘은 그의 출세를 보고 사람들은 자신에게도 그런 행운이 오지나 않을까 하는 희망을 갖기도 했는데, 홍순언의 긴 담을 따라 걸으며 이런 얘기를 주고받는 도부꾼도 많았다.

"나도 돈 벌어 청루에 가서 오입 한 번 잘해 가지고 이런 부귀를 누렸으면….."

"실없는 소리 말게나. 천금을 버리고 그토록 아름다운 절색을 손목 한 번 잡지 않았으니 '은부'라는 칭송을 받았지."

"그래 한번 생각해 보게. 대국의 높은 벼슬아치 상서가 그에게 절을 하며 장인이라고 불렀다지 않나."

"맞아, 청루의 그 미인이 석성의 계실이 되어 가지고 뜰 아래서 큰 절을 했다지 않은가. 이때 어리둥절하는 홍순언에게 석성은 '장인께서 벌써 따님을 잊으셨습니까?'라고 했다지 뭔가."

"허튼소리 그만하고 등짐이나 어서 줄이게. '사려!'나 더 큰 소리로 외치게나."

이 무렵 또 다른 역관이 선조 임금 어전에서 기지를 부려 크게 칭찬을 받고 한 품계를 승진한 일이 있었다. 중국 사신을 맞은 선조가 읍하며 말했다.

"옛글에 천자의 사신은 비록 미관일지라도 제후 위의 서열이니 청컨대 먼저 의자에 앉으시오."

명나라 사신이 어렴풋이 우리말을 알아듣고 성난 빛을 띠었다. 이를 눈치 챈 어전통사 표헌表憲이 곧 말 한 구절을 더 보태어 통역했다.

"천자의 사신은 비록 미관말직일지라도 서열이 제후(국왕)의 위에 있는데 하물며 귀인임에야."

중국 사신도 그럴듯하게 여겨서 위기를 모면했고 또한 좌석을 바꾼 연회 석상에서 이런 일이 있었다.

술을 잘 마시는 중국 사신과는 선조가 같이 대작할 수 없음을 염려하여 편법으로 꿀물을 진상케 했는데, 중국 사신은 임금이 취하지 않는 것을 눈치 채고 서로 바꿔 마시기를 청했다. 갑자기 아무런 계책이 나오지 않아 주위가 모두 실색했는데, 표헌이 나서서 '임금 술잔'을 받들고 사신 앞으로 나아가다가 거짓 취한 척 넘어져 잔을 엎어 버렸다.

임금은 실례했다고 표헌을 옥에 내려 죄를 다스리도록 명령했는데 사신이 굳이 말리므로 그만두었다. 사신이 돌아간 뒤 임금은 표헌에게 한 자급 특진을 시키고 많은 상을 내렸다.

선조 25년(1592) 임진왜란이 일어났다. 앞서 일본은 명을 칠 테니 조선의 길을 빌려 달라고 했으나 허튼소리로만 여기고 있다가, 이를 중국에 어떻게 알리느냐는 방법을 놓고 즉각 알리는 것보다 정례 사행 때 귀띔해 주기로 했으나 유구국琉球國 세자 상녕이 중국에 사신을 보내 '일본의 관백이 조선으로 쳐들어가려 한다.'고 보고했다.

이때 중국 조정에서는 우리나라를 의심했다. 김응남이 사신길에 산해관에 도착하자 사람들이 모두 이렇게 따지고 들었다.

"너희 나라가 왜놈과 공모해 반란을 꾀하고서 무엇 때문에 우리나라에 들어오느냐."

사신을 동행한 홍순언이 나이 들고 계려計慮가 많아 일찍이 20여 년

(명종 22년) 전부터 각로 허국許國과 사인舍人 유심兪深 등과 친해 놓았으므로 미리 편지를 보내 조선 측 사정을 알렸다. 사신 일행이 통주에 이르렀을 적에 한 사람이 높은 언덕 위로 홀로 앉았다가 홍순언을 맞아 중국 조정 사정을 귀띔해 주었다.

"근일에 복건성 등지에서 모두 당신 나라가 왜를 인도하고 우리 중국을 침범해 온다 하여 의논이 자자하나, 다만 각로(허국)만은 힘껏 변호하여 조선 절사가 오면 반드시 알리는 글이 있을 것이라고 주장했소이다."

홍순언이 고마워하자 유심은 걱정스런 말을 했다.

임진왜란
선조 25년(1592) 4월 15일 임진왜란 당시 동래성에서 왜군의 침략에 대응하다 순절한 부사 송상현과 군민들의 항전 내용을 묘사한 동래부순절도(東萊府殉節圖). 육군사관학교 육군박물관 소장.
홍순언은 역관의 신분으로 임진왜란 때 명나라의 지원을 받는데 큰 영향을 끼쳤다.

"과도관이 당신의 나라 사신이 황경皇京에 오기를 기다려 국문하여 정상을 알아내자 했소. 각로 허국이 또한 일을 잘 알지도 못하고 사신을 국문하는 것은 먼 곳 사람을 회유하는 도리가 아니라고 우겼다오. 이럴 때 당신의 편지를 받았기에 큰 다행이었다오."

이렇게 말하며 유심은 다른 사람이 볼까 두려워 말을 달려 가버린 일이 있었다.

명明에 청병 때도 대접 받다

그 이듬해 왜적이 물밀듯이 쳐들어와 서울을 비워 주고 서도로 피난 온 조정은 명나라 구원병을 손꼽아 기다렸다. 이때 마침 사은사 신점이 북경으로부터 돌아와 말했다.

"요동 군사를 발동하여 구원할 것을 구경대신 회의에 붙였습니다. 모두들 조선은 멀리 변방에 있어 갑자기 왜적의 침략을 받아 나라를 잃어버리고 숨어 다니는 꼴이 되었으니 반드시 재앙을 자초한 까닭이 있을 것이라고 했습니다. 또한 경솔하게 그 나라의 정상을 잘 모르면서 군사를 멀리 움직일 수가 없다고 했습니다. 다만 석성만은 돕는 말을 했다 합니다."

조선은 마침내 정곤수, 심우승을 보내어 밤을 가리지 않고 달려가게 했다. 선조는 정곤수가 길을 떠날 적에 손수 술을 부어 주고 보내는데 그 어조가 심히 비감했다. 이때 홍순언이 같이 가서 병부상서가 되어 있는 석성을 만나 구원병을 간청했기에 그 성사가 빨랐음은 물론이었다. 구경 회의에서 석성은 이렇게 주장했다.

"조선은 본래부터 예의의 나라라 일컬어 중화中華와 비슷하옵고, 200년 동안 한결같이 중국을 받들어 왔습니다. 이런 까닭으로 우리 조종께서 조선을 특별히 대우함이 다른 변방과 비교가 되지 않았습니다. 하물며 이번에 변란을 당한 곡절은 앞서의 제주에 명확히 차서次序가 있어 결코 거짓을 끼고 우리를 넘보려는 계교가 있는 것이 아니옵니다. 만일 그들이 왜적과 부화하게 되면 변경의 근심이 이루 말할 수 없을 것입니다. 빨리 군사를 출발시켜 구원하소서."

이렇게 중국 조정에서 의논이 엇갈리고 있을 적에, 상서 석성은 홍순언에게 이렇게 다짐했다.

"귀국을 위하여 나는 힘을 다하고 있지만 여러 사람의 의논이 분분할 뿐이니, 귀국에서 청병하는 사신을 보내오면 내가 마땅히 귀국을 위하여 힘쓰겠소. 황상께서도 귀국을 가엽게 여기고 있소. 다만 영하寧夏에서 방금 용병하고 있기 때문에 힘이 분산될까 두려워할 뿐이오."

주무 국방 장관이 이렇게 힘을 썼으니 쉽게 명나라 구원병이 파견될 수 있었다. 아리따운 계실 부인이 홍순언에게 은혜를 갚기 위한 남모르는 노력이 조선의 국난을 극복하는 데 도움을 준 것이었다. 이 무렵 홍순언은 아무리 난제라도 중국의 대접을 받아 가며 교섭을 했다. '종계변무'나 '청병' 때도 결코 뇌물을 쓴 적이 없었다.

임치종

林致宗

재물을 다스리는 데 뛰어난 거상

재물을
다스리는 데
뛰어난
거상

임치종林致宗은 의주 사람으로 소싯적 집이 몹시 가난했다. 일찍부터 남의 집 점포에서 고용살이를 시작할 수밖에 없었다.

의주의 풍속은 사람을 고용하면 품삯은 몇 해가 지나도 한 푼도 지급하지 않았다. 다만 5년이나 10년을 겪어 보고 싹수가 있어 보이면 독립시켜 장사를 해보도록 뒷받침해 주었다. 사람이 성실하지 못하면 새경은커녕 맨몸으로 쫓겨나기 십상이어서 주인의 눈에 들기까지는 온갖 고생을 무릅써야 했다.

점주店主가 몇천 냥을 떼 주어 이른바 '문상門商'이 되게 해 주었는데, 이때 임치종의 나이 마흔 살이나 되었을 적이었다.

당시 헌종(조선 제24대 왕, 재위 1834~1849) 무렵 조선과 청나라는 별도로 통상을 하지 않고 다만 사신이 오갈 적에야 비로소 책문柵門을 열어 조선과 중국의 상인이 서로 무역을 하게 되는데 이를 일컬어 '문상'이라고 했다. '문상'이 되어야 밑천을 대고 이문을 남겨 먹을 수 있는

데 고용인은 죽도록 일만 할 뿐 쇠푼 하나 제 것으로 만져 볼 수가 없
었다.

갖은 풍상 다 겪은 임치종이 이른바 '불혹不惑'의 나이로 문상이 되
어 중국에 가는 첫걸음이었다. 북경 시가를 구경하러 나갔더니, 어느
청루青樓에 편액扁額을 써 붙인 '만금루'란 글자가 눈에 띄었다. 지나
가는 중국 사람을 붙잡고 물었다.

"저게 무슨 뜻이오?"

"새로 나온 기생이 하나 있는데 정녕 절대 가인이라오. 하룻밤 자는
데 1만 금을 내라는 거요."

그는 혼자 가만히 생각했다.

'저렇게 거금의 방을 붙인 것을 보면 중국 사람도 선뜻 나서지를 못
하는구나. 얼마나 미인이길래 저런 돈을 내라고 하지.'

가까이 할 곳이 못된다고 여기고 물러서 나오다가 임치종은 혼자

부아가 났다.

'애라, 저들이 우리를 소국인이라고 노상 깔보는데 저런 기생을 먼저 사서 지내면 저들의 기를 한번 꺾어 놓을 수 있겠지. 나 같은 사람이야 고국에 돌아가서 한 10년간 남의 고용살이 점원 노릇을 하면 그만이겠거니와 그들이 나 아닌 우리나라 사람들을 대하는 눈초리가 달라지겠지. 어디 큰 도박이나 한번 해보자꾸나.'

마침내 그 청루를 찾아가 1만 금을 던져 주고 하룻밤을 같이 지내기는 했어도 그 여자의 몸에 손도 대지 않고 그냥 일어섰다.

"대인大人께선 존함이나 소녀에게 일러 주시오."

성명만 알려 주고 훌훌히 맨손으로 돌아오니, 고향 의주 사람들 모두 허튼짓을 했다고 그를 나무랐다. 하룻밤 청루에서 미녀를 앞에 놓고 뜬 눈으로 밤을 새운 탓으로 무수한 고생을 했다. 남의 집 고용살이라도 들어가려면 청루에다 돈을 내다버린 허랑한 사람이라고 아무도 발을 붙여 주지 않았다.

가난과 수모와 후회로 얼룩진 10년 세월이 흘러간 어느 날 중국에 문상으로 나갔던 어느 점주가 선물 꾸러미를 가득 싣고 임치종을 찾아왔다.

"나 같은 사람을 어인 일로 찾아왔나?"

"내가 이번 연행 길에서 기이한 인연이 있었지."

값나가는 중국 비단과 보화를 풀어놓으며 북경서 장사를 가장 크게 하는 제일 갑부가 임치종의 안부를 묻는다는 것이었다.

"그자가 어찌 먼 변방의 나 같은 사람을 알 리가 있나?"

"아닐세, 다음 사신이 북경을 올 때엔 자네를 꼭 안동해 가지고 오라고 나뿐만 아니라 다른 여러 사람에게도 신신당부를 했네."

마침내 임치종은 다음 사신을 따라 중국 상인이 보낸 밑천을 가지고 문상의 자격으로 마침내 북경에 도착했다.

그 부상富商을 찾아갔더니 십년지기를 대하는 것보다 더 반갑게 맞으며 상빈上賓으로 모셨다. 고대광실로 인도하는데 정원에는 기화요초가 눈을 현란케 하고 은은한 음악 소리가 황홀한 가운데 깊숙한 분벽사창에 들어서니 고귀한 향기가 사람 사는 곳이 아닌 양 느껴졌다. 영문도 모르고 어리둥절 상좌에 좌정하니 진수성찬 산해진미의 주안상이 들어오고 금잔에다 이름 모를 고귀한 향취의 술을 따라 권했다. 이윽고 성장한 절세미인이 머리를 조아려 공손히 절하며 말했다.

"대인께선 소녀를 기억하시나이까?"

10년 전 청루의 그 밤을 얘기하며 그 큰 도량과 고마움에 새삼 눈물을 지우며, 10만 금을 그에게 주었다.

"이 돈은 비록 얼마 되지 않으나 대인께서 소녀에게 갚아 준 돈의 이자에 지나지 않으니, 그 은혜는 또 따로 갚을 도리를 생각했나이다."

그러고는 마침내 그 갑부와 독점 거래를 트게 해 주었다. 이 10만 금으로 중국을 드나든 지 몇 해 만에 임치종은 마침내 100만 금을 모은 부자가 되었다.

마음 통하면 거금쯤 쉽게 던지다

전국에 '의주 거부 임 아무개'라고 하면 모르는 사람이 없었다. 그 성질이 호탕하여 아낄 때에는 한없이 아끼다가도 한번 마음이 통하면 선 자리에서 1천금을 내던져 주기는 예사였다.

이 무렵 충주 고을의 한 아전이 관전官錢을 축내었다가 갚지 못해 궁지에 몰리게 되었다. 임치종이 통 크다는 소문을 듣고 한번 대질러 그 마음을 격동시켜 돈을 꾸어 보자고 아전은 마음먹었다. 천여 리 길을 톺아, 마침내 의주에 닿았다.

"소인 충주에 사는 아무개인데, 고을에 기근이 심하여 많은 생민이 굶주리게 되었소이다. 구휼할 길이 없어 멀리서 성화를 듣고 여기까지 왔습니다. 청컨대 만 전만 도와주십시오."

그는 선선히 대답했다.

"그럼 내 도와주겠소. 그 돈은 여기서 충주까지 1,300리나 되는데 어떻게 운반하겠소?"

"어음을 끊어 주시면 환전하면 되지 않겠습니까."

이 말에 임치종은 발끈 성을 내며 그 아전을 호되게 꾸짖었다.

"네가 나를 속이는구나. 너는 필시 관전 축낸 것을 보충해 놓으려는 속셈이지?"

"과연 그러합니다."

아전은 이실직고하지 않을 수가 없었다.

"하온데 제가 거짓말을 하는 것을 어찌 아셨습니까. 그것이나 듣고 싶습니다."

임치종은 그 까닭을 설명했다.

"지금이 2월인데 만약 그 돈을 환송하면 반드시 4월은 되어야 찾을 수 있는데 그때까지 기다리자면 백성은 모두 굶어 죽을 게 아니냐."

임치종이 충주 아전의 속임수를 꿰뚫어 보면서 말했다.

"네가 거짓말을 하고 있는 것을 당장 알아차린 것은 다름이 아니지. 지금 돈을 운반運錢하기는 지극히 어려운 일인데도 내가 너에게 돈을 주겠다고 승낙했으면 너는 먼저 돈 운반할 방책을 물어야 마땅하거늘 너는 그렇지 않았으므로 곧장 사기 치려는 줄을 알았느니라."

당시(조선 헌종)에 사용하던 엽전은 한 닢 크기가 요즘 500원짜리 주화만큼이나 두껍고 무게는 더 무거웠다. 엽전을 세는 단위로 열 닢(열푼)이 한 돈이고 열 돈이 한 냥인데 한 냥은 곧 엽전 백 닢인 것이다.

보통 장정 한 사람이 지고 갈 수 있는 엽전 꾸러미는 고작 100냥이었다. 충주 아전이 돈짐 운반할 걱정을 했다면 당장 삯꾼 100명이 있어야 1만 냥을 운반할 수 있다는 것을 염두에 두어야 했다. 더욱 먼 길을 갈 적에는 한 사람이 70~80냥씩밖에 운반할 수 없었다. 그러니 120~130명의 일꾼이 필요했으니 당시 의주 바닥에서 그 많은 사람을 한꺼번에 구하기 힘들 것은 뻔했다.

소나 말에 싣는다고 해도 20~30바리는 족히 되는 송금 행렬이었다. 당시는 걸어 다녔으므로 의주서 충주까지는 1,300리니 짐 없이 잰걸음으로 하루 100리를 걷는다고 해도 열사흘이나 걸리는 노정이었다. 게다가 짐을 지거나 싣고 가자면 날씨가 좋아도 보름 내지 20일은 넉넉히 걸리는 일정을 잡아야 했다.

이런 셈을 마음속으로 해본 충주 아전은 스스로의 실수도 이만저만이 아니라는 것을 절감하면서 임치종에게 물었다.

"하오면 어르신께선 빠른 방법으로 돈을 운반할 무슨 좋은 묘책이라도 있으십니까?"

사뭇 존경하는 말투에 임치종은 웃음을 띠면서 대답했다.

"내 돈이 전국에 두루 널려 있어서 만 냥을 운반하는 데에는 한 달도 걸리지 않지."

임치종은 그 충주 아전에게 1천 냥의 어음을 써 주면서 한마디 덧붙였다.

"네 말이 비록 거짓이었으나 천리 길을 멀다 하지 않고 찾아왔으니 내 어찌 너의 뜻을 저버릴 수 있으랴. 이 돈을 요긴하게 쓰고 어려운 처지나 면하도록 하라."

충주 아전은 백배 사례하고 떠나며 생각했다.

'홍경래의 난 이후로 서북의 민심이 흉흉한 데다 도처에 도둑이 들끓어 어지간한 고갯길이나 산길은 혼자 지나다닐 수 없을 만큼 화적 떼가 날뛰는데 내가 만약 엽전을 바리바리 싣고 지고 장사진을 이뤄 길을 떠났다면 어느 화적의 손에 귀신이 될지 모르는 지경에 이르렀구나.'

충주 아전을 보내고 난 임치종은 사신을 따라 북경으로 갈 채비를

조선 후기의 시장
조선 후기 실학자인 서유구의 《임원경제지(林園經濟志)》는 1830년경에 모두 1천 52개의 시장이 있었다고 기록하고 있다. 3일장과 10일장, 15일장도 있었지만 5일장이 전체 시장의 86%가량으로 압도적인 비율을 차지하고 있었다.

서둘며 먼젓번에 함께 청나라를 다녀온 문상을 불렀다.

"자네는 이번에 북경에 갈 생각이 전혀 없어 보이니 어쩐 일인가, 말해 보게."

"사실 월여 전부터 배탈이 나서 이제 탈진 지경에 이르렀습니다. 그래서 아무래도 이번엔 원행遠行할 수 없을 것만 같습니다. 연경의 호상胡商 아무개한테는 대인께서 잘 말씀해 주십시오."

그 문상이 앞서 북경 걸음에서 후미진 곳에 잘못 갔다가 갖고 간 장사 밑천을 도둑에게 털리고 오도 가도 못 할 딱한 처지가 되었던 적이 있다. 그와 거래를 자주 하던 호상이 선뜻 훗날 갚으라며 장사 밑천을 대주어서 자진이라도 하려던 위기를 모면했을 뿐더러 한밑천 잡기까지 했던 것이었다. 그런 사람이 막상 돈 갚을 생각은 않고 병을 핑계 삼아 장삿길 떠나는 것조차 꺼리는 게 아닌가.

"예끼 고얀 사람 배은망덕해도 유만부동이지. 자네가 못 갈 지경이면 돈이라도 갚아야 할 게 아닌가."

"뭘 그리 걱정이 심하십니까. 혹 그 호상이 제 안부를 묻거든 중병을 앓다가 죽었다고 하면 그만이 아닙니까."

"고얀 사람이군. 다시는 내 앞에 발길도 들여놓지 마라. 당장 물러가지 못할까."

임치종은 못내 그 문상의 장사꾼답지 못한 비겁함과 좀스러움을 괘씸히 여기면서 북경에 당도했다.

하루는 북경의 돈 대준 그 호상이 처연한 얼굴빛으로 찾아와서 말했다.

"내 들으니 먼저 내가 장사 밑천을 조금 마련해 준 그 문상이 급살병으로 죽었다더군. 아까운 인재를 놓쳐서 정말 섭섭하이. 우리네 장사 풍습에 한 번 그 사람이 눈에 들면 밑천을 대줘서 뒤를 밀어줄뿐더러, 실패를 해서 본전을 날려도 세 번까지는 봐주는데…. 참 아까운 사람이야."

눈물을 뚝뚝 흘리던 호상이 임치종에게 약간의 은자를 전해 달라며 부탁했다.

"아직 자녀가 어리고 집안도 가난할 터이니, 이 얼마 안 되는 것으로 장사나 후하게 지내게 해주시오."

그는 난처했다. '문상'이 죽지 않았다고 곧이곧대로 말해 줄 수도 없었다. 하는 수 없이 그 은덩이를 받아가지고 문상의 배신에 대해 끓어오르는 분노를 삼키며 압록강에 닿았다.

말조심의 소중함을 느끼다

그는 압록강을 건너자마자, 선걸음에 말을 달려 그 문상의 집을 찾았다. 사람들이 웅성웅성 모여 있는 것을 이상하게 여기면서 마당에 들어서니 초상난 집이 아닌가.

"이 사람이 친상을 당했나, 상처를 했나 웬일이지."

혼자 생각을 하며 온 김에 문상을 하지 않을 수 없어 상청으로 들어섰다. 굴건제복으로 곡하는 상주가 바로 그 문상의 아들인 것을 보고 깜짝 놀랐다.

"이 사람이 과연 자기가 앞세운 말대로 죽었구나."

북경에서 가져온 장례 비용을 그 아들에게 전해 주며 그가 죽은 경위를 들었다.

"선친은 어르신네가 연경 길을 떠난 뒤 갑자기 열병을 앓기 시작했
는데 백약이 다 효험이 없다가 끝내 운명했습니다."

"뭐 남긴 말은 없었던가."

"상인의 신의를 저버렸음을 임종 때 크게 후회하며 뼈저리게 한탄
했습니다. 저희들을 보고 자기는 그 죄 갚음으로 죽어 마땅하거니와
꼭 신의를 지키는 사람이 되라며 그 호상에게 진 빚을 꼭 갚고 사죄하
라고 엄명했습니다."

통곡하는 상주를 위로하며 빈소를 물러나온 그는 참 말 한마디가
무섭다는 생각이 들었다. 흔히 소소한 장사꾼들이 이문이 별로 안 남
는다는 말을 강조할 적에 실없는 맹세의 말을 하는 수가 많다. 마찬가
지로 큰 흥정을 할 적에는 자기의 신체나 조상을 두고 맹세하는 수도
적잖았다.

'절대로 '빌미'가 될 만한 말을 함부로 하는 것이 아니구나. 그 사람
이 그렇게 허무하게 떠나다니….'

집에 당도한 임치종은 집사를 불러서 일렀다.

"광 안에 간수해 둔 은덩이를 모두 마당에 꺼내 놔라. 햇볕 좀 쐬야
겠다."

임치종이 집사에게 명하여 은괴를 모두 꺼내 햇볕을 쬐게 하니 집
안사람들은 그 영문을 몰랐다. 봄이나 가을이 되어 책을 꺼내 햇볕에
말려 습기를 없애고 좀이 먹지 않게 하는 일은 더러 있어도 녹이 슬거
나 벌레도 먹지 않을 은덩이를 내다 말리라니 이상했다. 마당에 멍석
을 깔고 그 위에 백지를 펴고 은덩이를 있는 대로 꺼내 놓으니 그 엄청
난 수량이 장관을 이뤘다.

어느 가난한 사람이 이 은덩이를 보고 놀란 입을 다물지 못했다. 그

가난한 사람을 불러서 가까이 오게 한 임치종은 의외의 선심을 썼다.

"그대는 너무 가난하고 나는 이렇듯 부자이니 너무 공평하지 못한 것 같구려. 들고 가고 싶은 대로 갖고 가시오."

이 빈자는 감지덕지 고마워 어쩔 줄 모르며 갖고 갈 만큼 은덩이를 포개어 끌어안고 나갔다. 무거워 끙끙거리면서도 결코 놓치지 않으려고 대문께로 나가는 것을 본 임치종의 좌우 사람들이 괴이쩍게 여기어 물었다.

"무슨 연유로 은덩이를 마구 집어가게 하십니까?"

"나도 전날 이런 은덩이가 쌓인 집을 보고 한 번 놀란 사람이었다. 내 어찌 그 빈자를 동정하지 않을 수 있으랴."

사람들은 모두 그가 통이 크고 호탕한 줄 알았다. 사실 그는 돈을 모을 때까지는 더할 수 없이 구두쇠였다. 엽전 한 닢이 아니라 반의 반 푼까지도 결코 소홀하게 다룬 적이 없었다. 결코 낭비란 있을 수도 없었을뿐더러 꼭 써야 할 곳마저 푼돈이라도 줄이고 깎으려 들었던 그였다.

임치종이 움켜쥐고만 있던 재물을 흩어서 나눠 주고 쓰기 시작한 커다란 계기가 있었다. 일찍이 그는 중국과 무역을 해서 거만금을 모으면서도 한편으로 농토를 널찍이 장만해서 농사를 지어 추수하는 곡식이 헤아릴 수 없이 많았다. 그리고 흩어지는 곡식 낱알과 싸라기며 심지어 밥풀 한 톨까지도 버리는 일이 없도록 양계를 했다. 임치종이 손수 모이를 주고 계란 낳는 수량을 챙기며 그 넓은 마당에 가득하도록 닭을 길렀다.

이 무렵 서북 지방에 기근이 들었다. 관곡官穀이 바닥나자 부호 토호들에게 손을 뻗쳐 돈이나 곡식을 갹출하려 들었으나 그는 겨우 체면치레만 할 뿐 좀처럼 듬뿍 인심을 쓴 적이 없었다. 관서 지방에서는 임 아무개가 재물 있는 사람으로 손꼽혔을뿐더러 세상에 둘도 없는 노랑이로 소문이 났다. 가난한 이웃이나 마을 사람들이 굶주려 부황이 난다고 소동을 벌여도 그는 눈 하나 깜빡하지 않았다.

마침 암행어사가 의주에 당도하여 임치종을 책잡을 꼬투리를 찾기 위해 그의 집을 우선 찾아갔다. 초가을 석양 무렵 유난히 매미, 쓰르라미 소리가 요란한데 허름한 나그네가 찾아와 하룻밤 묵어가기를 청하는 소리에 임치종은 깜짝 놀랄 일을 발견한다. 바깥마당 가득 모이를 쪼고 있던 닭 중에서 병아리 한 마리를 솔개가 채어가지 않는가. 여느 때 같으면 거들떠보지도 않을 나그네를 사랑방으로 모셔 놓고 진수성찬을 차려서 대접을 하면서 집사를 시켜서 두툼한 책으로 된 문부文簿를 꺼내오게 했다. 그 책에 이름이 적힌 사람을 모두 불러 모아 그 큰 사랑의 대청에 가득 모이게 하고는 그들 모두에게 곡식과 돈을 나눠 주었다.

"김 아무개는 10년 전 흉년들었을 적 아무 달에 나한테 쌀 서 말만 꿔달라고 했는데 내가 그걸 거절했지. 사실 그때 그 곡식은 더 있어도 춘궁기를 다 이겨낼 수는 없겠기에 내가 안 주고 여기다 적어놨지. 해마다 장리로 늘려서 쌀 스무 섬이 되었다네. 이걸 가져가게. 그냥 먹지 말고 몇 해만 늘리면 백석꾼도 될 수 있는 밑천이야."

모두들 임치종의 말에 눈이 휘둥그레졌다.

암행어사도 감복한 사연

암행어사는 속으로 출도할 기회를 노렸다가 한편으로는 실망을 금치 못했으나 또 한편으로는 감탄해 마지않았다. 혼숫감 빌리러 왔던 사람, 장사 밑천 꾸러 왔던 사람, 죽어간다고 약 대달라던 사람, 일일이 치부해 둔 것을 상기하면서 그들에게 걸맞는 돈을 내주고는 크게 잔치를 벌였다. 평소 임치종 스스로도 검소하게만 살던 것과는 딴판으로 소를 잡고 술을 거르고 흥청망청 음식을 내오게 했다.

이윽고 잔치가 파했다. 그 암행어사와 단 둘이 앉아 젊어서 고생한 얘기며 중국 가서 청루에 만 금을 던져 호기를 부린 온갖 사연을 밤 가는 줄 모르고 들려주었다. 오히려 암행어사가 감복하여 스스로 신분을 노출하고 말았다.

"주인장, 사실 나는 조정서 내려온 관원이었소. 혹여 탐학貪虐질이나 해서 돈을 모으고 백성을 괴롭히지나 않나 싶어서 내 그대를 찾아온 것이었소. 정 트집 잡을 것이 없으면 살고 있는 집 칸수라도 넘치게 지었으면 내 그것이라도 징치하려 들었소."

"나도 젊은 선비가 겉모습은 초라해 보이나 그 걸음걸이나 안광眼光이 비범찮은 것은 알아차렸소 마는 사실 그보다도 내게는 더한 징험을 보여준 게 있었소이다."

술 한 순배를 권하고 나서 임치종은 얘기를 계속했다.

"내가 이토록 부자가 된 것은 부지런히 모으고 일한 덕분도 있지만 의주 제일의 부자가 되자면 뭐랄까 천우신조랄까 도와주는 운수가 있어야 했소이다. 내가 곡식을 심으면 지나가는 소라도 밭고랑에 거름될 물건을 한 무더기 누고 갔으면 갔지 곡식을 밟는 적이 없었소. 하다

못해 호박을 심으면 한 꼭지에 두 개씩 열렸으면 열렸지 물러서 떨어지거나 썩는 법이 없었지요. 마찬가지로 사온 물건의 수량이 한두 개가 더 많았으면 많았지 결코 모자란 적이 없었으니 이를테면 재수가 좋았다고나 할까요. 또한 짐승을 먹여도 새끼가 죽는 법이 없었고 닭을 쳐도 가령 계란 열세 개를 품게 안겼다면 나중에 병아리로 깨어 나온 것은 한두 개 늘어난 열네 마리나 열다섯 마리가 되도록 어미닭이 알을 더 낳아 보탰으면 보태었지 결코 줄어드는 법이 없었소. 심지어 닭이 거름 무더기에서 벌레를 쪼아 먹을 적에도 끌어모아 가지 끌어 내려 흩은 적이 없었소. 바로 어제 선비님이 우리 집을 들어서는 순간 솔개가 병아리를 채어 가는 것을 보고 제 운수가 이젠 다 찼구나 직감을 했다오. 원래 얼마나 모을 수 있나 그 끝까지 가보고 싶었는데 스스로 내리막길이 시작된 줄 얼른 알고 당장 베푸는 행동에 옮기는 그것도 역시 상인의 타고난 상재가 아니겠습니까?"

바로 그 어사가 조정에 임치종을 천거하여 벼슬을 시켜 마침내 곽산 군수에까지 이르게 했다.

한갓 상점 머슴살이로 시작해서 한 나라 제일의 부자가 되고 출신 바탕을 뛰어넘어 관인官印을 차는 목민관牧民官에까지 이르렀던 임치종은 그의 자손들이 재산을 제대로 보존 못 할 줄 알고 천석지기의 땅을 어느 관가官家의 소유로 만든 덕분에 갑오경장 뒤까지 그 부명富名을 잃지 않았다.

임상옥

林尙沃

인삼으로 한 시대를 평정한 무역왕

인삼으로
한 시대를
평정한
무역왕

조선의 상권은 국경지대의 세 곳에서 좌우되었다. 쓰시마의 일본 장삿배를 상대하던 동래 외관, 여진족의 담비 가죽을 사들이던 회령, 경성지대 그리고 책문후시栅門後市(조선시대 청나라와의 사이에 성행했던 밀무역 시장)를 들락거리던 의주 지방이었다.

그 세 곳의 국제 무역권 중에서도 최고는 천하의 중원 한복판이라는 중국 비단을 상대로 했던 의주 장사꾼들이었으며, 그 만상 거부들 중에서도 가장 두각을 나타냈던 이가 임상옥林尙沃이었다.

의주 상인 임상옥은 큰돈을 벌어 왕실 부럽잖게 꾸미고 살아서 북경에서는 조선 거부 임상옥의 이름을 모르는 사람이 없었다. 이른바 중원은 천하의 한복판이고 장자 거상들이 즐비한 바닥인데, 그 큰판에서 '청대인'들조차 조선의 임상옥 얘기를 입에 올릴 정도이면 임상옥의 '크기'를 가히 짐작해 봄직하다.

임상옥은 청나라 수도 북경까지 소문난 '조선 거부'였지만 정작 우리나라《왕조실록》이나《승정원일기》등 정사에는 단 한 줄의 기록도 남아 있지 않다.

그는 정조 3년(1779)에 태어나 철종 6년(1855)에 죽었으니 일흔일곱 살까지 산 사람이다. 그러니까 '서북의 혁명아' 홍경래보다는 한 살 위가 되고, 천하 명필 추사 김정희보다는 일곱 살 위이며, 우리나라에 최초의 우두를 시행했던 지석영과 일본 총독에게 폭탄을 던진 의사 강우규와 일제강점기 때 김천중학교를 설립한 여류 거부 최송설당이 태어난 해에 죽은 사람이다. 임상옥이 살았던 시대는 멀다면 멀고 가깝다면 가까운 셈이며, 홍경래와 추사 그리고 지석영을 떠올리면 그 시대를 실감할 수 있다.

임상옥은 나이 열일곱 살 때까지는 아버지 임봉핵이 중국 사신 길을 따라다니며 장사를 한 덕분으로 그럭저럭 서당에서 글을 읽었다.

가계는 전통적인 장사꾼으로 본래 평안도 안주에서 살다가 증조부

때 의주로 이사를 했다니까 4대째 의주 상인 노릇을 한 셈이다. 그 당시는 서울, 의주의 대청 무역로는 말할 것도 없이 송도, 평양, 안주, 의주였다. 임상옥의 집안이 안주성 내에서 살다가 의주로 이사를 갔다니 아마 전형적인 상민 집안이 아니었던가 싶다.

의주는 조선 국제 무역의 중심지이다. 의주 상인의 본령本領을 지켜야 함은 물론 직접 자기 발로 연경 장삿길을 다녀야 했다. 또 만주어나 중국어를 직접 배워야 했고 그들의 풍속을 알아야 했다.

그러나 자고로 사람이 시장 바닥에서 밥을 먹고 살자면 세상 물정에 밝아야 하고 눈치가 빨라야 한다. 또 상대방을 다룰 줄도 알아야 한다. 정 수가 틀리면 멱살을 잡고 한가락쯤은 박고 칠 줄도 알아야 한다. 이런 일은 학문이나 문자가 아니었다. 산 체험이어야 했다. 자기 눈으로 보고 손으로 더듬어서 잡는 학문이었다.

그러니깐 옛날부터 장사꾼이 가는 길과 백면서생이 가는 길은 근본적으로 달랐다. 백면서생은 그야말로 남산골 샌님이어서 자기 집 마당에 매인 당나귀와 노새도 구별할 줄 모르면서 공자 왈, 맹자 왈에는 이골이 나게 혀가 잘 돌고, 암캐와 수캐의 생김새는 식별하지 못해도 기생방에 가서 한나절 내내 시조는 잘 읊어 댔다. 백면서생은 그렇게 세상을 살아갈 수 있을지 몰라도 장사꾼이 그래서는 입에 풀칠하기가 어렵다. 그래서 장사꾼들은 장사꾼 나름으로의 '철학'이 통했다.

"사내자식이야 손바닥 두툼하고 제 이름 석 자만 쓸 줄 알면 그걸로 족하지!"

"사내란 본시 10리 장엘 가도 돈 석 냥과 거짓말 한자리는 꼭 주머니 속에 넣고 다녀야 한다고!"

이거야말로 사나이 위세를 콩 심은 데 콩 나듯 일러바친 수작이 아닐 수 없다. 그러나 그때만 해도 세상 생겨 먹은 게 훨씬 단순했다. 그래서 보통 상식으로는 '사람'을 평가하는 기분도 '신언서판身言書判(사람이 갖추어야 될 네 가지 조건. 신수, 말씨, 문필, 판단력)'이라 했다. 허우대 멀쩡하게 잘생기고 말소리 괄괄하고 구변이 좋으며 글씨 잘 쓰고 옳고 그름에 대한 판단만 잘하면 그만이었다. 하여튼 장사꾼은 장사꾼대로 그 길에서 이골나지 않으면 살 수가 없는 것이고, 그러려면 오직 수련과 경험이 중요하다.

그래서 임상옥은 열여덟 살 되던 해부터는 직접 아버지 임봉핵을 따라서 인삼 보따리를 지고 연경 2천 30리 장삿길을 밟기 시작했던 것이다.

5년 동안 쌓은 집이 무너지다

천하거상 임상옥이 부자면 대체 얼마나 부자였을까? 길고 짧고 간에 '돈'의 길이부터 얼른 재보자.

> 죽었지만 의주 임상옥林尙沃 하면 근대 서북을 대표한 거부인 줄은 대개 짐작할 것이나….

당시 최고의 권위와 발행 부수를 자랑하던 《개벽》지에서 조선 기본 문화 자료를 조사할 때 평안도 편에 밝혀진 것이다. 그러나 어느 기록에도 임상옥의 재산이 구체적으로 얼마였다고 나오는 대목은 없다. 다만 그의 행장기의 한 토막으로 임상옥은 서른여덟 살 때 일국을 주

름잡는 큰 부를 쌓자 의주 백마산성 아래 삼봉산 밑에다 아버지 임봉
핵의 산소를 쓰고, 이듬해에 그 산소 아래에다 수백 칸짜리 집을 지었
다고 한다. 말하자면 수백 칸짜리 집을 지어 놓고 동성이척同姓異戚의
자기 수하 사람들까지 모여 살도록 할 계획이었다. 자기 나름대로 하
나의 이상촌을 세우려고 했던 것 같다.

그 산장은 공사를 하는 데만 무려 5년이 걸렸는데 얼마나 어마어마
한 재목을 써서 호사스럽게 꾸며 놓았는지, 몇십, 몇백 채를 꾸몄었는
지 몰랐다.

"상인 주제에 너무 거창한 집을 지었는데…."

"분명 나랏법에 어긋나는 처사야!"

주위에 소문이 돌고 암행어사까지 출두해 지어 놓은 집은 모조리
헐게 되었고, 임상옥은 그 '거옥巨屋' 탓에 목에다 칼을 쓰고 억울한
옥살이를 하기도 했었다.

'조선 사람은 명당 쓰다가 큰 집이 망하고, 일본 사람은 집 짓다가
망한다.'는 속담이 있지만 본시 우리네 풍속으로는 집 자랑은 않는 법
이다. 집치장보다는 산소 치장이 더 요란했다. 그러나 임상옥의 경우
를 보면 알몸뚱이 맨주먹으로 일국의 거부가 된 것인즉, 이미 묘 바탕
은 얻어 놓은 당상이니, 산소 아래에다 큰 집을 짓고 만년을 보내려고
웅대한 계획을 짰던 것이다. 그러나 옛말에도 '큰 집 짓고 안 망한 놈
없다.'고 '집'을 짓는 데는 늘 조심을 해야 했던 것이다. 왜냐하면 집에
도 봉건사회의 법도가 있었기 때문이다.

한 나라의 임금이 아닌 다음에야 돈으로 노적을 쌓았대도 호사할
수 있는 신분의 한계가 있었다. 왕가가 아닌 사가는 아무도 아흔아홉
간 이상은 지을 수가 없었다. 대문 넓이가 몇 자, 기둥 높이가 몇 자라

조선 후기 중인의 집

조선시대는 집을 분수에 넘치게 짓거나 소유하면 지탄을 받음은 물론 화근이 되기도 했다. 그림은 19세기 중인의 집을 그렸다. 온돌 난방은 부엌 아궁이에서 취사와 난방을 동시에 해결했기 때문에 부엌과 온돌방이 연결되었다. 작자 미상, 1814년, 국립중앙박물관 소장.

는 엄격한 제한이 있었다. 그리하여 옛사람, 더구나 상놈은 게딱지같이 납작한 집을 지어서 기어 들어가고 기어 나오는 한평생을 살았으며, 크게 짓는대야 고작 '옥屋'이 아닌 '사舍'를 지었던 것이다.

그래서 게딱지만 한 초가집을 지어 놓고 사는데, 더러 남에게 허리 굽히기를 싫어하면 고개가 뻣뻣해져 높은 방문을 출입할 때마다 문지방에 이마를 들이받혀 혹이 돋기라도 하면 "그것 봐라. 이마빼기를 들이받히지 않으려면 양반 앞에서 허리를 새우처럼 구부리고 다녀야 탈이 없어." 하고 가르쳤던 것이다.

얼마나 얽매이고 얽매였던 왕조의 사회 법규인가. 서슬 퍼런 관권

앞에 수그리지 않고 기어들지 않고 땅바닥에 납작 붙어 버리지 않으면 도무지 살 수 없는 세상이었다. 아무리 돈이 있어도 그 사람의 인생 등급은 태어날 때 이미 정해져 있었다.

임상옥은 5년이나 걸려 궁궐 같은 집을 지었다가 '암행어사 출두.' 소리 한마디에 기둥이 토막 나고 중방이 무너져 버리고 말았던 것이다. 5년 동안의 집 역사가 하루아침에 나무아미타불이 되어 버리고 말았다. 상놈의 돈은 오나가나 화근이었다.

옛날이라 해서 '돈'을 풀이하면서 '죽은 돈'을 얘기한 일은 한 번도 없었다. 돈 있으면 산 호랑이 눈썹도 뽑아 온다고 했다. 그러나 그것은 양반의 돈 얘기지 상놈의 돈 얘기는 아니다. 상놈은 돈이 있어도 빼앗기느라고 허천이 나던 세상이었다.

임상옥은 삼봉산 아래에 어마어마하게 지었던 집이 나랏법에 어긋난다는 이유로 다 헐렸을 때 과연 무슨 생각을 했을까. 그래서 조선왕조가 망한 뒤 큰 부자들은 망한 왕조의 궁궐을 위압할 듯이 큰 집을 지어 위세를 보인 일이 많았다. 왜냐하면 왕조의 제도가 무너지면서 이제는 누가 집을 어떻게 짓든 상관할 사람이 없었기 때문이다.

원래 궁가가 아닌 사가에서는 삼문三門이나 두 다리 2층 기둥을 세우지 못하고 부연附椽(긴 서까래 끝에 덧얹어 높이 솟게 만드는 서까래)을 못 달았으며 채색도 금했었다. 그뿐 아니라 일상생활의 용구조차 제 돈 가지고도 돈 자랑을 제 마음대로 할 수 없던 세상이었다. 금수저를 쓸 수 있는 신분과 은수저를 쓸 수 있는 신분이 따로 정해져 있었다.

입는 옷도 상놈은 제아무리 돈으로 성을 쌓아 놓고 산대도 명주나 비단옷을 입었다가는 볼기에 곤장을 맞아야 했다. 머리에 쓰는 것도 뿔갓을 쓸 사람, 대패랭이를 쓸 사람이 따로 있었다. 망건을 쓸 사람과 탕건을 쓸 수 있는 사람이 따로 있고, 갓에다가 금관자를 달 사람과 옥관자를 달 사람이 품계에 따라 다르고, 장사치, 백정白丁(칼잡이)이 쓰는 도구가 달랐다.

그런 판에 임상옥이 왜 그렇게 엄청난 산장을 짓고 하옥당하는 화까지 입었을까. 천하의 박물군자博物君子 임상옥이 그만한 법도를 몰라서 곤장 맞을 일을 저질렀을 리는 없고 아무래도 거옥의 내막이 어떤 것이었는지 알 수가 없다.

임상옥이 빚투성이로 가난에 시달리다가 간 자기 아버지 산소 밑에다 위로와 자랑을 겸해서 한 번 마음먹고 5년 동안 지은 집이라 수십 호 기와집 마을을 새로 만들었던 것 같다. 그런데도 제도와 신분에 눌려 모조리 헐리고 쑥밭이 되었던 세상에서 임상옥은 어떻게 처세를 했을까. 장사꾼과 장사꾼의 싸움이라면 그는 배짱대로 산전수전 다 겪어 얻은 부력富力을 내밀었을지도 모른다. 그러나 아무리 큰 국제거상이라도 한 나라의 사회제도 자체에는 대항할 수가 없었다.

임상옥의 창고는 부엉이 창고

임상옥은 장사꾼이었지 사상가나 혁명가는 아니었다. 한때 서북 지방의 대혁명아 홍경래가 풍운을 일으킬 뜻을 품고 서북 지방의 큰 부자들을 거의 모두 붙잡았는데도 임상옥은 자기를 찾아온 홍경래와 인연을 맺지 않았다.

홍경래는 큰 뜻을 품고 가산 만석꾼 이희저를 비롯해서 서북 지방의 큰 부자들을 많이 끌어들여 엄청난 군자금을 마련했다. 웬만한 대감 집에서 혼인이나 초상 한 번 치르는 데도 수백만 석 쌀이 없어지는 판인데, 서북 일대를 한 번에 휩쓸 군사를 기르는 데 군자금이 없어서야 혁명의 꿈도 한낱 공상, 공론에 지나지 않는 것이다. 그 군자금을 댈 거부들을 잡기 위해서 홍경래는 일찍부터 의주 상인 임상옥을 지목했다. 홍경래는 지나가는 나그네로 가장하고 임상옥을 찾아가 사랑방에서 며칠을 묵으면서 그의 눈치를 살폈다.

"소생은 임 상공(장사꾼을 높여 일컫는 말)의 서사 노릇을 하고 싶습니다."

그런데 임상옥은 사람을 알아보는 눈이 있었던지 점잖게 거절했다.

"선생은 우리 같은 장사꾼의 서사 노릇을 할 분이 아닙니다. 점방집 서사를 하기에는 너무 그릇이 큽니다."

임상옥은 왜 야망아 홍경래를 물리쳤을까. 그만한 재력이 없어서 그런 것은 아니었다. 평안감사 행차 한 번에 시골 부자 열이 죽는다는 얘기가 있다. 군노, 사령배들이 더그레 벙거지에 육모방망이를 휘두르며 호기도 시퍼렇게 위세도 등등하다. 사또 덕분에 나팔 불 일이 생겨서 평안감사와 의주부윤(조선시대 정2품의 외관직)이 원접사(중국의 사신을 멀리까지 나아가 맞아들이는 임시직 벼슬)를 모시고 한 번 행차를 나오니 그 일행이 자그마치 7백 명이었다.

"에이— 쉬이. 물렀거라! 섰거라!"

"평안감사 행차시오!"

남색 바탕의 청도기淸道旗는 길거리에 잡인들을 금하면서 느닷없이 의주 부자 임상옥의 집으로 들이닥쳤다. 임상옥의 집안은 자다가 불침 맞은 꼴로 야단 바가지가 났다. 짚신을 거꾸로 신고 버선발로 뛰어나온 임상옥은 평안감사 회오리바람을 만나 안팎으로 뒤웅박을 신고 뜀박질하는 꼴이 되었다. 이런 때 거동을 조금만 소홀히 하면 천하부자 임상옥이라도 알볼기를 까고 여섯 자 네 치짜리 곤장을 안기면 얻어맞았지 별 수 없는 판이다.

그러나 임상옥은 임상옥이었다. 그도 일국의 거상인지라 자기 수하에서 서생 노릇 하는 70여 명을 풀어 안팎을 단속하면서 집안에서 부리는 종들을 한꺼번에 다 푸니까 그 수가 3백 명이었다.

"소반 나간다. 뚝배기 놓아라!"

"숟가락 나간다. 대접 놓아라!"

개다리상을 메고 나오는 놈, 물 긷는 놈, 그릇 씻는 놈, 매질하는 놈, 키질하는 놈, 마당에다 비질하는 놈에 물 뿌리는 놈, 차일 치는 놈에 멍석 까는 놈, 안반 놓고 떡 써는 놈, 밤·대추 껍질 까는 놈, 술동이 들고 나오다 엎어져서 막걸리 벼락을 뒤집어쓰는 놈…. 무엇해서 급한 때 재주 한가락 못 하는 놈이 없었다.

"쌀 나간다. 불 나간다!"

언청이 입술 새로 토란알 불거지듯 여기서 불쑥 저기서 불쑥 날뛰면서 '요강 나간다. 오줌 대령해라!' 하는 식으로 한쪽에서는 쌀 씻고 한쪽에서는 장작불 지피고, 또 한쪽에서는 장닭 잡고 돼지 잡고, 용수 채반에 술 걸러 내면서 이글이글 타는 참숯불에다 참새까지 구워서 번갯불에 콩 볶듯 순식간에 대령하는데 감사, 사또에게는 천일주요, 군노, 사령배使令輩에게는 소주잔을 안기고, 감사가 타고 온 늙은 말에는 콩물까지 진상하자니 야단도 야단이려니와 이렇게 희한하고 감탄할 일이 두 번 다시 없었다고 한다. 말이 한 입에 '7백 명'이라고 술집 막둥이 이름 부르듯 쉽지, 7백 명 손님 앞에 한꺼번에 각상 음식을 차려 내놓았다는 말은 고금에도 쉽게 못 듣던 소리다.

그러나 임상옥의 집에서는 부자, 부자 한다지만 한꺼번에 7백 명 손님이 들이닥쳤는데도 그 7백 명 손님 앞에 각자 옹골지게도 독상 음식을 차려서 내왔다면 알아볼 만하지 않은가.

의주는 본래 대국으로 드나들던 사행使行 길목이었다. 그래서 중국에서 사신이 들어오면 압록강을 넘자마자 조선 측에서는 평안 감사며 연로(큰길가에 있는 지방)의 군수까지 기생부터 깨끗하고 반반하고 노래 잘하고 시 잘 짓는 놈으로 골라서 대령해야 했고, 사신 행차를 따라다니는 사령, 군노, 말꾼들까지 수백 명이 득실거렸다. 그런데 그날은 중국 사신을 맞는 원접사와 평안감사, 의주부윤의 행차가 한꺼번에 임상옥의 집으로 들이닥친 것이라 한다.

감사, 부윤의 대접 상은 그만두고라도 사령, 군노배에게 보리개떡한 개씩만 안겨 준대도 보통 일이 아닐 텐데, 군노배들에게까지 상다리가 휘어지도록 개다리소반에 조기, 굴비, 갈치, 지짐, 도미, 볶음, 데침 등 반찬에다 해삼탕까지 그 자리에서 수북이 차려 대령하게 했다니, 부잣집, 부잣집 해도 이런 거부의 살림살이가 또 있을까.

그때만 해도 찢어지게 가난하던 세상이었다. 촌놈 살림에는 뚝배기 하나에도 벌벌 떨어 산모가 아기를 낳고도 '깨진 뚝배기를 짜맞추어 때워가며 미역국을 먹었'던 때니까, 그만하면 임상옥은 과연 임상옥이 아닌가. 어떻게 생각하면 그는 '거재巨財'도 '거재巨材'로 활용할 수 없었던 세태가 한심스러웠을 것이다.

사람은 제 능력이야 있건 없건 씨 종자가 제일이다. 자, 그러니 상놈은 돈이 있어도 애물단지다. 제 것 주고도 뺨 맞는 년도 있고, 제 것 두고도 못 먹는 놈도 있다지만, 임상옥은 정작 천하보화는 있어도 못 쓰는 돈이었다. 솟을대문에 거북등 기와를 올려 집을 제멋대로 지을 수가 있나, 옷을 제멋대로 칭칭 내리감고 치감아 호사를 할 수가 있나? 그러나 그렇게 온갖 법도로 꽁꽁 묶어 놓았던 조선의 악법도 사람의 얼굴에 터럭 난 것 한 가지만은 제약을 가하지 않고 있었다.

'상놈은 수염을 길러서는 안 된다!'고 규정하지는 않았던 것이다. 그래서 상놈도 수염만은 마음대로 길렀던 모양이다. 되똥바라진 양반의 입장으로 보면 천려일실千慮一失이 아닐 수 없다.

천하장사 임꺽정도 수염으로 한몫을 하던 상놈이었다. 임상옥도 쥐털수염이었는지 두루미 꽁지 더벅수염이었는지는 알 수 없어도 수염 하나는 썩 잘생겼던 모양이다.

수염은 양반의 상징이었다. 수염이 다섯 자라도 먹어야 양반이니까, 양반 아닌 상놈이라면 형세 없는 턱주가리에 공연히 끌려가서 공매나 맞으려고 다섯 자 수염을 기를 까닭이 없다. 고려시대의 무신 정중부도 무신인 주제에 수염 한 번 잘못 길렀다가 문신들에게 끌려가서 '수염 화형식'을 당하고 분한 김에 군사 쿠데타를 일으켜 앙갚음을 한 일이 있다. 수염이란 그렇게 매력 있는 것이었다.

그런데 수염 계보에도 돌연변이가 생겼던지 상놈도 다섯 자 수염이 종종 났던 모양이다. 그래서 임상옥은 좋은 턱수염을 길렀고, 또 온갖 보화를 창고 안에 가득 쌓아 두었다고 한다. 엄격했던 조선의 법도, 상놈이 비단옷을 입는 것은 국법으로 볼기를 때려 막았지만 입고 다니지 않고 가지고만 있는 것은 막을 수가 없었다.

'에라, 쓰지는 못하지만 창고 안에 넣어 두자!'

그래서 천하거상 임상옥의 창고는 '부엉이 창고'가 되었다. 부엉이는 무엇이든 잡아다가 제 굴 안에 쌓아 두는 습성이 있다. 그러니까 시골 사람이 횡재거리가 생기면 말한다.

"두엄자리서 꿩 주웠대."

"부엉이 굴을 만났군!"

실제로 산중에서 부엉이 굴 하나만 알아 놓으면 일 년 내내 고기는 안 떨어진다고 한다. 부엉이 굴속처럼 임상옥의 창고 안에는 없는 것이 없었다.

없는 게 없는 박물군자

임상옥은 박물군자여서 모르는 것이 없고 그의 부엉이 창고에는 천하의 기보奇寶, 명보名寶 등 없는 게 없었다고 한다.

한번은 종친부(황실의 계보)에 있던 미산 홍도정(산호 지팡이를 짚은 홍 씨였다면 시대로 보아서 세력 있고 돈 있던 남양 홍씨네의 누가 아니었는가 싶다)이란 사람이 임상옥의 집에 왔다가 어찌 된 일인지는 모르지만 산호 지팡이가 부러져서 크게 당황했다고 한다. 말이 산호 지팡이지, 고려청자만큼이나 높이 알아주던 보물이었던 모양이다. 지팡이는 고사하고 산호 물부리에 호박 단추 하나만 달아도 '내 배 받아라!' 하고 되뚱거리던 판인데 산호 지팡이가 동강나 버렸으니 오죽 당황했으랴. 그런데 임상옥은 태연하게 말했다.

"애들아, 이 홍도정 어른이 부러뜨린 산호 지팡이와 똑같은 것을 내오너라."

하인들은 금방 창고 안에서 홍도정이 부러뜨린 산호 지팡이와 똑같은 것으로만 무려 10여 개를 가지고 나와 홍도정이 그중에서 하나를 골라 짚고 돌아갔다는 것이다.

산호는 모두 중국에서 비싼 값으로 수입했던 귀물이었다. 귀물이니까 기생이나 부잣집 마나님들이 비녀나 반지를 만들었던 것인데 그것으로 지팡이를 만들어서 짚고 다녔다면 홍도정이라는 사람의 세력과 부력도 입이 벌어질 판인데, 임상옥은 그와 똑같은 산호 지팡이 10여 개를 창고에서 꺼내 왔다고 하니, 정말 만석꾼쯤은 그 자리에서 기를 팍 죽이는 백만장자였던 것 같다.

또 한 번은 의주부사의 옥로가 깨져서 야단이 났었다. 사또가 행차할 때 그걸 갓에 달지 않으면 권위가 서지 않는 귀중한 물건이었다. 그런 옥로가 아니라면 그처럼 의주부 내 전체가 소란을 떨고 이방, 공방들이 이마를 조아리고 절절 기면서 야단을 떨고 다닐 리가 없다. 의주부윤의 기생 투정이라면 하룻밤에 열둘이라도 묶어서 대령시켜 물렁뼈를 만들어 버리겠는데, 꼭 그놈의 깨진 옥로만 똑같은 것으로 구해 오라니 사람 환장할 일이다. 이방은 할 수 없이 깨진 옥로를 들고 임상옥을 찾아와서 살려 달라고 빌었다.

"큰일이 아닐 수 없는 것이… 그게 보통 옥로라야지요."

"그런 귀물이면 부사 어른의 상심이 대단하시겠습니다."

"원, 부사 어른의 성미도 여간 깐깐하셔야지요. 행차를 하실 때마다 그 옥론지 해오라기 대가린지가 없다고 짜증만 내시니 어떻게든 임상공이 좀….''

한 고을의 이방이면 사또의 아랫자리다. 그런 이방이 장사꾼 임상옥에게 '상공'자를 붙여 올렸을 때야 오죽 속이 탔으면 그랬겠는가? '상공'이란 말은 본래 청나라 장사꾼들이 상대방 장사꾼을 높여서 부를 때 쓰던 말이다. 본래 과장을 잘하고 허풍을 잘 떠는 중국 상인들의 풍습이라 그들은 흰 터럭만 좀 더부룩해도 '백발 3천 장' 어쩌고저쩌고 늘어놓는 것이 버릇이긴 해도 상공이란 장사꾼쯤에겐 얼토당토않은 칭호였다. 하다못해 '을대인乙大人(두 번째 높은 대인)', '산대인山大人(세 번째 높은 대인)' 하고 '을'자나 '산'자를 붙였다면 모르되, 천하의 쥐알을 다 볶아 먹고 살아온 이방 나리가 지금 계제를 몰라서 임상옥을 '상공'이라고 불렀겠는가. 오줌 마려운 강아지처럼 끙끙거리는 이방의 일이 딱해, 임상옥은 하인에게 한 마디 하고 술상부터 내오게 했다.

"창고 안에서 이런 옥로를 모두 꺼내 오너라."

조금 있다가 하인 여럿이 꾸역꾸역 무슨 보따리를 들고 나와 펴놓는데 그것이 모두 옥로가 아닌가…. 이방은 기쁘다기보다 놀랐고, 나중에는 비참한 얼굴이 되어 금방이라도 울 것처럼 수백 개의 옥로들을 넋놓고 쳐다보았다고 한다.

"과연 임 상공은 천하의 거상이구려!"

상을 당해도 떠나야 하는 장사꾼의 운명

물도 단단한 땅에 괸다고 했다. 어디가 달라도 다른 데가 있으니까 임상옥은 남이 못 벌어 본 돈을 그처럼 벌었고, 남이 못 가져 본 재보를 그처럼 엄청나게 쌓아 두었던 것이다. 소위 출전인생出錢人生이란, 사람 생기고 돈 났다는 이야기다. 먼저 '그 사람'은 '그 사람 나름'으로 생각하고 보고 듣고 행동하는 것이 천차만별일 것이다.

'돈'도 그 '주인' 생긴 만큼 춤을 추든지, 잠을 자든지 했을 것 아닌가. 그래서 옛사람들은 '물도 단단한 땅에 괸단 말이여!'라고 돈의 속성을 까보였던 것이다.

대개의 경우 처음에는 누구나 구두쇠처럼 한 푼, 두 푼 계산을 하면서 큰돈이 될 기초를 쌓았다. 그러니깐 '그 돈'은 '그 사람'만이 벌 수 있는 철학이 있고 버릇이 있다. 임상옥에게도 그런 것이 있었다.

'임상옥은 집물什物 관리가 정연하여 항상 치부책(금품의 출납한 내용을 적는 장부)이 잘 정리되어 있었다'는 것이다.

집물 관리가 정연한 사람, 그는 무슨 물건이든지 쓰고 난 뒤에는 반드시 제자리에 갖다 두었다고 한다. 그의 집에서는 비 한 자루, 신발 한 켤레까지도 항상 일정한 자리에다 두고 쓰는 버릇을 길러 '그것 어디 갔느냐?'고 찾거나 허둥거리는 일이 한 번도 없었다는 것이다. 아무것도 아닌 '버릇' 같지만 그 아무것도 아닌 것 같은 '버릇'이 없었다면 아마 거부 임상옥은 존재하지 않았을지도 모른다.

그가 북경 장사를 다니는 아버지 임봉핵을 10년 동안이나 따라다닌 것은 어쩔 도리가 없어서였다. 말하자면 숙명적인 일이었다. 임상옥은 처음엔 궂은 날 개 뛰듯 바지런을 떨 수밖에 없는 입장이었을 것이다. 어느 대갓집 팔푼이 도련님이라고 비단 소매에 팔짱 끼고 견마(고삐) 잡히고 말 위에 앉아서 심심한 판에 천하 유람을 다녔겠는가.

필시 임상옥은 꽁무니에 미투리를 주렁주렁 차고, 잠방이가 해지면 울긋울긋 살점을 드러내면서 숨을 헐떡거리고 쏘다녔을 것이다. 눈을 휘둥그렇게 뜨고 책문, 산해관, 북경 장사꾼들의 은어를 배웠을 것이고, 시세 변동을 배웠을 것이고, 세태 만상 인정 기미를 맛보고 다녔을 것이다. 만약 밤비만 맞고 자란 나무였다면 임상옥은 그런 거목의 뿌리는 내리지 못했으리라.

20년 동안 오며 가며 8만 리 길을 밟았으니 임상옥은 팔자 운수는 어지간히 센 사람이었다. 어떻게 된 노릇인지 그동안에 무슨 곡절과

연유가 있었는지는 알 수 없지만 임상옥이 스물여덟 살 때 아버지 임봉핵의 초상을 치렀던 당시에는 엄청난 빚을 져서 '수천금의 부채 유산'만을 떠안게 되었다고 한다. 그러니까 나이 마흔도 되기 전에 한 나라의 부력을 좌우했던 임상옥도 스물여덟 살 때까지는 엽전 한 푼 없는 신세였다. 그렇다면 '돈'에도 '때'가 있는 법인가….

오죽했으면 상복을 입은 상주의 몸으로 다시 수천 리 연경 장삿길을 떠났겠는가. '상복 입은 상인'은 눈물을 흘리면서 어쩔 수 없이 압록강 험한 물을 건너갔다.

'그렇다! 나도 돈을 모으자.'

'빚진 죄인'이라니, 자식이 되어 아비가 진 빚을 어찌 안 갚을 수 있으며 빚을 갚자면 상주된 몸이라고 해서 쉴 수도 없는 처지였다. 그는 인삼 몇 보따리를 챙겨 가지고 연경 사행 길의 말몰이꾼으로 국경선을 넘었다.

2천 리를 쉬지 않고 한달음에 걸어갈 수 있는 나그네의 발바닥은 두껍고 또 두꺼워야 한다. 장마가 져서 강물이 불면 길이 막히고, 눈보라가 휘날려 길을 덮으면 오돌오돌 사지를 떨며 길바닥에서 노숙을 해야 한다. 그렇다고 해서 '오늘 못 가면 내일 가도 되는' 길도 아니다. 병이 나도 가야하고, 친상을 당했대도 돌아서지 못하는 길이다. 망향의 설움, 천 리 밖에 압록강 물결은 아스라이 잠겨 뒤돌아보니 고향의 운산雲山은 멀고도 멀다. 임상옥은 늙은 어머니를 두고 망망한 장삿길을 떠나면서 눈물을 훔쳤으리라.

압록강을 건너 30리 무인지경을 가면 구연성이라는 인가라고는 그림자도 없는 허허벌판 속에서 나그네들은 노숙을 해야 한다.

'탈이나 없고 병이나 나지 않게 하소서.'

'호랑이 밥이나 되지 않게 하소서.'

'귀신도 모르게 객사하지 않게 하소서.'

'끌고 가는 말이 탈이나 없고 재주 좋아 장사 잘되게 하소서.'

'돈을 벌어도 동티나 나지 않게 하소서.'

말안장 꽁무니에 주렁주렁 매달고 가는 짚신을 꺼내 감발에 신들메를 고쳐 매면서 임상옥도 그 허허벌판의 모닥불 가에 쪼그리고 새우잠을 자면서 그렇게 축원하며 걸어갔으리라.

돈과 꿈과 고행의 연경 길을 따라 다니는 의주 인삼 장수들은 조선판 국경 상로의 대상隊商들이었다.

'도둑이나 맞지 않게 하소서.'

'길을 가다가 큰 소나기나 만나지 않게 하소서.'

처음 국경을 떠날 때는 압록강 구룡정 나루가 조선 땅덩이 최후의 언덕이 된다. 사행이 떠날 때는 구룡정까지 평안감사와 의주부윤이 관기들을 데리고 와서 최후의 석별 인사를 나눴다. 역관譯官, 통인通引, 마두馬頭까지도 끼리끼리 정을 나누며 석 잔 술을 마시고 배에 올라서면 기생들은 일제히 부채를 펴 배따라기를 불렀고, 사공은 그 곡조에 맞춰 삐걱삐걱 노를 저어 압록강 물 위를 건넜다.

사행이 압록강을 건너가는 날이면 구룡정 앞 모래 바다에는 첫 새벽부터 출입을 금지하는 문이 세워진다. 모래 바다에 깃발 세 개를 꽂아 문을 삼고 의주부윤과 서장관이 지켜보는 자리에서 사행따라 배를 타게 되는 종인 3백여 명을 샅샅이 검색하는 것이다. 금수품을 조사하는 문은 첫째 문, 둘째 문, 셋째 문인데 그 문 앞에서 웃옷을 풀어 헤치고 바지 아래 사타구니까지 검색관은 손으로 쓱쓱 훑는데 찾는 물건은 황금, 진주, 담비 가죽, 은이나 삼蔘 등의 금수품이었다.

첫째 금문에서 발각되면 물건을 압수당하고, 둘째 금문에서 발각되면 볼 기를 까고 곤장을 치며, 셋째 금문까지 훔쳐 내오다가 발각되면 목을 쳐 금문 장대 꼭대기에 내다 건다.

이것이 금법禁法이었다. 국경을 넘어가니까 아무리 연행 사신 행차 라지만 한 사람, 한 사람 인상서人相書(범죄자나 집 나간 사람 등을 잡기 위해 인상의 특징을 적어 놓은 기록)도 꾸몄다. 성명, 거주지, 나이에다 수염이 있 는지 고자턱인지, 수염이 있으면 몇 자나 되고, 얼굴에 칼 맞은 자국은 있는지 없는지, 키는 꺽다리인지 난쟁이인지, 타고 가는 말은 노랑말 인지, 당나귀 사촌인지를 모두 적어 놓고 증명패를 내주니, 따지고 보 면 출입국 절차와 별로 다르지 않게 복잡하고 까다로웠다.

그러나 까다로운 것은 형식이고 의주 상인들의 장사 보따리들은 사 신 행렬보다 훨씬 앞서 강을 건너가 버리는 '음성도강陰性渡江'이 공공 연했다. 임상옥의 장삿짐들도 가죽 상자나 버들고리, 이불 보퉁이에 싸여 벌써 압록강을 건너가 버렸다. 방물方物(감사나 수령이 임금께 바치던 그 고장의 산물)과 인마人馬가 실려 압록강의 험한 물살을 해치며 뗏목을 피하고 갈대숲을 스치면서 강 위에 둥둥 떠 흘러갈 때 센 물살에 배는 심하게 뒤뚱거린다. 그럴 때 잠이라도 설친 선비의 눈에는 통군정(평안 북도 의주군 압록강 변에 있는 경치 좋은 정자) 나무 기둥이 빙빙 돌고 통군정 지붕 위의 하늘이 빙빙 돌아가는 걸로 보였다.

압록강 서쪽 30리쯤 가면 구연성 옛터가 나오는데 거기서 하룻밤 노숙을 한 뒤 다시 30리를 가면 금석산이 나온다. 금석산 아래서 나뭇 잎을 긁어다 불을 피워 점심밥을 지어 먹어야 한다. 점심밥을 먹고 임 상옥 일행의 장사꾼 패들은 다시 30리를 가서 노숙을 하고 그날 밤은 소나기를 만났으니 그야말로 우숙雨宿이었다.

조선의 상투쟁이 대상들은 이렇게 무인지대의 황야에서 이틀 밤을 지낸 뒤, 사흘째 되는 날에야 겨우 사람 구경을 하는 책문에 이르렀다. '책문전시', '중강후시中江後市(조선조 때 중강 개시에서 행해지던 정식 무역 외의 사무역)'라 해서 역사 교과서에도 가끔 나오지만 이곳 책문은 압록강을 건너 1백 20리를 지나 위치한 곳이다. 책문은 중국 최후의 '변문邊門'이 되는 것이다. 그래서 중국 사람들은 우리처럼 '책문'이라고 하지 않고 '변문'이라고 부르며, 그 지방 사람들은 '가자문架子門'이라 부른다고 한다. 그러니까 압록강에서 책문까지의 1백 20리에는 중국 사람도 살지 못하고 조선 사람도 살지 못하도록 정해 놓은 완충지대로 개소리, 닭소리 한 번 들리지 않는 곳이었다.

> 책문은 나뭇조각을 세워 목책으로 경계를 밝혔는데, 지붕은 이엉이 덮이고 보통 때는 문이 닫혀 있다가 조선 사신이 매년 몇 차례씩 이곳을 통과할 때만 시장이 서고 활기를 띤다.

책문에서부터 청국으로 들어가는 모든 방물이나 예물, 장사꾼들의 상품 보따리는 중국 사람과 중국 마차를 사서 싣고 떠나갔다.
《열하일기》*를 보자.

> 우리의 방물과 예물을 싣고 가기 위해 뽑히는 청인 무리가 1백여 명이나 되는데 마차세나 청인의 품삯은 대개 벽지, 담뱃대, 기름 먹인 장판지, 짐승 가죽, 부채, 은장도 등으로 준다.

조선과 중국의 국경무역 도시이던 책문은 약 30호의 마을로, 길은 넓고 곧으며 주기酒旗를 내건 술집이 있었다. 연행 사신 3백여 명의 무리는 책문에 가서야 비로소 사람 냄새를 맡고 숨을 돌린다. 책문에서 다시 30리를 가면 봉황성이 있는데 길가에는 옥수수밭과 기장밭이 몇 십 리씩 이어져 길을 가면서도 나그네들은 행장 속에 이부자리를 꾸려 가지고 다녀야 잠을 잘 수 있었다고 한다. 왜냐하면 국경 지대는 변계邊界라서 중죄인의 귀양지이고 사나운 도둑이 득실거리는 무법천지이다. 그래서 여인숙은 있지만 이불 보따리를 일일이 짊어지고 다니지 않으면 마을에서는 도둑인가 싶어서 잠을 재워 주지 않았기 때문이다.

임상옥은 그런 험한 사행 길을 몇십 번이나 직접 따라다니며 견문을 넓혔고 눈치를 배웠다. 또 사람 다루는 법, 장사하는 방법도 배웠다. 귀하고 천한 물건의 구별법도 배워갔다.

만주 사람들은 수수밥을 젓가락으로 집어서 먹는다. 생파도 그냥 오독오독 씹어서 먹는다. 닭은 날개와 꽁지의 터럭을 다 뽑아 버리고 기르는데, 이렇게 하면 닭의 몸에 이도 없어지고 빨리 큰다고 해서 심한 경우, 닭은

열하일기
박지원이 청나라 고종의 피서지인 '열하'를 여행하고 돌아와서 쓴 일종의 기행문이다. 청시대의 북중국과 남만주 일대를 둘러보고 그곳 문인과 명사들을 만나 얘기를 나눈 뒤 전 26권을 썼다.

꽁지와 날개 터럭을 전부 뽑혀 버리고 붉은 알몸뚱이 살코기인 채로 걸어
다닌다.

신기하기조차 한 이국 땅, 《열하일기》에 써놓은 그런 이국 풍경을
임상옥도 똑같이 보면서 걸었다.

순간적인 기지로 인삼 교역권을 얻다

그때만 해도 중국 사람들은 걸핏하면 '홍범구주洪範九疇(서경 홍범에
기록되어 있는 우禹가 정한 정치 도덕의 아홉 원칙)'를 내세웠고, 거북 구龜 문
자인지 남생이 철학인지를 내세웠다.

홍범구주도 세상 이치를 처음 설명하는 데에서 '부富'에 관한 것을
제일 먼저 말했고, 사서삼경의 하나인 '대학'도 반 이상이 '재財'에 관
한 얘기다. 정작 공자를 낳은 중국 사람들은 '재'와 '부'를 높이 여기
는데, 공자 말씀의 '꼬리' 한쪽쯤을 잡은 조선에서는 '나물 먹고 물 마
시니 대장부 기개로다', '양반은 돈을 자기 손으로 만져서도 안 되고,
세어 보아서도 안 되고, 자기 손으로 물건을 사서도 안 되고…' 하는
이런 사회 규범이 아니었던가. 거미도 벌레를 잡으려면 줄을 쳐야 한
다. 임상옥이 한 시대를 주름잡는 거상이었다면 그는 보따리장수에
서 시작해서 보따리장수로 대성한 사람이었을까? 물론 아니다. '돈'은
'이利'가 구체화되어 그 '이'의 실상으로 뭉쳐진 것이라면 그 '이'는 누
가 쥐고 있는가?

보따리장수라면 보따리 안에 있을 것이다. 그러나 그 '이'가 더 큰

것이 되면 보따리 속에 있는 것이 아니다. 그러니깐 임상옥이 한 나라의 거부로 큰소리를 칠 수 있었던 것은 '한 나라의 이권'을 독점할 수 있는 꾀와 힘에 있었다.

그 큰 이와 권을 쥘 수 있었던 것은 그 이와 권을 행사할 수 있는 왕조의 권부權府였던 것이며, 임상옥도 요샛말로 치면 정치를 잘하는 상인 중의 한 사람이었던 것이다. 당시 일국의 재물은 인삼 교역권에 좌우되었고, 임상옥은 거상 홍득주를 비롯한 다섯 사람과 함께 그 대청 인삼 교역권을 독점하여 급속도로 엄청난 이득을 보았던 것이다.

그러면 임상옥이 그의 나이 서른두 살 때 어떻게 해서 나라로부터 인삼 교역권을 얻어냈을까? 개가 콩엿을 사먹고 버드나무에 기어오른다는 얘기도 있지만 임상옥이 그 '엄청난 이득의 열쇠'를 잠자다가 거저 얻은 것은 물론 아니다. 그것은 당시 권부의 노른자위에 앉아 있던 병조판서 박종경과 임상옥의 기막힌 관계에서 비롯되는 것이며, 그들의 사이는 눈병과 노랑 수건이라고 할 수 있다.

한번은 이런 일이 있었다. 임상옥이 돈 몇천 냥을 꾸려 서울로 올라와서 이 줄을 잡을까 저 집 대감네 사랑에다 청을 넣을까 기웃기웃하던 판에 마침 총융사 박종경이 친상을 당했다.

순조° 7년(1807), 총융사 박종경朴宗慶°의 아버지 판돈령부사 박준원은 어영대장, 금아대장에 형조판서를 역임했던 일국의 권신이었으며 순조 임금의 외할아버지가 되는 사람이었다. 즉 박종경의 누이는 정조의 후궁으로 들어가 수빈이 되었고, 그 수빈 박 씨가 낳은 아들이 곧 순조 임금이다. 그러니까 박종경은 상감의 외삼촌이 된다. 그런 집안에 친상이 났으니 전국이 들썩들썩할 수밖에 없었다.

인간대사 네 가지가 관, 혼, 상, 제 아닌가. 대감집 상사라니 있는 것, 없는 것, 돈 자랑, 세도 자랑에 잘난 집안 자랑까지 마음껏 하던 판이라 총융사 박종경 집에는 팔도 벼슬아치, 거부, 사또들이 다투어 얼굴을 내밀고 손 크게도 백 냥, 이백 냥씩 덥석덥석 부의금을 보내왔다.

의주 상인 임상옥도 그 소식을 듣고 5천 냥짜리 어음을 만들어 허리에 차고는 부랴부랴 박종경 집을 찾아갔다. 지금도 그렇지만 웬만한 원수도 간곡한 문상 한 자리면 서로 묵은 미움을 푼다. 상가 문상이란 그렇게 큰 인간대사이고 기본 예의였던 것이다.

총융사 박종경의 집 상사에 아쉬울 게 무엇이 있겠는가. 합덕 방죽가에 남생이 떼 늘어앉듯 문상객도 많고 팔도 수령, 방백의 부의금을 빙자한 뇌물 진상 바리가 올라오는데, 평안도 의주 장사꾼쯤은 웬만해서는 명함도 못 들여놓았다. 돈만 해도 뇌물만 수천 냥이 들어왔다. 그런데 임상옥은 염치 좋은 놈 남의 떡함지 위에 자빠진다는 격으로 그 수천 냥 부의금보다도 더 많은 5천 냥짜리 한 장을 눈도 깜짝하지 않고 얼굴도 처음 보는 박종경 대감의 코밑에다 바쳐 올렸다. 깜짝

순조(純祖)

조선 제23대 왕 (재위 1800~1834). 1790년 정조의 둘째아들로 태어났다. 어머니는 박준원의 딸 수빈이다. 1800년(정조 24) 7월에 11세의 어린 나이로 즉위해 대왕대비 정순왕후가 수렴청정하였다. 1802년(순조 2) 10월 영안부원군 김조순의 딸을 왕비로 맞았다. 1804년 12월 대왕대비가 물러남으로써 친정을 시작하였으나 안동 김씨의 세도정권에 정치 기강이 무너져 민생은 도탄에 빠져 1811년 홍경래의 난 등 각종 민란이 끊이지 않았다. 순조는 풍은부원군 조만영의 딸을 세자빈으로 맞아서 풍양 조씨 일문을 중용하고, 1827년 세자에게 대리청정하게 함으로써 안동 김씨의 세도를 견제하고자 하였으나, 1830년 세자가 일찍 죽음으로써 실패하였다. 순조의 능은 경기도 광주의 인릉(仁陵)이다.

박종경

1765(영조 41)~1817(순조 17). 판서 준원의 아들이고, 누이는 순조의 생모인 수빈이다. 1800년 순조가 즉위하고 정순왕후 김씨가 수렴청정을 하자 지극한 총애를 입어 판서 등을 지냈고 1812년 호조판서가 되어 실권을 쥐었다. 이때 대사헌 조득영으로부터 임금의 인척으로 사적인 감정으로 살인하는 등 행패가 많다는 탄핵을 받자 사직하고 양주 목사로 좌천되었으나 부임하지 않았다.

임상옥 林尚沃

067

놀란 이는 문상객의 부의금을 받고 방명록을 정리하던 상갓집의 주인 박종경 대감이다.

'임상옥? 듣도 보도 못하던 이름이 아닌가.'

그때까지만 해도 임상옥은 연경을 드나들던 장사꾼의 한 사람이긴 했지만 아직 하늘을 날 만한 부의 날개는 돋지 못했던 시절이었다. 그런 임상옥이 느닷없이 뛰어나와서 박종경도 놀랄 만한 5천 냥짜리 부의금을 내놓은 것이다. 나중에 홍경래 난이 났을 때 홍경래는 격문檄文 (널리 알려 사람들을 부추기는 글) 속에서 말하고 있다.

> 지금 나라는 유충한 임금 순조를 두고 김조순金祖淳과 박종경의 무리가 국권을 농락하고 있다.

안동 김씨 세도의 김조순과 함께 박종경은 순조 왕조의 권부를 휘어잡은 양대 거물이었다. 그러니 박종경이 팔도 수령, 아전들이 바쳐 올리는 무엇을 못 먹어 보았을 것이며, 무엇을 못 가져 보았겠는가. 웬만한 뇌물에는 코끝으로도 내려다보지 않을 만큼 비대해진 명문이었다. 그런 박종경도 의주의 한 이름 없는 상인이 바친 5천 냥 배짱 앞에는 고개를 갸우뚱했다.

"임상옥을 사랑으로 불러라!"

장사를 치르고 난 며칠 뒤 총융사 박종경은 느닷없이 분부를 내렸다. 임상옥이 그걸 바라고 수년 동안 죽을힘을 다해서 모아 온 전 재산을 뚝 잘라서 5천 냥을 바쳤는데 상사가 끝났다고 해서 호락호락 의주 제 집으로 돌아갔겠는가.

임상옥은 다시 1백 냥 한 뭉치를 풀어서 박종경 집 사랑방 서생들이며 문지기, 종놈까지 매수해 두었다. 사랑방 서생에게는 몇 푼씩 쥐어 주고 술도 사 주고 오입질도 시켜 주었다. 종놈에게는 개가죽 담배쌈 지에 곰방대도 사 주었다.

임상옥의 뇌물로 군것질 재미를 붙인 박종경 집 하인들도 알게 모르게 주인 대감에게 '의주 임가' 얘기를 해왔고, 박종경도 그 임 서방이란 사람을 한 번쯤은 만나보고 싶었다. 그래서 임상옥을 부르라고 한 것이다.

칠패(지금의 남대문시장)에서 여러 날을 묵으며 이제나 저제나 무슨 기별이 있을까 싶어 구들장만 깔고 앉아 윷짝을 떼어 보던 임상옥은 총융사 대감의 하늘같은 분부를 가지고 온 하인에게 엽전 닷 푼을 안겨 주고는 부랴부랴 박종경의 사랑방으로 찾아갔다.

"대감, 쇤네 의주 임가 문안 아뢰오."

"거기 앉게."

박종경은 천하의 군권君權을 잡은 총융사답게 오만하기가 이를 데 없다. '거기 앉아!' 한 마디 해 놓고는 찾아온 손님 두어 사람과 함께 아랫목에서 이야기만 늘어지게 주고받을 뿐이다. 거의 한나절이 지나서야 그 지루한 이야기를 겨우 끝내더니 물었다.

"자네가 임 서방이랬지?"

또 재어 올리는 담뱃대를 입에 물고는 임상옥의 쳐 올리는 부시로 불을 붙이더니 뻐끔뻐끔 담배만 빨고 있다. 답답해 죽겠다. 담배 한 대를 다 피우고 난 박종경은 임상옥을 부르라고 한 일은 잊어 버렸는지 또 손님들 앞으로 다가앉는다. 그러다가 하루 반나절이 넘어가고 말았다.

"대감님, 쇤네는 이만 물러가겠습니다."

견디다 못한 임상옥은 방바닥에 머리를 조아리고 하직 인사를 올렸다. '천하 개백정이구먼. 남의 돈 5천 냥은 거저 생긴 돈이던가. 쓰다 달다 무슨 말 한 마디라도 있어야 할 게 아닌가?' 하나 누구 앞이라고 내색을 하랴. 임상옥이 조용히 방바닥에 두 손을 짚으면서 물러서려는데 박종경은 고개도 돌리지 않으면서 "거기 앉게!" 하고는 게트림을 길게 뺐다.

　"나는 요새 속이 좀 거북하이." 하며 임상옥을 쳐다본다.

　임상옥은 등골에서 식은땀이 주르르 흘렀다.

　'이게 무슨 뜻일까…? 총융사 어른이 속이 거북하다니, 팔도 방백들이 바치는 뇌물을 너무 많이 먹어서 체증이 생겼다는 얘긴가? 그렇다면 소금 한 주먹 때려 삼켜 도로 게워 놓으면 그만 아닌가.'

　"대감께서 속이 거북하시다니 쇤네는 뜻을 모르겠습니다. 혹 과식이라도…."

　"하하하… 그게 아니야."

　"그러하오면…?"

　"난 요새 서울 장안의 군권과 치안을 맡고 있는 총융사 벼슬을 하고 있지 않은가."

　"그렇습지요."

　"그런데 하루에 남대문으로 사람이 몇이나 출입하는지 그걸 모르겠어. 답답해서 몇 사람한테 그걸 물어 보지 않았겠나? 그랬더니 어떤 사람은 대략 2천 명은 넘을 것이라고 하고, 어떤 사람은 7천 명도 넘을 것이라고 대답한단 말이야. 그런데…."

　"네."

　"임 서방, 자네는 그 수를 알겠나?"

임상옥은 정신이 번쩍 들었다.

'아하, 저 박종경이란 인물이 과연 호랑이는 호랑이구나.'

박종경은 임상옥을 단 한 번에 시험해 보려 하고 있는 것이다.

"두 명입니다."

"하하하하, 그래?"

"하루에 남대문 안으로 2천 명이 들어오건 7천 명이 출입하건, 그중에는 대감에게 이가 될 사람과 해를 끼칠 사람이 있을 뿐입니다. 이도 해도 주지 못할 사람이라면 대감에게는 아무 쓸모가 없는 사람 아닙니까?"

"그래서?"

"이, 해, 두 사람뿐이죠."

박종경은 멀뚱멀뚱 임상옥의 얼굴을 쳐다보더니, 실로 한참만에야 고개를 천장으로 치켜올리더니 느닷없이 어깨를 들먹거리면서 통쾌하게 웃어대는 것이 아닌가.

"맞으리로다! 맞으리로다! 그렇지, 두 사람이지! 하하하하…."

역시 명장은 명마를 알아보았던가? 총융사 박종경의 기발한 질문도 걸작이려니와 임상옥의 별난 대답도 짝이 맞는 대구가 되었다. 임상옥이 임상옥다운 면모를 보인 것은 바로 그 순간적인 기지와 담력과 판단력이었다.

그 후부터 박종경은 임상옥에게 장사 밑천으로 쓸 돈을 얼마든지 밀어 주었다고 한다. 박종경이 배후 인물이 되어서 이름 없는 만상의 한 사람이던 임상옥에게 일국의 인삼 교역권을 맡겨 대성할 수 있도록 보호해 주었던 것이다.

그 당시 인삼 한 근은 은자銀子 25냥이었다. 그리고 순조 말에서 헌종 초까지 의주 상인을 통해서 공식적으로 나갔던 우리나라 인삼의 수량은 8천 근 내지 4만 근이었으니까 4만 근을 기준하면 은자 1백만 냥의 교역고가 나온다. 이것도 공식적인 교역액이지 밀무역은 제외된 숫자다. 이처럼 엄청난 인삼 교역권을 쥔 임상옥이 매년 세금으로 나라에 바친 돈이 4만 냥이나 되었다니까 얼마나 큰 이권인가. 그 당시 무역의 주종은 인삼과 은자인데 한 나라의 교역권을 불과 대여섯 명의 거상들이 송두리째 차지했으니 아무리 가난한 나라지만 곪음이 그만했으면 고름도 그만큼 나왔을 것 아닌가. 참고로 순조 22년(1822) 조선왕조가 국고금으로 지녔던 비축 재산은 다음과 같았다.

> 황금 2백 30냥, 은자 42만 2백 냥, 전錢 75만 9백 냥, 면주 1백 34동 20필, 베 8천여 동, 모시 1백 7여 동, 포 4백 43여 동, 쌀 13만 4천 5백여 섬, 전미 田米 4만 5천 8백여 섬, 콩 2만 8천여 섬, 패잡곡稗雜穀(돌피와 잡곡. 흉년을 대비해 비축해 두는 곡식) 2만 5천 8백여 섬.

즉 당시 국가 비축 은자의 총액이 42만 냥인데 임상옥 등이 주무른 인삼 무역액이 은자 1백만 냥이 넘었으니 나라 재정은 거상 임상옥이 다 잡아 쥐고 흔든 셈이었다.

인삼과 인삼 교역권이 만든 임상옥

임상옥의 집안은 두 아우도 일찍 죽고 아들 하나도 일찍 잃어 쓸쓸했다. 그래서 홀어머니는 자식이 수만 리 이국으로 장사하러 갈 때마다 항상 울적한 심정이 되었고, 임상옥도 늙으신 어머니를 두고 장사를 떠날 때는 슬픔에 잠기곤 했다. 한 번은 그의 어머니가 물었다.

"네가 그동안 번 돈이 얼마나 되느냐?"

"은덩이를 쌓아 두면 마이산만하고 비단을 내다 쌓아 올리면 남문루만 합니다."

그 당시 조선왕조의 비축 국고 은자가 42만 냥인데 임상옥 등이 잡고 흔든 인삼 교역액은 1백만 냥, 배꼽이 배를 먹여 살리는지 배가 배꼽을 먹여 살리는지 분간하기 어려운 부맥富脈이었다.

천하의 거부 임상옥은 인삼이 있었기에 가능했고, 그가 나라로부터 인삼 교역권을 얻어내지 못했던들 졸부가 될 수 없었을 것이다.

열여덟에 장사를 시작해서 스물여덟 살까지 임상옥은 엽전 한 푼 쥔 것이 없었는데, 그 후 불과 10년 만에 어떻게 온 나라 부력을 휘어잡는 거상이 되었는가. 당대에 이룬 거부도 졸부라 할 수 있겠거늘, 하물며 불과 10년 만에 서북 제일의 부자가 됐다면 졸부 중에도 졸부였으며, 또 재산을 쌓게 되는 과정도 너무나 허망했다.

임상옥의 부는 하나의 시대적 산물이었다. 1백 년 아니 50년만 빨리 출현했더라도 임상옥은 아마 일국의 거부가 될 수 없었을 것이고, 따라서 근대적인 국제 무역왕이란 이름도 탄생하지 않았을 것이다.

임상옥이 1백 년 일찍 태어났더라면 돈방석 위에 올라앉을 만큼 많은 인삼을 생산할 수 없었기 때문이다. 즉 양삼법養蔘法(인삼을 심어 재배하는 법)이 없었다는 얘기다. 아무리 남다른 재주를 가진 임상옥이라도 돈을 벌 '거리'가 없는 데야 구름을 실어다가 큰 장사를 했겠는가, 청천강 강물을 퍼다가 교역을 했겠는가.

임상옥을 만들어 낸 것이 인삼이라면 우리는 여기서 왜 인삼의 황

금 교역기가 순조시대에 꽃피었고 그 인삼은 어떠한 역사적 배경을
내포하고 있었느냐는 점을 이해해야 한다.

만고 영약 고려인삼은 옛날 옛적부터 중국 사람들로 하여금 군침을
삼키게 했다.

> 처음 개성 쪽에서 삼포가 생겼으니 그것이 소위 송삼이라는 것이다. 처음
> 에는 그것을 그냥 백삼인 채로 보따리에 싸가지고 북경에 가서 팔았는데,
> 중국 부자들이 그것을 먹어 보니 때때로 위를 역하게 하였다. 그래서 그
> 후로는 독이 있다고 해서 잘 먹지를 않았다.
>
> 그러다가 송도 사람 하나가 백삼을 쪄 홍삼으로 만드는 법을 알아내니 그
> 뒤부터 인삼을 쪄 홍삼으로 수출하여, 백삼으로 내다 팔 때보다 이익이 10
> 배나 남았다. 이것이 홍삼이 생겨난 기원이다. 백삼으로 내다 팔 때보다
> 인삼이 상하거나 썩는 일도 적었고 부자들도 먹고 나서 배가 아프다고 하
> 는 일이 없었다. 처음에는 그 홍삼을 사행을 따라 다니는 역관들이 모리를
> 했으나 뒤에 나라에서 홍삼 수출을 전관하니 실로 무궁한 재원이 아닐 수
> 없다.

장지연의 《위암문고》에 나타난 얘기의 한 토막이다. 위에서 보는 바
와 같이 백삼에서 홍삼으로 넘어가면서 무역고가 1백만 냥 이상으로
오르고, 홍삼 수출권을 나라에서 관리해 오다가 순조 때에 임상옥을
비롯한 의주 거상들이 교역권을 사버린 것이다. 그러나 부뚜막의 소금
도 집어넣어야 짜다. 인삼 교역권을 쥐었다고 해서 임상옥이 그것만으
로 앉아서 거부가 된 것은 아니었다. 행상은 고난의 연속이었다.

보통 연행 사신이 한 번 떠날 때 나라에서 여비를 받는 관인은 약 30

개성 인삼
고려 중엽 이후 인삼의 고귀성이 세계적으로 높이 평가되기 시작함으로써 개성은 인삼의 집산지로 형성되고 중국과의 무역이 활발히 진행되어 국제적인 시장성은 날로 높아졌다. 또한 우량 품질로 개선하는데 보다 적극 참여하여 인삼의 상권을 장악하여 독점할 수 있었다.

명 정도로 정사, 부사, 서장관, 의원, 역관들, 비장, 역인들이 따라갔다. 그런데 순조 24년 3월 동지사(해마다 동짓달에 중국으로 보내던 사신)로 청나라에 다녀온 홍의호가 아뢴 대목을 보자.

> 연행종인燕行從人 3백여 인 중 무뢰잡배들이 이름을 바꾸고 말구 종꾼 등으로 끼어들어 폐단이 백출百出한다.

박지원의 《열하일기》도 보자.

> 해가 기울어 땅거미가 들자 30여 군데다 햇불을 피워 놓고 톱으로 베어온 아름드리나무를 먼동 틀 때까지 계속 집어던졌다. 또 군뢰들이 햇불 주변

을 돌면서 크게 나팔을 불면 일행 3백여 무리가 일제히 함께 소리를 맞춰 고함을 치는데 이것은 무인지경의 산속에서 뛰어나올지도 모를 호랑이 쫓기 위한 것이다.

그래서 연행 길은 모두가 가기 싫어하는 길이다.

《열하일기》를 보면 정조 4년(1780) 6월 24일 압록강을 건너 8월 2일에야 북경에 도착하고 있으니 의주를 떠나 한 달 보름의 노정인 것이다. 땅도 다르고 물맛도 다르다. 산천도 다르고 말소리도 다르고 인정도 풍속도 모두 낯선 남의 나라다. 그러니까 멀고 먼 연행 2천 30리 왕복에다 의주에서 서울 2천 리 왕복을 치면 한 번 길이 자그마치 8천리. 말이 쉬워 8천 리지 얼마나 멀고 먼 길인가. 아니 갈 수 없는 길이어서 가긴 가되 죽기보다도 가기 싫은 험한 길이었고 사신으로 갔다가 고생에 지쳐 객사한 주검이 되어 돌아오는 당상관도 없지 않았던 것이다.

순조 21년 변무사(중국에서 조선을 곡해하는 일이 생길 때 이를 변호, 해명하기 위하여 보낸 사신)를 보낼 때를 보아도 그 해 9월 27일자 《승정원일기》에 다음과 같은 대목이 있다.

연경燕京으로 떠날 진주사陳奏使가 모두 병을 핑계 대고 다른 이가 가기를 바란 사람이 이미 여섯 차례에 이르렀다. 막중한 사충使衝이 희극과 같이 되었으니 이런 일은 유국有國 이래 처음 있는 일이다. 전후 사면을 청원했던 심상규, 곽상우, 이상황, 홍의신, 김노응 등을 삭직하고 전관銓官이던 이조판서 김노경도 추고推考를 해야 한다.

연행 사신으로 '네가 가라.' 하면 '소신은 병이 있어 갈 수 없사옵니다.' 하여 사람을 갈아 치우기 무려 여섯 번이었다니 나라의 녹을 먹는 당상관들이 이게 웬일인가? 또 정조 4년에 떠났던 상판사의 마두馬頭였던 득룡이란 사람의 경우를 보자.

그는 열네 살 때부터 북경을 30여 차례나 드나들어 중국어에 가장 능통하고 사행들의 모든 일을 잘 처리하였다. 그래서 그는 이미 평안도 용천 철산부의 중군 벼슬을 지냈고 가산도 많이 모았으며 품계도 가선대부(종2품 문무관의 품계)에까지 오른 사람이었지만 사신행차가 떠날 때는 다음과 같이 하였다.

而每使臣則(이매사신즉) 豫關本部(예관본부) 因其次知(인기차지) 家屬爲之次知(가속위지차지) 以防其逃避(이방기도피).

이 말은 연행 사신이 떠나게 될 때마다 나라에서는 미리 득룡의 계집자식 등 식구들을 가두게 하니 이는 득룡이 사행 길을 따라가지 않기 위해 도망칠까 봐 그러는 것이었다.

인삼을 태워 버린 배짱

'인삼은 세상에서 제일 귀한 약재.'라 했으니 비쌀 건 뻔한 노릇이다. 비싸지만 '값어치'를 아는 북경 장사꾼들이라 인삼값에 관해서는 군말이 없었다. 임상옥은 이번에도 인삼을 마차에 수북이 싣고 북경으로 들어갔다.

"임 대인, 이번에도 인삼을 가지고 왔소?"

"예, 많이 가지고 왔소."

처음에는 북경의 큰 장사꾼들이 임상옥이 머무르는 회동관으로 들락날락하면서 흥정을 걸어왔다.

"값은 한 냥에 얼마요?"

"은자 5백 냥은 받아야겠소."

"허허, 너무 비싸오. 2백 냥씩에 넘겨주시오."

"그렇게는 안 팔겠소."

5백 냥을 부르는데 2백 냥을 받으란다. 임상옥은 고개를 절레절레 흔들면서 거절했다. 이젠 임상옥도 북경 장사를 한두 번 다닌 바가 아니라서 쩝 하면 입맛인 줄도 안다. 북경 장사패들도 조선의 거상 임상옥을 한두 번 대하는 것이 아니다. 그랬으면 장사꾼끼리니까 신의를 내세워 피차 누이 좋고 매부 좋게 흥정을 해서 일을 만들어야 한다.

그런데 북경 상인들은 자기들끼리 짜고 인삼값이 너무 비싸다는 이유로 불매동맹을 맺었다. 장사꾼들이야 한 푼 이문에 피가 날 것은 뻔하다. 북경 상인들의 뱃심은 '조선 인삼이 아무리 불로영초라고는 하지만 너무 비싸다. 해마다 값이 오르기만 하니 우리 북경 상인들이 버릇을 좀 고쳐 놓아야겠다. 2천 30리를 끌고 온 인삼을 우리가 사 주지 않는다면 제놈들이 어쩔 텐가. 우리 청국 상인들이 배에 힘을 잔뜩 주고 끝까지 버티기만 하면 인삼값은 도라지값으로 떨어지고 만다.'라는 것이다.

제아무리 금은보화이고 천하절색이라도 사줄 사람이 없고 보아 줄 서방님이 없으면 돌멩이만도 못한 법이다. 북경의 거상들이 한통속이 되어 불매동맹을 한다면 임상옥의 인삼은 2백 냥이 아니라 나중에는 50냥씩에라도 팔아야 하리라. 그것도 인삼이 팔릴 때까지 한 달이고 일 년이고 창고 안에 넣어 두고 중국 땅에서 지구전을 펼 수 있는 입장도 아니었다. 북경의 회동관에서 조선 사신들이 머무를 수 있는 것은 일정 기간 동안뿐이고, 기간이 차면 다시 산해관, 요동반도를 거쳐 2천 30리 길을 걸어 조선 땅으로 돌아가야 한다. 사신이 돌아갈 때는 따라온 임상옥도 돌아가야 할 몸이다. 임상옥도 그 기간 안에 수천 리 밖에서 싣고 들어온 인삼을 북경 상인들에게 팔고 돌아가야 하는 것이다. 안 판다면 무거운 인삼 바리를 끌고 다시 조선 땅으로 가야 할 것이고, 설사 그렇게 된다 하더라도 그 좁은 조선 땅에서는 다 팔아먹을 데가 없다. 그렇게 되면 임상옥은 거덜이 나는 것이다. 아니, 임상옥은 물론 조선 사신 일행 역시 당장 꾸려 가지고 온 인삼을 팔아야 모자라는 객비를 쓰지, 그렇지 않으면 돌아갈 여비도 없는 몸들인 것이다. 그런데 내일모레가 돌아갈 날인데도 임상옥이 묵고 있는 회동관 마당에는 청나라 장사꾼은 고사하고 강아지 한 마리 얼씬을 않았다.

'고약한 놈들! 어디 두고 보자!'

임상옥이라고 그 눈치를 못 챈 건 아니었다. 속이 타지 않는 것도 아니었다. 끝내 버틴다면 북경 상인들의 불매동맹이 이기리라. 그러나 임상옥도 배짱을 두둑하게 정하고는 아무런 내색도 하지 않았다.

"지금 여비로 남겨 둔 은자가 얼마나 되는가?"

임상옥은 느닷없이 종자 하나를 불러 물었다.

"4천 냥이 남았습니다. 그러나 내일모레면…."

돌아가야 할 날인데 인삼은 어떻게 하려느냐는 종자의 안색이다.

"염려 말게!"

임상옥은 은자 2천 냥을 가지고, 술 잘 먹고 흰소리 잘하는 종자 서넛을 데리고 아침부터 시가에 나가 구경을 하였다.

"목이 마르니, 우리 저기서 좀 쉬어 가세."

북경 거리에서도 제일 번화한 청루로 들어가는 게 아닌가. 임상옥은 북경 거상들도 한 번 소리치고 노는 데 1천 냥이면 큰돈을 풀었다고 소문이 나는 청루로 올라가 한자리에서 2천 냥을 다 써 버렸다.

이튿날 임상옥은 회동관을 썩 나섰다. 그러더니 휘적휘적 여덟 팔자 걸음을 걸어 어제의 그 청루로 들어가 2천 냥을 또 썼다. 내일이면 회동관을 떠나야 할 날이다. 여비조차 안 남기고 이틀에 4천 냥의 거금을 쓰면서도 임상옥의 얼굴엔 초초한 기색이 없다.

'두고 보자. 똥 마려운 계집년 국거리 썰 듯 할 줄 아느냐? 임상옥도 배짱 하나로 산다.'

목마른 놈이 먼저 우물을 판다지만 이 판에 정말 아쉬운 건 누군가? 일 년에 한 번밖에 살 기회가 없는 천하 명약 임상옥의 인삼을 못 사게 될 북경 상인일까, 아니면 수만금 어치 인삼을 한 뿌리도 못 팔게 되어 거덜이 날 임상옥일까.

"오늘은 어떻게 하고 있더냐? 그 임상옥이…."

"청루에 올라가 종일 술만 마시고 있습니다."

"그래?"

"아무래도 안 될 것 같습니다."

북경 상인들은 불매동맹을 펴놓고 몰래 사람을 시켜 임상옥의 동정을 샅샅이 염탐해 보았더니 '임상옥이 오늘도 청루에 가서 2천 냥을 썼다.'는 보고를 받았다.

'웃기는 짓이지. 제아무리 조선 거상 임상옥이라지만 이번에는 안 될걸….'

피차 '아는 병'에 '아는 약'이다. 북경 거상들은 코웃음을 쳤다. 그러다가 정작 조선 사행들이 북경의 회동관을 떠나 귀국 길에 올라야 할 날이 오고야 말았다.

아침부터 날씨는 청명하지만 회동관을 둘러싼 울타리 밖에는 보이지 않는 마지막 상전商戰의 긴장이 감돌고 있었다. 임상옥은 일찌감치 아침밥을 먹더니 자기도 귀국할 채비를 하느라, 종을 시켜 한쪽에서는 말에 안장을 놓았고 짐보따리를 꾸린다 하면서 바쁘게 움직였다.

'인삼 바리는 어떻게 하려고 저러는가?'

'정말 도로 가지고 돌아가려는가?'

여기서 못 팔면 팔 데가 없는 것이다. 이처럼 절박한 마지막 순간인데도 북경 장사꾼이나 거간꾼은 끝까지 한 사람도 얼굴을 비치지 않았다.

큰일났다. 일이 낭패되고 말았다. 2백 냥씩에라도 진작 팔았으면 되는데 달걀로 바위 치기지, 임상옥이 수천 리 밖에 와서 북경 장사꾼들과 어떻게 싸울 것인가. 공연한 고집이 진짜로 일을 망쳤다고 생각한 임상옥의 종들은 구정물 통에 빠진 개 눈이 되어서 물었다.

"주인님, 인삼은 어떻게 할까요?"

"전부 마당 가운데 쌓아 놓게!"

"네?"

"마당 가운데에 인삼 짐을 전부 쌓아 놓고 불 질러 버려!"

"네?"

"시키는 대로들만 하게!"

임상옥의 충천하는 노기에 10여 명의 종들은 시키는 대로 인삼 바리를 마당 가운데 내놓고 정말로 불을 질러 버렸다. 회동관 넓은 마당 한가운데는 천상천하에 처음 보는 배짱 싸움이 벌어졌다. 너도 망하고 나도 망하자라는 생각에 천하 선약 인삼더미가 타느라고 매캐한 향과 연기가 코를 찌르며 피어오르기 시작했다.

"정말로 인삼을 태우는구나! 조선 거상 임상옥이 정말로 수십만금의 인삼을 태워 버리는구나!"

이번에는 울타리 밖에서 임상옥의 동정을 염탐하던 중국 상인들의 얼굴이 파랗게 질려 버렸다. 팔고 안 팔고 문제가 아니었다. 비싸고 싸고 문제가 아니었다.

"인삼을 태우다니, 천하 명약을 불태워 버리다니…."

처음에는 상상을 초월한 임상옥의 미친 짓에 기가 질렸고, 두 번째로는 천하의 활인초(사람의 목숨을 살리는 풀)를 태워 버리는 것에 대한 분노를 느꼈다. 그런 다음에야 장삿속이 드러났다.

'임상옥의 인삼을 못 사면 올 일 년 동안 중국엔 인삼이 없다.'

중국 상인들은 임상옥에게 뛰어들었다.

"임 대인, 왜 이러시오? 이 천하 명약이 재가 되면…."

"천하 명약이라도 명약을 몰라보는 사람에게는 안 팔겠소."

"우리가 인삼을 몰라봤다니요. 어서 불을 끄도록 이르시오!"

"당신들에게는 안 팔겠소."

"값은 얼마든지 내리다! 어서 불이나 끄시오."

이렇게 해서 임상옥과 북경 장사꾼들의 싸움은 쉽게 승부가 나고 말았다.

인삼값은 그 자리에서 몇 배가 뛰어올라 임상옥은 오히려 불태운 인삼값의 손해보다도 한꺼번에 다섯 배, 여섯 배의 이익을 얻어 비단을 산더미처럼 싣고 돌아왔다.

어느 일설에는 임상옥이 그때 태운 것은 진짜 인삼이 아니라 이런 경우를 대비해서 미리 싣고 간 도라지 뭉치였다는 이야기도 있다. 사실 이런 경우를 가정해서 장사꾼들은 가짜 인삼을 가지고 다니기도 했다고 한다. 그때부터 임상옥은 북경 거상들을 손안에 넣고 놀았다. 필요할 때면 그들의 돈도 얼마든지 미리 갖다 쓸 수도 있었다.

허풍쟁이에게 투자할 줄 아는 안목

그렇다면 천하 거부 임상옥이 가진 철학은 대체 무엇이었을까?

세상 사람들은 보통 '콩 심은 데 콩 나고 팥 심은 데 팥 난다.'고 말한다. 그러나 이것은 농사꾼의 철학이다. 이것을 '한 푼 들이면 한 푼 남고 두 푼 들이면 두 푼 남는 게 장사다.'라고 할 수는 없다. 상인의 진리는 아니다. 그 묘한 진리관 때문에 농사일은 속임수가 없는데 장사는 사람을 속여서, 물건 값을 속여서 이문을 보는 직업이라고 생각해 왔다. 그러니깐 농사는 '천하지대본天下之大本'이고 장사꾼은 '간상배奸商輩'라고 불렀다. 장사일은 그만큼 농사일보다 가변수가 크다. 그렇다면 장사꾼은 농사꾼보다는 그 가변수를 보는 데 천성적으로 밝아야 하고 과단성이 있어야 한다.

농사일은 일 년의 하늘 운수를 보면 그걸로 그 해 일은 족할지 모른다. 그러나 장사는 엎어졌다 뒤집어졌다 하는 기복이 순간에 벌어지기 때문에 5년이나 10년쯤은 미리 내다보는 장래의 계책이 있어야 한다.

큰 부자가 되고 나면 그 집 사랑방에는 항상 별의별 손님이 다 찾아온다. 찾아와서는 구걸하거나 어떤 사업에 투자해 보라는 청탁을 한다. 그러니깐 '부자 귀는 당나귀 귀'이다. 자기 집 사랑방에 가만히 앉아 있어도 날마다 별의별 사람이 다 찾아와서 돈벌이가 될 만한 일을 권유, 청탁하기 때문에 세상 물정을 남보다 먼저 듣는다는 뜻이다.

천하거상이 되자 임상옥의 사랑방에도 돈 빌리러 오는 사람이 부지기수였다. 하루는 임상옥의 사랑방에 낯선 손님 세 사람이 찾아왔다. 내용은 모두 나도 장사를 하고자 하니 돈을 좀 빌려 달라는 청탁이었다. 그때만 해도 세상이 순박해서 돈 거래에도 인간적인 면모가 훨씬 강했던 모양이다. 그래서 괴롭기도 했고, 재미도 있었다. 돈 주는 쪽에서는 으레 첫마디가 '돈을 빌려 무엇에 쓰려고 하느냐?'고 물으면, 저쪽에서는 '이러 이렇게 쓰고 이러 이렇게 갚겠다.'고 하는 것이 예사였다.

"세 분이 다 장사를 해보시겠다는 말씀이오?"

"예, 그래서 돈을 빌려 줍사 해서 찾아왔습니다."

"허허, 모두 장사를 해보시겠다니 좋은 생각들이오. 그럼 오늘 세 분 앞에 각각 한 냥씩을 빌려 드리겠습니다. 이 한 냥을 가지고 나가서 각자가 재주껏 장사를 해서 닷새 후에 이문을 남겨 가지고 돌아와 주시기 바라오."

임상옥은 처음 보는 세 사람에게 돈 한 냥씩을 똑같이 내주면서 재주껏 늘려 가지고 돌아오라고 한 것이다.

아닌 게 아니라 임상옥의 돈 한 냥씩을 빌려 간 세 사람은 닷새 후 재주껏 돈을 늘려 가지고 찾아왔다. 갑이란 사람은 입이 조그마하고 손가락이 마르고 꼼꼼해 보이는 상이다.

"손님은 이문을 얼마나 보셨소?"

임상옥이 갑을 향해 물었다.

"나는 한 냥으로 짚을 사서 짚신을 다섯 켤레씩을 삼아 날마다 장에 나가서 팔았더니 하루에 한 푼씩 남아 다섯 푼을 남겨 왔습니다."

임상옥은 그러냐고 고개를 끄덕이면서 두 번째인 을을 향해 물었다. 을은 눈이 크고 이마가 벗겨진 40대 상투쟁이였다.

"예, 나는 그 돈 한 냥으로 대나무 창호지를 사다가 하루에 종이연 다섯 개씩을 만들었더니 마침 섣달 대목이라 금방 다 팔았죠. 닷새 만에 여기 본전 한 냥을 제하고도 이문이 한 냥 남았습니다."

임상옥은 그만하면 성공이라는 표정을 지었다.

"선생은 어떻게 하셨소?"

콧구멍이 덜름하고 입이 쭉 째진 병이란 손님에게 물었다.

"그까짓 한 냥으로 뭐 장사할 게 있어야죠."

"그래서?"

"아홉 푼으로는 술을 마시고 남은 한 푼을 가지고 백지 한 장을 샀습니다."

임상옥은 맹랑하다 싶어서 콧구멍이 유난히 덜름한 병이란 친구를 한참 바라봤다.

"하하하, 그러면 그 백지 한 장을 사서 무슨 장사를 하셨소이까?"

"그까짓 백지 한 장으로 장사는 무슨 장사를 했겠소. 이웃집에서 먹과 붓을 빌려서 그 백지에다 소지所志(청원이 있을 때 관청에 내는 서면)를 썼죠."

"무슨 글이었소?"

"내가 이제부터 절간에 들어가서 사서오경을 좀 읽겠으니 의주부윤 나리께서는 글 읽는 동안에 쓸 비용을 좀 변통해 주십사 하는 것이었습니다."

그 방법이 통했는지 어땠는지, 병이란 사나이는 의주부윤에게서 얻어왔다는 열 냥을 내놓고 큰 소리로 웃어댔고 임상옥도 따라 웃었다. 병이란 사나이가 소지를 올렸다고 해서 의주부윤이 돈 열 냥을 '글 읽어라.' 하고 보내 주었는지 아닌지는 모를 일이다. 십중팔구는, 아마 병이란 사내가 허풍을 한 번 떨어 본 것이리라. 임상옥도 그것을 몰랐을 리 없다. 임상옥은 그 세 사람의 장사 솜씨를 평했다.

"짚신을 만든 손님은 성격이 꼼꼼해서 매사에 낭패가 없는 분이나 장사꾼으로는 속이 너무 답답하고, 둘째 분은 지연을 만들어 당장에 두 배 이익을 올렸으니 힘 안 들이고 큰돈을 벌었소. 그러나 그 장사는 항상 때를 타는 장사요…."

"셋째 분은 백지 한 장을 사다 의주부윤에게 소지를 올렸다고 하니 일이 매우 허황된 것 같으나 남자로서는 뜻이 커서 좋소!"

그래서 임상옥은 짚신을 삼은 사람에게는 1백 냥을, 지연을 만들었던 사람에게는 2백 냥을 빌려 주고 허황된 짓을 했던 병이라는 세 번째 손님에게는 서슴없이 1천 냥을 내주었다.

"이 돈을 가지고 나가서 일 년 동안 각자 재주껏 장사들을 해보시오. 우리가 다시 만날 날은 일 년 뒤의 오늘이오!"

과연 일 년 뒤에 갑과 을 두 사람은 각각 무슨 장사든 간에 경영하여 재주껏 이문을 불려 가지고 찾아왔다. 그런데 병은 또 사고뭉치다. 콧구멍 큰 값을 하느라고 바람만 낸 모양이다.

"손님은 그동안 무슨 장사를 하셨소?"

"예, 돈 1천 냥이 크기는 하지만 … 저는 평양으로 마장사나 해볼까 하고 갔다가 어떤 기생에게 홀딱 반했습니다. 사내가 기왕 기생오입을 하는데 야금야금 할 수도 없고, 그 기생 배꼽 구멍이 얼마나 큰

지 엽전을 넣어 보았더니 한 달도 채 못 돼 1천 냥 돈이 몽땅 들어가더
군요. 세상에 무슨 구멍이 깊네 깊네 해도 그 구멍같이 깊은 것은 처음
보았소."

"그래서?"

"이렇게 빈주먹만 쥐고 주인님을 또 찾아왔습니다."

염치도 없다. 뻔뻔하고 개차반 같은 수작이다. 장사꾼은커녕 오뉴
월 싱건지국에 바람 들듯 건성건성하고 아무짝에도 쓸데가 없는 녀석
이었다. 난봉꾼이 마음잡아 봤자 길어야 사흘이라고 남의 돈 1천 냥을
가지고 나가 장사를 했다는 놈이 이 꼴이니 무얼 믿을 것인가. 제 아비
어미라도 '버린 자식'으로 치부해 버릴 것이다.

그러나 임상옥은 이 사내에게서 꼭 한 가지 보는 것이 있었다. 역시
남보다 큰 손이었다. 사나운 말이 길들면 명마가 되는 것이며 아내도
다스리기에 따라서 천하 명약이 될 수도 있는 것이 아닌가. 임상옥은
아무런 책망도 하지 않고 이번에는 2천 냥 한 꾸러미를 덥석 집어 주
었다.

"자네 하고 싶은 대로 무슨 장사건 다시 한 번 해보게!"

화가 났는가? 아니면 기왕 남의 일을 보아 주려면 삼년상 마치도록
보살펴 주라는 얘기를 따른 것일까.

이제는 그 2천 냥이 다시 돌아와도 그만이고 안 돌아와도 그만이다.
임상옥은 그렇게 생각했다. 참새는 눈앞에 보이는 담장의 모이만 있
어도 지지배 지지배 춤을 추며 몰려든다. 그러나 대붕이란 놈은 한 번
날아 5년 먹을 먹이가 없다면 아예 움직이지 않는다고 한다. 일종의
전근대적인 '거인주의(보통 사람보다 지식, 행동, 품성 등을 비범하게 하는 주의)'
일는지는 몰라도 임상옥은 병이란 사내를 그렇게 대했다.

임상옥에게서 돈 2천 냥을 얻어 가지고 나간 병이란 사내는 그 후 일 년이 지나고 2년이 지나도 나타나지를 않았다. 3년이 지나도 그는 그림자도 보이지 않았다.

'버렸는걸….'

임상옥도 일을 버린 것으로 접어 두고 병이란 사내를 아주 잊어버리고 말았다. 그러다가 6년 만에야 느닷없이 임상옥의 사랑방에 그 병이란 사내가 너털웃음을 치면서 나타났다.

"임 대인님, 그동안 편안하셨소이까?"

"아니, 자네가 웬일인가. 이게 몇 년 만인가?"

"예, 꼭 6년 만이죠."

"그동안 어떻게 지냈는가?"

"얘기는 차차 하기로 하고 임 대인에게 한 가지 부탁이 있어서 또 왔습니다."

"부탁이라니?"

"예, 소 열 마리에 튼튼한 달구지를 채워 주시고 일꾼도 열 명만 빌려 주십시오."

"무엇에 쓰려고 그러는가?"

"그냥 열흘만 기다려 주십시오. 하하하…."

병이란 사내는 또 소 열 마리에 일꾼 열 명까지 빌려 가지고 어디론가 떠나 버렸다. 그 병이란 사내는 6년 전에 임상옥의 돈 2천 냥을 가지고 나가서 일 년 동안이나 질탕하게 놀았다. 일 년 내내 평양의 그 기생집에 틀어박혀 놀다가 겨우 돈 1백 냥을 남겨 가지고는 개성으로 내려갔던 것이다. 무슨 생각을 했는지 남은 돈 1백 냥을 가지고 인삼 씨 서 말을 샀다. 그러더니 그 인삼씨 자루를 메고 태백산 심심산중으로 들어가서 이 골짝 저 골짝의 북쪽 응달에 바람 잡듯 씨를 날려 버리고 나와서 또 평양 그 기생집에 가서 얻어먹고 지내다가 6년이 되니까 임상옥에게 나타났던 것이다. 과연 병이란 사내는 태백산에서 열흘 만에 인삼 열 바리를 캐어 싣고 임상옥을 찾아왔다.

"그게 다 뭔가?"

"인삼 아닙니까."

"아니, 소 열 바리에 모두 인삼을 싣고 왔단 말인가?"

"아, 인삼이 아니면 도라지를 캐어 왔을랍니까? 하하하… 인삼 씨를 뿌렸으니 분명히 인삼이죠."

임상옥도 놀랐다. 인삼 열 바리면 10만 냥이 넘는다. 병이라는 사나이는 6년 만에 인삼 10만 냥 어치를 캐어 가지고 와 그동안 진 빚을 갚겠다는 것이 아닌가.

"그러나 그것은 모두 자네 인삼이니 자네가 다 가지게!"

"무슨 말씀을 하시는 겁니까. 임 대인의 돈으로 이런 장사를 했는데 이것이 어디 소인의 인삼입니까. 모두 임 대인 어른의 인삼이죠."

병이란 사내는 부득부득 우겨댔다. 할 수 없이 임상옥은 병이란 사내가 가지고 온 인삼을 거두기로 했다.

"그럼 돈은 내 돈이라도 장사는 자네가 했으니 5만 냥씩 나눠 갖기로 하세."

"그럼 그렇게 합시다요."

병이란 사나이는 힘 안 들이고 대답하더니 임상옥이 주는 5만 냥을 받아 가지고 훌쩍 떠나 버렸고 임상옥은 그 당장에 5만 냥을 번 것이다.

산삼 감정에도 신인神人

임상옥은 이처럼 한없이 거시적인 사람이면서도 또 한편으로는 한없이 세심하고 미시적인 사람이기도 했다. 남보다는 몇십 배나 밝은 '눈'을 가지고 세상을 살았던 박물가였다.

사람은 '눈'이 보배여서, 사람 몸뚱이 값으로 1천 냥을 치면 그 중 '눈'이 8백 냥이라는 말이 있다. 눈은 현실을 보는 지혜의 척도이다. 그러니 장사꾼은 '눈'이 밝아야 한다. '머리'가 이상과 학문을 쫓는 것이라면 '눈'은 현실과 실리를 재는 지혜이다.

임상옥도 남에게 속지 않는 '눈'을 가진 상인이었다. 더구나 인삼 감정에 있어서는 만인이 감탄할 만한 박물가였다.

한번은 임상옥에게 어떤 산삼 장수가 찾아왔다.

"이것이 진짜 산삼인지 아닌지를 한 번 보아 주십시오. 이렇게 큰 산삼은 저도 인삼 장사 40년 만에 처음 캔 것인데 감정을 해보시고 이 천하 명삼을 임 대인이 사 주시겠습니까?"

> 진짜 산삼은 세상에 아주 귀하고 드문 것이다. 또 산삼이라도 일종의 집에서 기르는 삼이 있어 진짜 산삼과는 형체나 모양으로 구별하기가 지극히 어렵다.

세조 때의 이조판서 정광필이 있었고 그에게는 정화라는 서자가 있었다. 그러니까 정화는 정난종의 손자가 되는 셈인데 자기 할아버지 난종이 '서얼의 과거 금지법.'을 주장해 명가의 손자이면서 과거도 못하고 벼슬도 못 했다. 그래서 일찌감치 중국어를 배워서 나중에는 명나라 13성의 사투리까지 모두 익혀 당대 제일의 중국통이 되었다. 그 정화가 연경 사신을 따라다니며 역관 노릇을 했는데 한번은 있는 돈을 다 털어서 인삼을 사가지고 북경으로 들어간 일이 있었다. 그런데 정작 북경에 도착한 뒤 인삼 보따리를 풀어 보니 '머리만 인삼이고 몸뚱이는 모두 도라지였다.'는 역사 기록이 남아 있다.

용꿈을 꾸고 인삼 장사를 떠났던 정화는 기가 막혔다. 귀신이 곡할 노릇이 아닌가. 분명히 인삼을 사서 가지고 왔는데 어디서 어떻게 되어 머리는 멀쩡한 인삼이고 몸뚱이는 도라지란 말인가. 북경 천지에서 오도 가도 못하게 된 정화는 숨겨 가지고 갔던 은자(당시 금수품이었음)를 풀어서 여비로 쓰고, 그 일이 말썽이 되어 선천 땅으로 귀양살이를 간 일이 있었다.

이처럼 인삼 대가리와 도라지 다리도 구별하기 힘든데 어렵고 어려운 산삼, 그것도 '되뽑이'인지 아닌지를 구별해 달라는 얘기에 임상옥은 어떻게 했을까.

그는 산삼 장수가 가져온 산삼을 하룻밤 동안 조심스럽게 상자에 넣어 잠을 재운 후, 이튿날 첫 새벽 해가 떠오르자 산삼을 들고 나가 햇빛에서 자세히 감정하였다.

"이것은 경삼驚蔘(자연 그대로 자란 것이 아니고 옮겨 심어서 기른 삼)이오!"

조마조마하게 임상옥의 얼굴을 지켜보고 서 있던 산삼 장수는 제 무릎을 탁 치며 말했다.

"과연 그러하옵니다. 경삼이올시다."

소문대로 임상옥은 산삼 감정에도 신인神人이었던 것이다. 산삼 장수는 그 산삼은 어떤 절간의 우물가에서 캐온 경삼이라고 자백했다. 여기서 경삼이 무엇이고 '되뽑이'가 무엇인지를 알아야 임상옥의 기막힌 감식안이 얼마나 신인의 경지에 도달하였는가 하는 점을 제대로 평가할 수 있을 것 같다.

산삼은 원래 사람의 손을 전혀 타지 않은 깊은 산속에 저절로 자란 것을 말한다. 어린 산삼 싹을 발견한 심마니는 흙까지 아울러서 그 산삼 싹을 떠다가 인가에서 멀리 떨어져 아무도 모르는 전토田土에 옮겨 심고 약토藥土를 한 것이다. 이것을 '양직養直'이라고 하고, 어린 산삼 모를 평토平土에서 직식直植한 것은 '직삼直蔘' 또는 '토직土直'이라고 구분했던 것이다. 그리고 씨를 받아다가 집에서 기른 것은 보통 말하는 인삼*이 된다. 그러니까 진짜 산삼과 경삼(뒤뽑이)은 크게 다른 것이고 값에 있어서도 엄청나게 차이가 났다.

임상옥이 산삼을 햇빛에 비추어 보고 어떻게 알아냈는지는 알 수 없다. 하여튼 옛날부터 산삼은 값이 없는 신령초이고 산신이 내려 주는 것이니까 그 산삼을 캐러 가는 풍속이나 말도 모두 속세의 것이 아니었다.

산삼을 캐러 가는 때는 초가을, 인삼 열매가 빨갛게 익을 무렵을 택해 큰 어른(대장)은 소댕이(대원), 날소댕이(견습대원), 정재(잡역부)들을 목욕재계시켜 비밀리에 날을 받아 삼을 캐러 들어간다. 머리에는 노

인삼의 종류

수삼(水蔘) 수삼은 밭에서 수확한 가공하지 않은 인삼으로 보통 수분이 75% 내외 함유되어 있으며 7일 이상 저장이 어렵다.

백삼(白蔘) 백삼은 4~6년근 수삼을 원료로 하여 장기간 저장을 목적으로 대부분의 껍질을 벗겨 햇볕에 그대로 건조시킨 것으로 수분 함량이 15% 이하가 되도록 가공한 인삼이다.

피부백삼(皮膚白蔘) 5, 6년근 수삼을 원료로 하여 장기간 저장을 목적으로 백삼과는 달리 껍질을 벗기지 않고 햇볕에 그대로 건조시켜 수분 함량이 15% 이하가 되도록 가공한 인삼이다.

홍삼(紅蔘) 수삼을 수증기 및 기타 방법으로 찐 다음 익혀서 건조시킨 담적황갈색 혹은 농다갈색의 인삼이다.

캇(종이 노끈으로 짠 채삼꾼의 모자)을 쓰고 굴걸피(옷)로는 이슬치(겉바지)를 걸치고 디디게(신발)를 신고 마내시리(지팡이)를 짚고 메대기(배낭)를 메고, 도끼, 낫, 호미, 바가지, 호련(부시·성냥), 솥, 숟가락을 장만해서 들어간다. 그리고 대원들이 먹을 쌀, 된장, 소금, 닭, 간장을 짊어지고 깊은 산중에 들어가 산삼을 캤다. 이런 산삼과 가삼家蔘은 아예 족보부터 다르지만 신인이 아니고는 도저히 눈으로 감별하지 못하는 것이다.

목숨과 바꾼 5만 냥

아흔아홉 냥 가진 사람이 한 냥 가진 사람더러 '네 돈 한 냥을 날 주어 내 돈을 1백 냥으로 채우자.'고 한다는 이야기가 있다. 돈이 많을수록 욕심이 더 많다는 경구다. 사람이 나이를 먹을수록 돈에 대한 집착도 더하다고들 한다. 이것이 이른바 노욕老慾이다. 그래서 돈 많은 사람은 인색하고 완고하고 또 욕을 얻어먹기 쉽다. 그러나 임상옥에겐 재미있는 일화가 전해 온다.

어느 날 의주 임상옥의 집에 눈에 핏발이 선 나그네 하나가 찾아왔다. 그 사람은 보통 지나가는 나그네가 아니었다. 원래 당시의 풍습으로는 웬만한 고을 부자만 돼도 소위 '양객養客한다'고 해서, 지나가는 나그네들이 며칠에서 몇 달씩까지도 묵어가는 수가 있었다. 그런 양객 노릇 하는 사람이란 대개 바둑을 잘 둔다든지, 김삿갓처럼 싯줄이나 읊을 줄 안다든지, 지나다니는 가객歌客이든지, 아니면 발이 넓어 이곳저곳 구경을 많이 해서 얘기를 잘하는 입담 좋은 나그네들이었다. 그들은 주인이 심심할 때는 언제든지 사랑에 머무르면서 말벗이 되고, 바둑도 함께 두면서 후한 대접을 받고 노자나 옷가지까지 얻어서 또 다른 고을 부잣집으로 길을 떠나는 것이다. 또 큰 부자는 으레 그런 양객을 많이 하는 것을 자랑으로 여겨 왔다. 그런데 눈에 핏발을 세워 가지고 온 초면의 그 사내는 임상옥을 찾았다.

"난 전라감영에서 이방 노릇 하는 최 아무개올시다. 이방질을 하면서…."

전라감영의 공금 5만 냥을 축낸 죄를 짓고 죽게 된 목숨이니 살려 달라는 것이었다. 보통 사람은 5만 냥은커녕 1천 냥도 한평생 만져 보지도 못하고 죽는 일이 태반이었다. 그런데 전라감영의 최 이방이란 사람은 다짜고짜 5만 냥이라는 대금을 꾸어 달라는 게 아닌가.

"그런데 어째서 이렇게 먼 걸음을 하셨소? 완산(전주)에서 의주까지…."

"그런 큰돈을 임 대인 아니고서야 어느 누가 빌려 줄 수 있겠습니까? 조선 갑부가 의주 사는 임 대인이라기에 불원천리하고 찾아왔습니다."

"허허…, 그렇다면 할 수 없구려!"

임상옥은 그 자리에서 수하인을 불러 5만 냥짜리 어음을 끊어 서울에 가서 환전해 쓸 수 있도록 해주어 보냈다. 그 전라감영의 최 이방이 돌아간 뒤였다. 서사(기록을 맡아 보는 사람) 하나가 얼떨떨한 표정으로 주인 임상옥에게 물었다.

"처음 보는 사람한테 어떻게 5만 냥을 내주셨습니까?"

"아까 그 사람, 사람 죽일 사람이야. 얼굴에 살기가 있어서 주어보냈네."

"살기가요?"

"돈이 목숨보다 귀할 수는 없지 않은가. 내가 돈을 안 내놓았다면 두 사람이 죽네. 나도 죽고 그 사람도 죽지. 그러나 내가 5만 냥을 내놓았으니까 나도 살았고 그도 살았네."

임상옥의 알쏭달쏭한 대답을 듣고 서사는 그 길로 변장을 하고서 아까 사랑방을 떠나간 최 이방이란 사람의 뒤를 밟아 안주까지 내려가 보았다. 주막집에서 이틀을 함께 자 보고 사흘 만에 그 서사는 임상옥에게 되돌아왔다.

"어떻던가?"

"과연 그 사람은 품에 비수를 품고 찾아왔습니다. 돈이 안 되면 임 대인도 찔러 죽이고 자기도 죽으려 했노라고 자백했습니다."

거상 임상옥의 인생관도 대범하지만 그 깊이도 보통 사람보다는 훨씬 깊었다. 5만 냥을 내놓아 목숨을 구한 것이 잘한 일인가 못한 일인가. 아니, 보통 사람 같으면 평생 만져 보지도 못할 5만 냥 거금을 던져 주고 태연할 수가 있을 것인가….

말년이 외로웠던 거상

임상옥이 죽던 그 해, 임상옥의 부맥은 최송설당에게 이어져 우리나라에서는 보기 드문 여류 갑부가 태어났다. 임상옥은 1832년 곽산 군수가 되었다가 홍수로 의주 백성들이 굶어 죽을 지경에 이르자 많은 곡식을 내놓아 수재민을 구제한 공로로 2년 뒤에는 구성부사가 되었다. 그런데 그때도 비변사의 심한 배척을 당했다.

'일개 장사꾼에게 부사 벼슬이라니 너무 과분하다.'

그때부터 임상옥은 벼슬을 내던지고 삼봉산 아래 촌장村莊에 칩거하면서 인생관에 상당한 변화를 일으킨 것 같다. 그는 시를 쓰기 시작했다. 이미 50고개를 넘어서 노경이 가까운 인생, '기량器量'이 아무리 커봤자 뿌리 깊은 명가의 자손이 아닌 사람으로서는 어쩔 수 없는 한계였다.

여기서 무엇보다도 궁금한 것은 그의 정확한 가계와 재산의 향방이다. 정사에는 자세한 대목이 없으니까 그만두고라도 그의 행장기나 또 의주 읍지邑誌(고을의 연혁, 자리, 풍속 등을 기록한 책)에도 그 점이 자세하지가 않다.

> 임상옥은 그의 두 아우와 아들 하나가 일찍 죽고⋯.

이런 행장기로 보아 그는 적어도 삼형제 이상이었다가 아우 둘이 먼저 죽었고 그의 아들 하나도 일찍 죽었으니 말년이 외로웠을 것이라고 추측할 수 있는데, 그 '아들 하나'가 여러 형제 중의 하나였는지 아니면 독자였는지, 독자였다면 손자를 보고 난 뒤였는지 또 그의 유산을 계승한 후손들이 누구였는지도 분명하지가 않다.

> 그의 후손들이 재산을 오래 간직하도록 하기 위해 토지를 여럿으로 쪼개어 궁장토宮庄土(후비·왕자군·왕자대군·공주·옹주 등의 각 궁방에 지급된 토지)로 넣었다.

임상옥이 궁장토에 넣었던 토지는 서북 지방에 유명한 불이농장不二農庄이 되어 일제 때까지 전해져 왔다. 그러나 '토지는 그 토지'지만 주인은 어찌 되었는지…. 궁장토와 역둔토驛屯土(역이나 주둔군에 딸렸던 전답)는 한일합병이 되면서 대부분 일본인들의 손에 넘어갔으니 불이 농장의 실권도 아마 그들이 쥔 것은 아니었을까. 1923년 어느 잡지 기자가 의주 지방을 지나면서 쓴 한 대목이 있다.

불이농장不二農庄의 일망무제一望無際한 곡식 물결은 끝이 없이 넓었다.

1926년 여름의 모습은 다음과 같다.

소작쟁의의 불길은 남선南鮮으로부터 일기 시작하여 이제는 서선西鮮 지방에까지 뻗쳐 왔다. 재작년 겨울부터 작년 봄이 지나도록 문제가 되었던 소작인의 불이농장의 소작쟁의는 쌍방의 양보로 무사히 해결되고….

그때 불이농장은 평북 용천군 부라면 벌판을 다 덮은 광대한 농토였으나, 이 무렵의 주인이 임상옥의 후손 아무개라는 사실은 어디에서도 찾을 수 없다.

산천도 무상하고 사람도 무상한데 어찌 왔다 가고, 재산도 무상하게 모였다가 흩어지는 것이니 임상옥은 세상을 덮을 만한 돈을 벌어 쌓아 놓고도 시를 썼던 것일까?

불세출의 거재巨才는 수십만금을 쌓아 올린 성공자였지만 그에게도 정해진 자기 복이 있었던 모양이다. 더 자랄래야 자랄 수 없는 신분사회, 외로운 노년, 그래서 남모르는 눈물을 흘려야 했던 웅도의 거인, 기개세氣蓋世의 거재, 알지 못하리로다. 어차피 인생은 공수래공수거, 지금 그의 수만금은 간 곳이 없고 겨우 시 몇 줄만 이렇게 전해 온다.

三更官燭法春寒(삼경관촉법춘한)

經歲相逢話萬端(경세상봉화만단)

……

去後西州長短事(거후서주장단사)

永淸橋上月團團(영청교상월단단).

한밤 촛불은 춘한에 놀라 떠는데,

해를 넘겨 그대 만나니 할 말이 많으나

……

길고 짧던 세상 일, 한 번 서주로 가버린 뒤

영청교 다리 위로 달만 둥실 떴네.

백선행

白善行

꾸밈없는 과부의 끊임없는 선행

꾸밈없는
과부의
끊임없는
선행

백선행白善行은 안씨네 집에 시집와서 16세에 청상이 된 '백 과부'
로 세상에 알려졌다.

백 과부는 남편의 장례를 치른 이튿날부터 억척스럽게 일을 했다.
대개 청상이 되면 시름을 잊기 위해 일을 했고 잡념과 설움을 떨쳐 버
리려고 땀을 흘렸다. 그래야 기나긴 독수공방을 견딜 수 있었다.

그는 평양 변두리인 제 집 앞뒤 마당에 봉숭아 씨를 뿌려 모종을 하
고 꽃이 핀 뒤 씨를 받아 닷새 만에 열리는 장에다 내다 팔았다. 질동
이를 머리에 이고 음식점을 돌며 뜨물 찌꺼기를 거두어 돼지를 길렀
고 남는 음식 찌꺼기는 다른 집에 팔아 돈을 모았다. 틈나는 대로 삯바
느질, 콩나물 기르기 등 품삯을 준다면 아무리 궂은일이라도 마다 않
고 일을 했다. 백 과부는 돈 되는 것은 무엇이나 내다 팔았고 장날이
돌아올 적에는 무명베 한 필을 짤 만큼의 목화를 사 왔다.

그날 밤에 씨아로 목화씨를 발라내어선 기름을 짜서 팔았다. 이튿

날 새벽부터 이 무명을 물레로 실을 뽑아, 이틀 뒤면 베 한 필 길이로 날아 겻불을 피우고 베를 매었다. 그날 밤부터 베틀에 얹어 하루 밤낮을 뚝딱거려 쉬지 않고 베를 짜면 한 필의 무명이 되었다. 다음 장날 이 무명을 내다 팔고 또 목화를 사오고 나머지 돈을 한 푼도 쓰지 않고 모았다. 한 푼 두 푼 엽전이 모이면 항아리에 담아 부엌에 묻었고 이것이 모여 목돈이 되고 이 돈꿰미가 남몰래 늘어 가는 것을 낙으로 삼았다. 이러구러 지내는 동안 백 과부의 나이 서른 살이 넘었고, 근검절약 10여 년 모은 돈으로 그녀는 평양 근교의 땅을 사 모으기 시작했다. 흉년이 들거나 멀리 외지로 떠나는 사람들의 토지는 헐값으로 살 수 있었기에 그의 재산은 몇 해 만에 거부 소리를 들을 만큼 불어났다. 백 과부는 실상 알부자가 되었건만 그가 먹고 입는 자봉自奉은 예대로 형편없었다.

그녀는 스스로 좌우명 노래를 이렇게 지었다.

먹기 싫은 것 먹고,

입기 싫은 것 입고,

하기 싫은 일 하고.

스스로 경계한 이 세 가지 훈계는 훗날 동요처럼 평안도 지방에 번져 자수성가하여 치부하는 비결로 많은 사람들 입에 오르내리는 말이 되었다.

그녀가 부자가 되었을 적에도 집에 찾아온 손님에게 냉면을 대접했다가 혹여 남기는 사람이 있으면 결코 버리지 않고 거두어 두었다가 자신이 먹으며 이렇게 말했다.

"여보시, 거 아깝지 안쏨마."

백 과부는 간혹 돈놀이를 해서 큰돈으로 늘리기도 했는데 더러 떼이는 수도 있었으나 결코 그 사람을 나무라거나 욕하지는 않았다.

"내가 헐뜯으면 그 사람 신용만 더 떨어질 뿐이오. 그렇다면 훗날 그가 혹시 성공해서 내게 돈을 갚을 생각을 했다손 치더라도 영영 갚지 못할 게 아니오. 그를 욕해서 당장 내게 돈이 돌아올리도 없지 않소."

백선행(白善行)
1848 ~ 1933. 사회사업가. 경기도 수원 출생.

그러니 자연 평양 바닥에 백 과부 돈 떼었다는 소리가 없었고 또한 돈 떼먹었다는 사람도 없을 만큼 그의 도량이 컸다. 그러나 그가 아낄 적에는 한없이 아껴서 돈 몇 푼 때문에 목숨이 위태로워도 아랑곳하지 않는 적도 있었다.

죽어도 강도에겐 돈 못 준다

한번은 강도가 들어와서 칼을 들이대고 돈을 강요했으나 죽기를 무릅쓰고 그녀는 항거했다.

"가진 돈 몇 푼 집어 주고 말지요. 까짓것 그 돈 때문에 만약의 경우라도 당한다면 어쩌려구요."

위로하러 온 사람들이 나무라듯 하는 말에 백 과부는 눈을 치뜨고 못마땅한 듯 핀잔을 주었다.

"내가 불쌍한 사람들에게도 미처 노나주지 못한 돈인데…. 이 돈을 밤중에 내게 해코지를 하며 달려드는 놈에게 어떻게 줄 수 있겠나. 내가 피땀 흘려 번 돈인데. 아니 할 말로 내가 죽는다손 치더라도 그 돈은 남아 그놈 주는 것보다 낫게 쓰이지 않겠나. 그놈이 돈을 뺏아가 무슨 흉측한 데다 쓸지도 모르고서 내 손으로 그 나쁜 놈에게 돈을 집어 주란 말인가."

그녀가 '돈을 땅에 묻는다'는 소문을 들은 사람들이 급전을 쓸 일이 있으면 찾아가 땅을 잡히거나 팔거나 했다. 이러자 사기꾼이 꾀기 시작했다. 한번은 토지 브로커랄까 하는 건달이 그녀를 찾아와 달콤한 말로 좋은 땅이 있다고 속여 흥정을 붙이려 들었다.

"평양 교외에 있는 만달산晩達山을 누가 팔려고 내놨습니다. 값도 싸고 토질도 좋으니 부인께서 사 두십시오. 모두들 사려고 머리를 싸매고 덤비지만 땅 덩어리가 너무 커서 아무도 엄두를 못 내고 있습니다. 복 있는 땅은 반드시 주인이 있는 법인데 부인 말고는 이 산을 살 분이 없습니다."

만달산은 평양 시내에서 동쪽으로 50리 떨어진 승호리勝湖里라는 곳에 있는 불모지였다. 평양 시내 전구리磚九里에서만 50평생을 살아왔고, 땅을 살 적에도 남의 말만 믿고 사들여도 속은 적이 없었던 그녀였기에 땅값이 싸고 덩치가 크다는 말에 그만 솔깃했다. 수십만 평의 땅을 아무런 의심도 없이 계약을 마치고 돈을 치르고 나서야 비로소 속은 줄을 알았다. 알고 보니 나무 한 포기 나지 않는 불모지를 한 평에 2~10전씩이나 주고 샀으니 속아도 이만저만 속은 것이 아니었다.

논도 밭도 못 되는 황무지를, 아니 숲을 이룰 땅도 아닌 석산石山을 평생 허리가 휘이고 몸이 바스러지도록 힘써 모은 돈을 다 털어 넣고 말았다.

"백 과부는 이제 망했다."

평양 안에 소문이 파다하게 퍼졌다. 그녀는 내가 저지른 실수인데 누구를 원망해서 무얼 하랴 하며 체념하고 있었는데, 의외로 빠르게 행운이 닥쳐왔다. 하루는 한 일본인이 통역관을 데리고 백 과부를 찾아와서 정중하게 인사를 했다. 승호리의 황무지 만달산을 사겠다고 자청하는 것이 아닌가. 그녀는 본전만 되면, 아니 반값이라도 받게 되길 바라면서 필시 무슨 곡절이 있겠지 싶어 용도부터 물었다.

"사실 나도 심부름이니까 그 땅을 무엇에 쓰려는지를 잘 모릅니다."

"그래, 값은 얼마씩 쳐준답디까?"

"좋은 부분은 평당 40전, 나쁜 부분은 평당 8전은 내겠다고 합니다."

백 과부는 깜짝 놀랐다.

그녀가 이 땅을 살 적에는 40전짜리는 10전에, 8전짜리는 2전에 샀으니 놀라는 것도 무리는 아니었다.

본격적인 선행

좀 더 버티었다면 돈을 더 받을 수도 있었으련만 그녀는 그 부르는 값으로 만달산을 팔고 말았다. 그녀는 몇 해 만에 몇 갑절의 이문을 남긴 더 큰 부자가 되는 행운을 안았다. 모두들 일본 사람들의 꿍꿍이속을 궁금해 하면서 그녀의 전화위복을 놀라워했다.

"과연 복 있는 사람이 사둘 땅이란 말이 맞았군."

후에 알고 보니 이 산은 모두 양질의 석회석산으로 그것을 산 사람은 이 땅에 제일 먼저 손을 뻗친 일본 소야전小野田 시멘트 회사였다. 이때는 그녀가 환갑을 바라보는 나이였다.

이때부터 백 과부는 남에게 베푸는 '선행'을 일삼았으므로 그녀를 '白善行'이라 불렀고 이것이 그녀의 이름이 되었다.

백 과부는 속아서 산 석악산石惡山으로 호박이 넝쿨째 굴러 들어온 행운을 잡았다. 사기꾼이 속이는 말로 '복 있는 사람이 가질 수 있는 복 받은 땅'이라 일컬은 그대로 온 산이 시멘트 재료덩이었다.

영문도 모르고 일본인에게 되팔았지만 그 엄청난 이문으로 갑자기 전국에서 손꼽을 만한 부자가 되자 그녀는 이 재물을 어떻게 흩어

서 써야 옳을지 가만히 생각하고 있었다. 그녀가 제일 먼저 보람 있
는 일로 시작한 것이 송산리松山里(대동군 고평면)에 다리를 놓는 역사役
事였다.

허술한 나무다리는 건너다니기 위험했고, 그나마 큰물이 지면 다리
가 떠내려가 버려 행인들은 옷을 다 적시며 위험하게 건너다가 떠내
려가는 수도 있었다. 고급 석수장이 박도순朴道淳에게 위탁하여 서울
의 광교廣橋를 본떠서 돌다리를 가설하니 속칭 '솔뫼다리'였다. '솔뫼'
는 '손뫼'의 뜻으로 곧 손님산客山이란 뜻이었다.

융희 2년(1908) 다리가 준공되자 사람들은 '백 과부 다리'라 일컫는
것을 지방 유지들이 그 선행을 기려서 '백선행교白善行橋'라 명명하니,
이로부터 그녀의 이름이 바로 그 다리 이름이 되었던 것이었다. 백선
행은 이재理財에 밝았으므로 장사와 공업과 돈놀이 등으로 해마다 돈
이 불어나자 더욱 유용하게 쓸 방도를 찾기 위해 조만식曺晩埴을 찾아
갔다.

"여러 사람들에 두루 이익을 주고 문화 창달을 위해 바람직한 일로
공회당을 짓는 일보다 더 훌륭한 노릇은 없을 것입니다."

당시 부립府立 공회당이 있긴 했으나 일인들 전용이었고, 민족적인
집회를 열자면 이런저런 방해를 받던 시절이었다. 20만 원이나 되는
당시 돈으론 엄청난 거액을 선뜻 내놓겠다고 허락하자 함께 있던 오
윤선嗚胤善 등은 크게 놀랐다.

이 소문이 나자 당시 〈중외일보中外日報〉 지국장 김병연 등 신문인
들이 그녀의 집을 방문하여 사진 찍기를 청했다.

"내가 모은 돈을 정승처럼 좀 써 보자는데 사진은 박아서 뭘 하오?"

백선행은 늙은 동자아치(식모)처럼 누추하게 차리고, 키에 담은 곡

식의 티를 고르고 있던 참이었다.

"어서 옷을 갈아입으셔야지요."

"내 모습 그대로 찍지 꾸며서야 쓰겠소."

처음에는 사진 찍기를 완강히 거절하다가 강권에 못 이겨 치마를 털고 일어서는 그녀에게 그 위치가 역광선이 되어 자리를 옮겨달라고 하자 고개를 저었다.

"나는 내 뜻에 거슬리는 일은 안 하는 늙은이니 여기서 찍어서 안 되거든 그만둡시다."

이때 공회당 짓는 일은 청부업자 마종유와 건축 계약을 하고 설계 도를 만들었는데 그 도면 제작비가 무려 2,800원이나 들었다. 당시 쌀 한 가마에 5원 했다니 현대 교육을 못 받은 그녀에게 이를 설득시키기 난처하여 마름 최경렴과 여러 가지로 상의했다.

"이런 돈을 내라면 우리를 협잡꾼으로 여길 터이니 나중에 공사비 4만 원에 덧붙여 타내면 어떻소?"

"일을 사실대로 알려야지 속였다가는 나중에 큰일이 낭패되면 어쩌겠소. 그분의 성품은 내가 잘 압니다."

걱정하던 것과는 달리 그녀는 설명을 자세히 듣고는 선뜻 수긍했다.

"집짓는 데 그 '그림'이 꼭 필요하다면 비싸더라도 낼 돈은 내야지…."

마침내 대동문大同門 가에 3층 석조관石造館을 지어 아래층은 사무실, 도서실. 2, 3층은 1,200명을 수용할 수 있는 강당을 만들었다. 그녀의 회사 공로를 기리어 기념관 앞에 백선행의 흉상을 만들어 제막하니 1927년이었다. 그녀는 기념관 유지비로 다시 800석지기의 전답을 희사했다. 이에 이 공회당을 이름 지어 '백선행 기념관'이라 하고 재단법인을 설립하여 이사에 조만식, 최경렴, 오윤선 등을 뽑았고 백선행을 이사장으로 추대했다. 이 기념관 뜰의 백선행 흉상 아래에 양주동梁柱東이 지은 글이 새겨졌다.

백선행은 1미터 60센티가 좀 못 되는 보통 키에 좀 뚱뚱한 체구에 얼굴은 둥글넓적하여 그저 평범하기만 했다. 일찍이 청상과부가 되었기에 그녀는 배태胚胎도 못 해본 때문에 슬하에 자녀가 없었고, 가까운 친척도 없어 양자도 두지 않고 반생을 홀로 살아오다가 늘그막에 안일성을 양손으로 맞았다.

탁월한 기억력의 소유자

안일성은 양할머니의 뜻을 받들어 여러 가지 일을 했으나, 이재에 능하지는 못했고 헤프게 돈쓰는 법부터 먼저 배운 부잣집 도령이었다. 그녀의 나이 77세 때, 평양 수옥리에 살던 백선행은 나머지 재산을 조만식, 오윤선 두 사람과 집안일을 맡아 준 최경렴에게 맡기고 그의 양손에게는 이런 처분을 내렸다.

"일성이는 재산을 지탱하지 못할 위인이니. '뗏장'을 물려주되 밭뙈기 논배미가 조각조각 떨어진 것을 골라 주어라."

그녀는 야무지지 못한 양손이 부자 티를 내느라 호사를 일삼고 안일과 향락을 즐기는 것을 염려하여, 혹 유흥비로 재산을 팔아도 한꺼번에 떨어 먹지는 않도록 배려한 것이었다. '뗏장'이란 한 필지씩 따로 떨어져 있는 논배미 밭뙈기를 말하는 것이었다. 백선행은 언문(한

글) 몇 줄 겨우 읽을 줄 아는 정도의 지식뿐이라 산술을 제대로 배웠을 리 없겠으나 수만 석의 재산을 혼자 한 푼의 착오도 없이 암산으로 잘도 셈하고 관리했다.

그녀는 수수깡 껍질을 벗겨서 그 말랑말랑한 속대에 손톱자국을 내어 추수 내용을 암산해 왔다. 어느 수수깡이 열 섬 단위이고 어느 수수깡이 백석지기 단위인 것을 남이 알 수가 없었다.

어느 대궁이 어느 지역 땅과 추수를 표시했고, 누구에게 꾸어준 돈이고 받을 돈이며 그 이자를 기표한 것인지를 오로지 혼자만 알고 있었다. 또한 그 수많은 액수를 여러 곳에다 희사했으나 그 액수와 날짜와 용도까지도 착오 하나 없이 훤하게 아는 독특한 암기법과 총명을 갖춘 그녀였다.

그녀는 창덕彰德소학교(대동군 용산면)에 300석지기 땅을 희사했고, 1925년엔 대동군 추자도秋子島에 있는 전답 2만 6천여 평을 평양 숭현崇賢학교에 기증했다.

1928년 백선행은 평생 깨끗이 수절한 몸으로 오직 모은 돈을 보람 있게 쓰다가 80세로 세상을 떠났다. 그녀의 영결종천永訣終天을 애달파 하는 혈육은 없어도 장례에는 그녀가 기른 광성, 창덕, 숭현 등의 학교 학생들이 수십 필의 흰 베를 드리워 집불執紼하고 구슬픈 조악弔樂을 울리는 배웅을 받았다.

고개 숙여 그 뒤를 따르는 남녀노소가 10리 길에 뻗쳤으며, 그 업적을 적은 비석이 그 무덤을 장식했다. 총독부의 표창을 거절한 그 정신도 가상하거니와 평생 애써 모은 재산을 쥐고만 있지 않고 흩어서 올바른 일에 쓸 줄 안 정신을 당시 사람들 모두가 칭송해 마지않았으며, 여성으로는 처음인 사회장으로 그녀를 보냈다.

백선행 그녀가 세운 어느 학교 식전에서 이런 말을 남겼다.

너희들은 조선의 아들이고 딸이다. 지금 조선 형편이 어떠하냐. 나도 잠
안 자고 안 놀고 일했는데, 하물며 너희들은 공부하는 몸이라 졸린다고 자
고 놀고 싶다고 논다면 그게 될 성싶으냐.

최봉준

崔鳳俊

소를 몰고 온 천만장자

소를
몰고 온
천만장자

우리나라 최대의 현금 갑부, 아니 토지 갑부가 누구였을까 하는 점은 앞으로도 더 규명해야 할 과제이지만 민영휘, 이완용, 김성수, 최창학의 부력도 실제 액수 1천만 원대가 넘었던 경우가 있었는지 의문이다.

그런데 최봉준崔鳳俊이 어떻게 그것도 구한말 때 돈으로 5, 6백만 원을 쥔 거부일 수 있었느냐 하는 의문이 생기지 않을 수 없다.

최봉준은 본래 함경북도 경흥 출신이었다고 한다. 그는 대對 러시아 무역으로 거금을 잡은 사람인데 그를 설명하기 위해서는 먼저 관북 지방의 대 러시아 무역 상황을 알아야 할 것이다.

개인 소유 선박을 갖은 해상왕

1890년대 함경도 성진항에 돌연변이적 인물이 혜성처럼 등장해 세상을 깜짝 놀라게 했는데 그가 바로 최봉준이다. 당시에는 '천만장자 최봉준'이라고 했다. 대한 부자에 민영휘가 있는 줄은 알아도 그와 어깨를 겨루고도 남는 최봉준이 성진항에 앉아 그야말로 백만금을 손에 쥐고 우리나라 유사 이래 최대의 무역왕이자 현금왕으로 군림했던 사실은 거의 알려지지 않았다.

그렇다면 최봉준은 실제 인물인가 아니면 전설 속의 신화적인 인물에 불과한가? 만약 최봉준이 그처럼 조선왕조의 천만장자로 행세할 정도였다면 왜 우리들에게 아무 이야기도 전해지지 않았을까?

우선 최봉준이 실제의 인물이고 천만장자의 울타리를 거느리고 혜성같이 등장했던 인물이었다는 증거를 기록에서 분명히 찾아보자.

> 본인이 城津(성진)항 각국 거류지에 物貨(물화) 대판매소를 설시하고 상해, 홍콩, 해삼위(블라디보스토크의 옛 이름), 일본 각지의 유명한 주단, 양목 등 상

품 물화를 다수 貿來(무래)하고 혹 특약 구입하여 음력 8월부터 개시하고 염가 방매하겠사오니 국내 紳商諸彦(신상제언)은 기만 원어치라도 益益來求(익익래구)하시기 무망하나이다.

_ 성진항 각국 거류지 大販賣主人(대판매주인) 최봉준 告白(고백)

이 글은 최봉준이 1905년 9월 1일자 신문에 광고한 문안이다.

즉 최봉준이 1905년 음력 8월부터 함경도 성진항 각국 거류지에 물화 판매소를 설시하고 상해, 홍콩, 블라디보스토크, 일본 등에서 각종 비단과 양목 등을 무역해다가 쌓아 놓고 장사를 시작했으니 모두 와서 몇만 원어치라도 사가시오 하고 선언한 것이다.

1905년이라면 러일전쟁이 일어난 이듬해다. 최봉준이 자리를 잡은 위치는 성진이다. 그는 성진을 중심으로 원산, 청진, 경흥, 블라디보스토크에서 부산, 홍콩, 상해, 일본까지를 활동 무대로 삼았다.

최봉준이 그처럼 엄청난 국제적 거상으로 등장하여 '수만 원어치씩이라도 얼마든지 팔 터이니 사가시오.' 하고 선언할 당시 그 수만 원이 의미하는 것은 무엇인가?

그 당시 우리나라 경제 시장은 충청도 강경포의 소금장사, 전라도 법성포의 쌀장사, 팔도 물화가 다 모여드는 삼개(지금의 서울 마포)의 무역상들이 굵직굵직한 머리를 드러내고 있었지만 그들 중 누구도 감히 '수만 원어치라도 얼마든지 팔 터이니 와서들 사가시오.' 하고 선언할 수는 없었다. 수만 원어치는 고사하고 수천 원, 수백 원어치씩이라도 마음 놓고 팔 수 있는 재고량을 갖춘 상인조차도 거의 없었다. 그런 때 최봉준은 당당하게 수만 원어치씩이라도 얼마든지 팔겠다고 했으니 그 배짱의 두둑함과 그 창고의 어마어마한 규모가 최봉준이 조선왕조 최대의 국제 무역왕이고 최대의 현금왕임을 보여 주는 것이다.

도대체 1905년 당시 함경도 지방의 물가가 어느 정도였기에 최봉준이 그처럼 수만 원어치라도 얼마든지 팔겠다고 선언할 수 있었을까?

우선 1880년대부터 거의 20여 년 동안 함경도의 무역 주종 상품은 콩과 소이다. 1905년 함경도의 콩 값은 얼마였을까?

그 당시 함경도의 콩은 1902년부터 내리 3년 동안이나 흉작을 거듭하여 값이 엄청나게 폭등하고 있었다. 그래서 함경도의 콩은 거의 씨가 마르다시피 했는데 1905년에야 비로소 함경도 영흥, 문천, 고원, 함흥 방면에 겨우 평년작이 넘는 콩이 생산되어 그해 가을 원산역 안변시장 시세로 콩 한 섬에 극상품이 8원 50전이었고 최하품은 6원 50전이었다. 그러니까 콩 한 가마의 시세는 4원에서 3원 사이였다.

또 함경도에서 거래되던 우피牛皮는 1905년 7월에 원산 지방 시세로 1백 근에 50전 하던 것이 그해 가을인 11월 20일자 〈매일신보〉 기사에 의하면 값이 떨어져 1백 근에 상품이 35전, 보통은 30전이었고 모두 일본의 오사카로 수출되었다고 한다.

러시아로 팔려 나가던 생우生牛 가격도 큰 황소가 최고 40원에서 최저 30원인 시세였다. 소 한 마리에 최고 40원으로 쳐도 수만 원 단위라면 과연 큰돈이 아닐 수 없는 것이다.

차차 얘기하겠지만 최봉준은 앞 광고문에서 나타나듯이 러시아, 일본, 중국 등지에서 각종 양품 특히 비단이나 광목, 석유 등을 수입하여 함경도 일대는 물론 부산에서 동해안을 거쳐 러시아의 블라디보스토크까지 지배하던 거상이었다. 그러나 광목이나 석유는 심심풀이 삼아서 하던 장사였고, 진짜 최봉준의 면모가 나타나는 곳은 훨씬 큰돈이 노는 마당이었다.

최봉준은 직접 자기의 화물선을 가지고 부산과 인천, 홍콩, 상해, 일본, 블라디보스토크까지 취항시키면서 온 바다를 주름잡고 다녔다. 지금 생각하면 해상왕 최봉준의 모습이 얼른 떠오르지 않을지도 모른다.

그리스의 선박왕 오나시스는 해운업으로 미국 대통령 케네디의 영부인 재클린을 깔아뭉갤 만큼 황금성을 쌓아 육대양을 주름잡는 선박왕, 운수왕의 위력을 여실히 보여 주었다. 그러나 지금부터 100여 년 전인 그 당시만 해도 화륜선 한 척이면 하늘이 흔들흔들 하는 부력의 상징이었다. 당시 조선왕조의 국유 화물선은 겨우 세 척으로 그나마 고장 나서 제대로 운항을 못 해 팔아 치웠다. 그런데 최봉준은 개인 화물선을 당당하게 국제 항로에 취항시켰던 것이다.

하긴 우리도 울산공업단지 안에서 수십만 톤급 선박을 우리 손으로 만들고 태평양을 건너다니는 유조선, 아프리카 남단까지 나가서 조업을 하는 원양어선을 가지고 있지만 아직 화륜선이 귀하던 시절에 일개 상인이 개인 소유의 선박이 있다는 것은 정말 놀라운 일이었다. 최봉준이 자기 소유 선박인 준창호俊昌號를 지니고 있을 당시에 동양 최대의 해군을 자랑하던 일본도 겨우 2, 30척밖에 안 되었으니 말이다.

> 시월 중에 2백 57두의 생우生牛 전부가 해삼위에 수출되얏는데 차此는 모두 최봉준의 소유선 준창호 급及 유상진의 소유선 현익호로 수출한지라.

이 기사에서도 최봉준의 거부 면모는 여실히 드러나고 있다. 함경도 성진, 원산항 등에서 10월 중에 2백 57두의 소가 러시아의 블라디보스토크에 수출되었는데 모두 최봉준의 준창호와 유상진의 현익호로 운반했다는 것이다. 그 당시 유상진 역시 큰 부자로 현익호를 소유하고 있었는데 이 현익호는 바로 인천항에 들어와 있던 서양 상사 세창양행世昌洋行으로부터 조선왕조가 엄청난 돈을 주고 사들였던 것으로 몇 해 못 가서 불하(국가나 공공단체의 재산을 민간에 매도함)하여 유상진이 그 배의 주인이 되었다.

귀향한 천만장자의 둥지

1906년 4월 30일자 신문에 의하면 준창호의 주인 최봉준은 일본의 화륜선인 1천 4백 톤짜리 배 후시미마루를 사들였다. 후시미마루는 러일·청일 양 전쟁에서 동양의 바다를 주름잡던 일본 해군 군함 중 거함으로 손꼽히던 것으로 그 웅장한 모습을 나타내며 짙은 화약 냄새와 함께 파도를 헤치고 유유히 다니던 모습은 실로 대단했다 한다. 최봉준은 그 군함을 두말없이 사들여 자가용 수송선으로 쓰고 있는 것이다.

지금도 1천 4백 톤짜리 배라면 장난감 기선처럼 그렇게 만만하지는 않았을 것인데 하물며 이 땅에 겨우 철도가 놓이기 시작하던 그 시절에야 오죽했으랴! 그런데 최봉준은 1천 4백 톤짜리 배를 사들여 원산, 성진, 블라디보스토크에 이르는 동해 북부 해안에서부터 러시아 연안까지 일주일에 한 번씩 정기적으로 운항시켰다니 최봉준이야말로 조선왕조의 돌연변이적 거상이자 해상왕이었다.

최봉준은 또 후시미마루를 사들여 매달 1천여 마리의 소를 러시아에 팔았는데 우선 그 소 값만 해도 한 마리당 40원으로 쳐 열 마리면 4백 원이고 1천 마리면 4만 원, 연평균 생우의 무역만도 당당 50만 원

수원 소시장
함남 단천과 함께 이름 높았던
수원의 소시장.

이 넘는다.

　그리고 최봉준은 소장사만 한 것이 아니라 광목과 중국에서 무역한 비단 등을 취급하여 엄청난 이익을 남겼다. 거기다 매년 함경도에서 러시아의 블라디보스토크로 흘러 나가는 계절노동자 수만 명도 최봉준의 배로 왕래하게 했다. 그러니 원산과 성진은 물론이고 블라디보스토크와 우리나라 사이의 모든 수출입까지 완전 독점했던 그를 천만장자라고 치켜세우는 것이 결코 거짓이라거나 허황된 이야기만은 아닐 것 같다.

　해방 이후 우리나라 최대의 우시장이던 경상도 안동이나 경기도 수원, 충청도 홍성 등의 예를 봐도 한 장거리에 모인 소는 기껏해야 5백 마리에서 1천 마리였다. 그러나 그 정도면 우시장은 물론이고 부근의 들판까지도 완전히 누렇게 덮였다. 그 소 한 마리를 흥정해 매매하는 것이 농촌에서는 최대의 자금 융통 루트였고 또한 농가가 소를 사고 파는 돈은 그 집 살림이 통째로 왔다 갔다 할 만큼 큰돈이었다. 그런 소를 원산과 성진항에 가부좌를 틀고 앉아 최봉준이 혼자 사고 판 소가 매달 1천 마리가 넘었고 그것도 그냥 그 자리에 놓고 매매하는 홍정이 아니라 한 마리 한 마리를 모두 자기 배에다 싣고 멀리 러시아 땅에까지 가서 팔았으니 거기서도 우리로서는 상상도 못 할 큰 이익을 남겼을 것이다.

이렇게 해서 최봉준의 돈은 점점 더 늘어 그야말로 천만장자의 탄탄대로를 달리게 되었다. 아니 그보다도 우리를 더욱 놀라게 하는 사실은 1897~8년경 최봉준이 처음 러시아 땅에서 돌아와 성진항에 자리 잡았을 때의 모습이다. 그때 사람들은 모두 최씨 성을 가진 사람 중에 아니 우리나라 사람 가운데도 그처럼 큰 부자가 있을까 하고 최봉준의 부력에 새삼 혀를 내둘렀던 것이다.

그가 러시아 땅에서 성진항에 돌아온 당시의 나이는 45세 그러면 최봉준은 근 40여 년 만에 꿈에도 그리던 조국으로 돌아오면서 아무 것도 없이 달랑 맨몸으로 왔겠는가?

물론 그렇지 않다.

맨손으로 돌아와 함경도 소 장사나 관목 장사로 돈을 번 게 아니라 이미 러시아의 블라디보스토크에서 천만장자로 이름을 날리며 함경도 땅에 기세 좋게 첫발을 디뎠던 것이다.

나이 12세에 거센 눈보라 속을 헤치며 두만강을 건너갔던 최봉준이 그동안 모은 돈이 1천 1백만, 이제 무엇이 더 부족하겠는가! 열 걸음을 디뎌도 다섯 걸음을 디뎌도 아니 단 한 걸음을 디뎌도 솟아나는 것은 돈, 돈이었다. 그 돈은 최봉준이 평생 먹고 살아도 아니 손자, 증손자, 5대 손자까지 매일같이 배 두드리며 산해진미로 잘 먹고 잘 입고 비단 보료 위에서만 뒹굴 수 있는 금액이었다.

그러나 아무리 최봉준이 알몸으로 천만금을 쌓아 올린 지독한 사람이라 해도 그는 목석도 쇳조각도 아닌 인간이었다. 아무리 거대한 황금성에 싸여 있는 사람이라 해도 인간이었기 때문에 약하다면 한없이 약하고 또 슬프다면 한없이 슬픈 존재였다. 달이라도 유난히 밝은 밤이면 눈 덮인 평원에 반사된 최봉준의 주름진 얼굴에는 자신도 모르는 사이에 짙은 향수와 회한의 눈물이 하염없이 흘러내리곤 했다.

사람 나이 45세면 이미 가을을 맞는 황혼 전야이다. 한여름 못내 푸르던 나뭇잎들도 마른 잎이 되어 머지않아 바람 가는 대로 굴러다니는 초라한 신세가 되고 말 것이다. 인생의 황혼이 되자 거목 최봉준의 굳센 마음에도 그 무상한 계절을 앞두고 잔잔한 파문이 일기 시작했다.

돌아보면 눈물 자국과 땀으로 얼룩진 한없이 괴롭고 외로웠던 반생이었다. 무엇을 위해 눈발이 휘날리는 이국 땅 러시아에서 주린 배를 움켜쥐며 '돈을 벌어야 한다. 돈을 모아야 한다.'고 지칠 대로 지친 자신을 채찍질했던가? 돈을 모은다는 독하고도 당찬 마음 하나로 인생의 황금 시절을 어처구니없이 다 보내고 이제 인생의 가을을 맞은 천만장자 최봉준은 깊은 회의에 빠졌다.

돈을 벌어서 무엇을 하자는 것인가? 무엇을 하기 위해서 이렇게 악착같이 돈을 모았던가? 사실 모아 놓고 보니 자신도 놀랄 만큼 엄청나게 큰 재산이었다. 이제 이 재산을 어떻게 할 것인가?

최봉준은 밤이면 눈을 감고 자기가 걸어온 지난 반생과 어찌 생각하면 철저하게 불행했던 자신의 운명을 되돌아보면서 밤잠을 이루지 못하는 날들이 많았다.

인간은 큰 부자이건 권력가이건 또는 사회적으로 이름난 명사이건 간에 마음 한구석에는 항상 그들이 쌓아 온 큰 성에 비례해 그만큼 외롭고 고립된 인간의 짙은 슬픔이 깔려 있는 법이다. 왜냐하면 돈과 권력과 명예를 좇는 동안 그것에 몰두하고 달리는 동안 그만큼 인간적인 많은 가치를 잃어야 했기 때문이다. 그리고 인간은 자기에게 없는 것에 대한 애착과 그것을 가장 귀하게 여기고 갈구하는 특성이 있다.

늙은 사람에게는 젊음이 가장 귀하다. 죽어 가는 사람에게는 생명이 가장 귀한 것처럼 돈이 없어 굶는 사람은 이 세상 무엇보다도 돈을 제일 갈구할 것이다. 다만 힘이 없다는 한 가지 이유로 권력가의 발 앞에 너무도 억울하게 무릎을 꿇어야 했던 사람은 권력을 가장 쥐고 싶어 할 것이다.

그렇다면 천만금을 쥔 최봉준에게 가장 절실한 건 무엇이었을까?

그것은 고향이었다. 따뜻한 인정이었다. 이목구비가 같고 말씨가 같은 한 핏줄을 가진 동포들이 사는 조국이었다.

최봉준은 봄날 간간이 들려오는 소쩍새의 울음소리에도 마음이 흔들렸고 바람만 살포시 불어도 애절한 향수로 견딜 수가 없었다. 그는 잊고 살아온 고향에 대한 회향병 때문에 더 참을 수가 없어 재산을 정리해서 조국으로 돌아왔던 것이다.

이렇게 해서 최봉준은 성진 땅에 다시 자리를 잡는데 그 모습이 정말 장관이다. 그가 성진에 돌아와 집을 짓기 시작한 것은 아마도 1897, 8년 무렵인 듯하다. 하여간 그 무렵이라면 임금님이 계시는 이 나라 최대의 도시 서울에도 일본 공사관이나 서양 공사관, 명동 성당 등 겨우 몇 채의 양옥이 있었을 뿐이다. 그리고 한참 뒤에야 종로 거리에 소규모 단층 양옥이 몇 채 들어서기 시작했다. 덕수궁 뒷담이 되는 정동 일대에 늘어선 서양 상점이라든지 '손택호텔' 같은 것도 사실 규모로 보아서는 그렇게 웅장한 건물은 아니었다.

1899년 무렵에 완공했던 성진항 최봉준의 집은 당시까지 우리나라 사람의 개인 소유 양옥으로는 최초이자 최대의 규모를 자랑하는 완전

한 하나의 성이었다. 실제로 최봉준이 그의 저택이자 점포인 웅장한 양옥을 지을 때 그 지방에는 아직 벽돌집이 없었기 때문에 집 짓는 데 필요한 벽돌까지도 모두 블라디보스토크에서 가져다가 썼다고 하지 않는가? 새로운 재목 벽돌을 가지고 2층집을 짓는데 우리나라에 양옥을 지을 수 있는 목수나 미장이가 전혀 없었다. 그래서 일본에서 1백여 명의 목공, 석공, 벽돌공 등을 데려다가 집을 짓게 했다니 얼마나 큰 공사였을지 가히 짐작할 만하다.

그 무렵 최대의 신식 자본 기관으로 등장했던 은행도 이렇다 할 건물 하나 없이 종로 네거리에 겨우 4, 50평 되는 한식 2층집을 빌려 운영하던 때였다. 그런데 최봉준은 무슨 엄청난 장사를 하려는지 거대한 주택공사를 기어이 완성했는데 2층 양옥 위아래가 60여 간이고 또 밖으로 둘러친 회랑回廊(양옥의 한방을 중심으로 둘러 댄 마루) 상점이 1백여 간에다 그 회랑 가운데에 다시 철고鐵庫를 지은 것이 60여 간에 달했다고 한다. 하여튼 그 집의 총 간수는 2백 20간에 이르렀다고 하는데, 그것도 산비탈에 세워 놓은 싼 별장이 아니라 성진항의 외국인 조계租界 안에 당당하게 지은 개인 소유 양옥이었다. 아마 이 무렵을 전후로 몇십 년까지도 우리나라에서 이런 거대한 주택공사가 벌어진 일은 없었을 것이다.

러시아로 떠난 고아 소년

조선왕조의 돌연변이적 사나이 최봉준은 대체 누구일까? 그는 일세의 거금을 다 휘어잡은 부자였지만 그의 가계와 부모에 대해서는 전혀 알 수가 없다. 다만 1905년 9월 25일자 신문 광고에 이런 기록이 남아 있다.

> 함경북도 慶興人(경흥인) 최봉준이 早遭父喪(조조부상)하고 本無祖業(본무조업) 자로 年至(년지) 12歲以(세이) 子子單身(혈혈단신)으로 不勝風樹之悲(불승풍수지비)하야 漂落於俄境(표낙어아경)에….

이 기록에 의하면 거상 최봉준의 출생지는 함경북도 두만강 연안의 경흥이고 그는 12세 때 아버지를 잃고 혼자 몸이 되었다. 아버지를 잃자 혼자가 되었다면 어머니는 그 전에 돌아가셨다는 얘기가 된다. 여기다 본무조업자本無祖業者라고 표현한 것으로 보아 최봉준은 본래 가난한 집의 아들로 조업祖業(조상 때부터 내려오는 가업)이라고는 아무것도 받은 것이 없었다. 사람이 나이 들어 장가들게 되면 큰살림이 되었건 작은 살림이 되었건 조업이라는 게 있어 숟가락 몽당이 하나에다 솥단지 하나 질그릇 하나까지도 부모 형제 사이에 서로 나누어 가지고 제금을 나는(제금나다. 따로나다의 사투리. 분가) 법이다. 그런데 최봉준은 손바닥 만한 밭 한 뙈기도 없었던 모양이다. 열두 살에 부모를 모두 잃고 가까운 친척 하나도 없으니 그는 완전히 내버려진 소년이 되었다.

설사 어린 나이에 부모를 모두 여의었다고 하더라도 큰아버지, 삼촌, 아저씨, 조카가 너울너울 한 마을에 모여 사는 집안이었다면 열두 살 까까머리 소년이 혼자 몸으로 두만강 얼음을 타고 흘러가는 계절노동자들의 꽁무니를 따라 말도 설고 풍속도 설고 얼굴 생김새까지 생소한 러시아 땅에까지 갔겠는가?

그 무렵에도 함경도 사람들의 상당수가 가을 추수가 끝나면 이듬해 봄까지 러시아 땅 깊숙이 흘러 들어가 품을 팔고 있었다.

경흥인 손주환 씨가 통역으로 我國內地(아국내지) 船坊子(선방자)에 입주한
지가 수십 년인데 한인 노동자를 위하여 雇價(고가)도 後給(후급)하고 질병
에 施藥力救(시약력구)하며 본국으로 귀환하는 자에게는 노자를 又給(우급)
한다고 韓人(한인)들이 경흥부에 呈單請褒(정단청포) 하얏다더라.

이 기사를 참조해 보면 경흥 사람 손주환은 통역으로 있다가 러시
아 땅 선방자에 입주한 지가 벌써 수십 년이라고 한다. 이런 손 씨 같
은 사람은 이미 1870년이나 80년대에 러시아에 들어가 농장을 경영
하는 등 상당히 성공한 케이스다. 손 씨는 그의 농장에 한국인 노동자
를 많이 쓰면서 품삯도 후하게 주고 갑자기 달라진 기후에 시달려 병
이라도 걸리면 약을 써서 병구완도 끔찍이 해주고 또 본국에 돌아가
려는 사람들에게는 노자까지 후하게 주는 등 선행 부농으로 나타나고
있다.

이것으로 보아도 이미 1870년이나 80년대 무렵 우리나라 함경도 경
흥 사람들의 상당수가 간도 또는 러시아까지 깊숙이 진출해 들어갔
고, 최봉준도 그런 유민 인파, 가난한 품팔이꾼들의 꽁무니를 따라 두
만강을 건너갔던 것 같다.

원래 함경북도 특히 두만강 연안은 땅덩이는 조선에 속해 있지만
지역적으로는 간도나 연해주에 가까웠고 경제교류도 그쪽과 더 많았
었다. 조선 중기에도 왜인들과는 부산(동래), 청국과는 의주, 그리고 여
진족들과는 경흥이 중요한 무역처였다. 그러니까 경흥은 수백 년 동
안 조선의 3대 대외 무역지의 하나로 등장해 막강한 경제력을 과시할

만한 조건이 되어 있었다.

그러나 이태조는 관북 지방에서 발신發身해서 결국 마상득국馬上得國(군대의 힘을 빌려 나라를 얻음)으로 조선이라는 나라를 얻었지만 자기의 출신지였던 함경도는 별로 돌아보지 않았다. 함경도에는 막강한 관권을 자랑한 대관大官도 없었고 오랜 명문의 양반도 없었다. 말하자면 조선의 소외지대였다. 관북 지방에서는 개항 이후 경장更張(사회적, 정치적으로 부패한 제도를 개혁함)이 되면서부터야 제법 그럴듯한 인물들이 나타났고 그들은 거의 다 지역적으로 밀접했던 관계로 친로적 성격을 띠고 있었다.

이용익李容翊-명천明川 출신. 내장원경, 친로파

김학우金鶴羽-경성鏡城 출신. 김홍집 내각 때 법부협판(법부대신)

장석주張錫周-경성 출신. 김홍집 내각 때 법부대신《한성순보》주필

김홍륙金鴻陸-경성 출신. 왕국의 노어露語 통역관, 친로파

송병준宋秉畯-장진長進 출신. 일진 회장

이준李準-북청北靑 출신. 평리원 검사, 헤이그 밀사

이처럼 많은 관북 인사가 친로파의 핵심으로 등장하고 있는 것만 보아도 관북 지방과 러시아의 밀접한 관계를 짐작할 수 있다. 이들은 산악지대에 살아서인지 활발하고 진취적이며 개척자 정신이 강하다. 그래서 연해주를 통해 서구 문명의 개화사상을 내륙지방의 상투쟁이들보다도 훨씬 먼저 개방적으로 받아들이게 되었다.

두만강 연안의 한국 주민들, 그 대부분은 농민들이지만 그들은 가끔 '엄청난 가축 떼를 몰고 입로入露하여 교역하고 그것으로 큰 이익

을 얻었다.'는 대목이 《마추닌》에도 군데군데 나온다. 이 말의 뜻은 개항기의 무역처로 등장했던 부산이나 인천은 바다 때문에 외인 무역, 밀무역에 상당한 제약을 받을 수밖에 없지만 경흥 지방은 달랐다는 것이다. 사람이고 상품이고 가축 떼고 강 하나만 건너면 쉽사리 직접 간도나 연해주로 얼마든지 자유롭게 드나들 수 있었다.

> 1894년 남南우수리 지방地方에 입入한 한국인은 약 5천 명 가까이나 되었다. 그들은 한 손에 지팡이, 다른 손엔 담뱃대를 들었을 뿐 그밖엔 아무런 짐짝도 들지 않았다.

세상에 이렇게 허술한 국경이 어디 있는가? 그러나 그 무렵만 해도 청국이나 러시아나 모두 국내 정세가 불안하고 또 땅이 넓어서 간도, 연해주 일대는 거의 버려진 곳과 같았다. 두만강 일대의 우리 백성들은 사람이 거의 살지 않을 만큼 넓고 큰 '빈 땅'에 자꾸자꾸 흘러 들어가서 보금자리를 만들었던 것이다. 사람들이 점점 많이 몰려가 살게 되자 그곳에도 각종 장사가 생겼다. 한 손엔 지팡이, 한 손엔 담뱃대만 들고 두만강을 건너 러시아 땅으로 들어간 관북 농사꾼들은 무엇을 바라고 그 황막한 땅으로 철새처럼 흘러 들어갔을까.

> 이들은 10~20명씩 무리를 지어서 들어왔으며 그 다수는 이미 노령露領 안에 들어와서 거주하는 한인농장韓人農場에 사역使役되어 한철에 50루블의 품삯을 받았다.

말하자면 계절노동자로 러시아 땅에 들어가서 품을 팔아 50루블쯤을 버는데 주목해야 할 것은 '그들은 품삯 받은 돈으로 돌아갈 때는 달걀을 사가지고 가서 큰 이익을 본다.'는 재미있는 사실이다.

두만강을 건너고 죽을 고비를 겪다

잿빛 하늘에서는 새털 같은 함박눈이 쏟아지고 있었다. 두만강 연변의 세찬 겨울바람도 이렇게 눈이 내리는 포근한 날이면 자취를 감추어 오직 살 길을 찾아 끝없는 행로에 오른 가난한 조선의 유민들만이 정적이 내리깔린 강 위를 묵묵히 걷고 있을 뿐이었다.

최봉준도 그들을 따라 허리춤에 보리쌀 두 되와 엽전 20냥을 꽁꽁 감아 차고 두만강을 건넜다. 두만강을 건너서부터 눈 쌓인 끝없는 벌판을 걷기 이틀, 아마 백 리쯤은 들어간 것 같았다. 서넛씩 짝을 지어 이르자 거기서부터 각자 흩어지기 시작했다.

국자가局子街에는 항상 늦가을이 되면 러시아인, 중국인, 한국인 등 일거리를 찾아 흘러 들어온 노동자 무리가 장사진을 이룬다. 그래서 러시아 사람들은 국자가에까지 나와 일종의 노동자 복덕방 같은 소개소를 꾸며 놓고 일꾼들을 뽑아 데려갔다.

우리나라 유민들 중에도 이미 일찍부터 자리를 잡아 제재업으로 제법 성공한 사람도 있었고 땅을 일구어 농장을 이룬 사람들도 상당해서 그 사람들이 쓰는 일꾼도 적지 않았다.

최봉준이 보리쌀 두 되를 비상식량으로 자루에 담아 꽁무니에 달고 국자가에 도착했을 때는 초겨울이었지만 고향인 함경도 경흥의 동지섣달보다도 더 두꺼운 얼음이 어는 추운 날씨였다.

어쨌든 그렇게 흘러간 유민들은 국자가에서 대부분 한국 사람의 농장 품팔이꾼으로 팔려 나가는 것이 보통이었다. 그 까닭은 무엇보다도 러시아나 청나라 사람의 농장에서 일하려면 말이 통해야 하는데 그러지 못해서 품삯이 후한 러시아 사람들의 일꾼으로는 가고 싶어도 갈 수가 없었던 것이다. 그래서 대부분 유민들은 러시아 깊숙한 곳까지 들어가야 하는 제재소나 상점으로 팔려 가기보다는 배운 것이 농사인지라 한국 사람의 농장이나 제재소에 들어가서 한철씩 품을 파는 것이 예사였다.

소년 최봉준이 국자가에 이르렀을 때는 이미 노동자 소개소도 철이 지나 문을 닫고 그런 흥정판조차 없어진 뒤였다. 최봉준은 거기서 몇 사람의 어른들을 따라 더욱 북쪽으로 끝없이 펼쳐진 설원에 들어가 일자리를 찾았다.

"이렇게 자꾸 올라가면서리 무슨 수가 생기겠지비."

"그러기 말이재, 정말 무슨 수라도 생겨야지비 이렇게 막연하게 헤매다가는 돈벌이는 고사하고 아라사 벌판에서 얼어 죽기가 십상이겠습둥."

"여기서리 이틀이나 사흘쯤만 더 올라가면서리 거기에 큰 산판이 벌어졌다는데 그곳까지만 찾아가 봅세."

유민들은 불안하면서도 며칠만 더 고생하면 품팔이를 할 수 있을 것이라는 희망을 가지고 계속 유랑했다.

그런데 설상가상으로 그 고생을 하면서도 돈을 벌 수 있다는 일념만으로 찾아 헤맸던 러시아 사람들의 산판山坂(나무를 베어다 파는 일 또는 그러한 일을 하는 곳)조차 강추위 때문에 문을 닫아 버린 것이 아닌가? 이미 일꾼들이 떠나 버린 산판은 삭막한 설원 위에 훈기 없는 빈집들만 여기저기 흩어져 있을 뿐이었다.

　마지막 걸었던 한 가닥 희망마저 완전히 사그라지자 추위와 배고픔에 시달려온 최봉준 일행은 그 자리에 풀썩 주저앉아 버리고 말았다. 그곳에서 하룻밤을 지내고 개중에는 다시 발걸음을 돌려 국자가로 돌아간 사람도 있었고, 몇 명은 러시아 사람들이 남기고 간 산판의 나무를 잘라다 장작을 만들어 몰래 팔아 가며 봄이 올 때까지 기다려 보겠다고 그 산판에 남기도 했다. 결국 그곳까지 들어왔던 일곱 중에 네 사람이 남게 되었다.

　최봉준은 너무 어리고 국자가로 돌아간댔자 뾰족한 대책도 없어 남아 있는 세 사람과 함께 그곳에서 봄이 올 때까지 지내보기로 했다. 그들은 도끼를 메고 산으로 들어가 어디에나 우거져 있는 나무를 베어 그 통나무를 쌓아 두고 팔 곳을 찾았다. 그러나 몇십 리나 떨어진 곳에 조그마한 동네가 하나 있을 뿐, 그 폐광터와 같은 깊은 산 속에는 땔감을 사러 오는 사람은커녕 지나가는 길손의 그림자조차도 찾아보기 힘

연해주
19세기 말 조선인이 개척한 후 1937년 강제 이주 때까지 살았던 블라디보스토크 인근 한마당 농장.

들었다.

빈집에 머무르면서 각자가 가지고 온 비상식량으로 간신히 연명하던 사람들은 가지고 있던 식량이 거의 떨어지자 덜컥 겁이 나, 그들이 직접 마을로 가서 나무를 팔아 식량을 사오기도 했다. 우선 그렇게라도 생활할 수 있다면 노동력이 남아 있는 한 봄이 될 때까지 버틸 수 있으리라고 생각했기 때문이다.

한번은 박 씨라고 하는 40대 사내와 20대 청년이 나무를 메고 마을로 갔는데 이튿날이 되도록 돌아오지 않았다.

"아마 로스케(일본인들이 러시아인을 얕잡아 부르던 말)한테 도둑질이나 진배 없재이오."

"이 썩을 자식아, 이게 무슨 도둑질임둥? 아 그러면 두 손 꽁꽁 묶어 놓고 앉아서리 오들오들 떨다가 굶어 죽어야 옳단 말임둥?"

최봉준과 오 씨 노인이 빈 산판 속에서 걱정으로 하룻밤을 지새우며 나눈 대화였다.

"어서 잠이나 잡세. 설마 날이 새면서리 돌아오겠지비."

"차라리 로스케한테 잡혀라도 갔으면서리 안심이 되겠습둥…."

어디서 강도라도 만나 맞아 죽었거나 험한 들짐승을 만나 변이라도 당했다면 너무도 불쌍해서 하는 말이었다. 그러나 그 다음 다음날이 되어도 행방불명된 두 사람은 영영 돌아오지 않았다. 거기다 먹을 것이 다 떨어져 가니 그냥 막연히 앉아서 사람들이 돌아오기를 기다리고 있을 수만도 없었다. 그러나 이미 예순이 넘은 오 씨 노인이나 열두 살 난 최봉준이 무거운 나뭇단을 짊어지고 마을로 내려가 먹을 것을 구해 오기란 거의 불가능했다. 그렇다고 해서 두 사람 모두 손발 놓고 앉아 있을 수만도 없는 일이 아닌가.

다음날 오 노인은 천식으로 고롱고롱하면서도 하는 수 없이 나뭇단을 짊어지고 눈이 쏟아지는 황량한 들판을 지나 마을로 내려갔다. 그런데 이건 또 무슨 변인가? 최봉준은 전혀 영문을 알 수가 없었다. 오 노인마저도 돌아오지 않는 것이다. 그 이튿날도 오 노인은 돌아올 줄을 몰랐다.

혼자 남게 된 최봉준은 추위와 배고픔보다 무서움 때문에 더 견딜 수가 없었다. 언제까지 아무도 없는 산판의 찌그러진 방구석에서 기다리고 있을 수도 없어서 마을로 내려가 소식을 알아봐야 했다. 그래서 최봉준은 다시 함경도를 떠났을 때와 똑같이 꽁무니에 남은 보리쌀을 차고 그곳을 떠났다. 한 가지 다르다면 다른 어른들처럼 등에 나무를 지지 않고 맨 몸으로 길을 떠났다는 것뿐이었다.

눈 쌓인 험한 벌판을 뒹굴다시피 달려 60리나 떨어진 주막거리에 도착했을 때는 그날 3시경, 최봉준은 추위와 피로로 거의 기진할 지경이었지만 행방불명된 아저씨들의 소식을 알아야만 했다. 그는 영하의 혹한 속에서도 땀을 뻘뻘 흘리며 만나는 사람마다 붙들고 손짓 발짓 다해 가며 입에 거품이 나도록 물어 보았지만 파란 눈에 코 큰 러시아 사람들은 거지 몰골의 낯선 조선 소년을 멀뚱멀뚱 바라보기만 할 뿐이었다.

아저씨들의 소식을 아는 것이 절망적이라는 생각이 들자 어린 소년 최봉준은 온몸의 뼈 마디마디가 사그라져 버리는 듯 일시에 기운이 쫙 빠지며 자리에 그대로 쓰러지고 말았다. 그러자 둘러서 있던 러시아인들도 놀라 최봉준에게 물을 먹이며 한참 웅성거리고 있을 때였다. 마침 러시아인과 결혼한 조선 여자가 지나가다가 이 광경을 보고는 낯선 땅에서 동포를 만났다는 반가움과 동정심으로 최봉준을 그녀의 집으로 데려갔다. 모든 사정을 알게 된 조선 여인은 백방으로 수소문해 그들이 모두 남의 산판에서 나무를 벤 도둑으로 몰려 러시아 산림간수들에게 잡혀갔다는 사실을 최봉준에게 알려 주었다. 그 소식을 들은 소년은 앞이 캄캄했지만 그래도 아주 모르는 것보다는 나았다.

"그러면 우리 아저씨들은 어디로 잡혀갔습둥? 어디로 가면 만날 수 있습둥?"

"글쎄, 그건 나도 모르지. 다만 산림간수 경찰서로 데려가지 않았을까?"

"산림간수 경찰서요? 거기가 여기서 얼마쯤 되겠습매?"

"여기서 북쪽으로 한 70리쯤 올라가면 되지만 말이 70리지 거기까지 가는 들판에는 이리 떼가 많아서 지금은 못 가. 날이 좀 풀리면 가 보는 게 어떻겠니?"

"아님둥, 아주머니 말씀은 감사합니다만서리 저는 아저씨들을 찾아야 되겠습매. 아저씨들은 도둑이 아니니깐드루 제가 가설라무네 그 억울한 사정을 간수들께 잘 말씀드리면 아저씨들은 풀려나시게 될 것임매."

"그래, 네가 꼭 가야겠다면 할 수 없지. 내가 준비해 주마."

"감사합매, 아주머니 정말 고맙습매."

최봉준은 착한 조선 여자의 호의로 식빵과 비상식량 그리고 개 두 마리가 끄는 썰매까지 빌려 산림간수 경찰서로 향했다. 그날도 역시 눈은 한없이 쏟아지고 있었다. 하늘 가득히 쏟아지는 세찬 북국北國의 눈발은 고향에서 본 눈과는 달리 눈송이가 주먹만 하고 거의 열 발 앞도 분간할 수 없을 만큼 함지박으로 퍼붓는 눈이었다. 그렇게 지독한 눈보라 속에서 거의 온종일을 개썰매로 달렸지만 아무것도 나타나지

소를 몰고 온 천만장자

않았다. 눈보라가 너무 심해 방향을 분간할 수 없었던 탓인지 개조차 길을 찾지 못하고 지쳐 버렸다. 영화에나 나옴직한 '설원의 미아'가 되어 버린 소년 최봉준은 말할 수 없는 두려움에 울음을 터뜨리고 말았다.

도대체 끝이 없을 것 같은 광목한 눈벌판 그러나 그 벌판을 울리는 건 모진 바람 소리와 최봉준의 울부짖음뿐이었다. 소년 최봉준이 겁에 질려 울음을 터뜨리자 놀란 개까지 컹컹 하늘 저 끝을 향해 짖어 댔지만 그런다고 무슨 도리가 생기는 것은 아니었다.

날은 저무는데 길을 잃은 소년과 개는 추위와 공포 때문에 완전히 지쳐 버렸다.

이제는 개까지도 길게 혀를 빼물고 헉헉거리면서 배고픔과 추위를 참지 못해 끙끙거렸다. 하는 수 없이 최봉준은 썰매를 돌려 되돌아가는 방향을 잡고 날이 더 어둡기 전에 마을로 돌아가기 위해 안간힘을 썼다. 개도 안간힘을 썼다. 그러나 안내자도 없이 저물어 오는 눈벌판을 달린다는 것은 무리였다. 결국 최봉준은 돌아오는 길마저도 제대로 찾지 못해 또 한 번 미아가 되고 말았다.

개는 선천적으로 냄새를 잘 맡고 방향도 잘 찾는다지만 너무 많은 눈이 내려 금방 지나온 길의 자취까지도 완전히 덮어서 개들도 전혀 귀로를 찾지 못했다. 설상가상으로 이제는 날까지 완전히 저물어 버렸으니 들판에서 얼어 죽든지 아니면 사력을 다해서 찾아보는 수밖에 없었다.

'큰일났다. 정말 큰일났다.'

길을 잃고 날까지 저물었으니 움직이면 움직인 만큼 몸만 지칠 뿐이다. 죽지 않으려면 어떻게든지 어둠과 추위와 이리 떼와 싸워 날이

샐 때까지 견뎌야 한다. 날이 새야 길이라도 찾든지 말든지 하지 이 밤 중에 한 발이라도 움직인다는 건 다시 한 발 더 깊은 미로로 빠져 버리는 게 아닌가?

최봉준은 우선 들판에서 개를 끌고 산 밑으로 기어 들어가 불을 피우고 가져온 빵을 개와 나눠 먹고 개 두 마리와 자기 몸뚱이를 꽉 얼싸 안고 서로 의지하면서 날을 새우기로 작정했다.

개를 몰고 산 밑으로 가기 위해 막 움직이려는 찰나였다. 어둠 저쪽에서 몸서리쳐지는 짐승의 울음소리가 들렸다.

'아! 이리 떼다!'

등골이 오싹해지도록 기분 나쁜 이리 한 마리가 어둠 속에서 움직이는 썰매를 따라 서서히 다가오고 있었다. 이리의 울부짖음이 캄캄한 하늘 저 끝에 메아리치며 사라지자 이번에는 그 메아리가 사라진 쪽에서 더 팽팽하고 나지막한 소리로 주위의 공기를 울리며 두세 마리의 울부짖음이 화답해 왔다. 이제는 들판에서 얼어 죽기 전에 이리 떼의 밥이 될 모양이다.

최봉준은 온몸에 소름이 끼쳤다.

'나는 절대로 죽을 수가 없다. 이대로, 이대로 죽을 수는 없다.'

그는 재빨리 품속에서 칼을 꺼내 이리를 향해 겨누었다. 그러나 이리는 그렇게 냉큼 덤벼들지 않았다. 이리는 자기들의 무리를 불러들이고 어둠을 이용하여 상대를 서서히 죽이는 음흉한 짐승이었다.

순간 어둠 속에서 이리의 눈빛이 반짝하고 없어진다. 그리고 하나 둘 보이기 시작하는 이리 떼의 느릿한 움직임.

'죽는다!'

그러나 그는 죽음을 감지하는 순간 팔딱거리는 심장에서 큰 배의

소를 몰고 온 천만장자

기관과 같은 거센 고동 소리를 들었다. 최봉준은 품에서 꺼낸 칼을 바짝 쥐고 급히 개를 몰아 필사적으로 산 밑으로 내려가 재빨리 나무를 잘라 모으고 불을 지폈다. 어릴 때 고향 마을 어른들이 '짐승에 쫓길 때는 불을 피워 막으라!'던 말씀이 생각나서였다. 그러면서 개가 놀라지 않도록 나무 둥치에 고삐를 바짝 매어 놓고 품에 지니고 있던 식빵 반쪽을 잘라 개에게 주었다. 최봉준은 한 손으로는 식빵을 들고 썹으며 한 손으로는 나뭇가지를 계속 불 속에 집어넣으면서 고함을 질러댔다. 그렇게 불길을 올리면서 고함을 지르면 음산하게 으르렁거리던 이리들도 어둠 속으로 자취를 감추었다. 그러나 그것도 잠시 불길이 사그라지기 무섭게 이리들은 음흉스런 눈빛을 번쩍이며 주위를 맴돌았다.

소년 최봉준은 죽을힘을 다해 나뭇가지를 꺾어 불을 지폈다. 그러나 자꾸만 눈꺼풀을 무겁게 짓누르는 졸음기와 피로감이 몰려왔다.

정신을 잃으면 죽는다.

호랑이에게 물려 가도 정신만 차리면 산다.

불이 꺼지면 죽는다.

겁을 먹으면 죽는다.

어차피 죽을 몸이라는 각오로 그는 겁을 쫓기 위해 고함을 지르며 불을 지폈다. 한 시간, 두 시간, 네 시간, 다섯 시간…. 그러나 그의 정신력에도 한계가 있었다.

"어이, 어이! 이놈의 이리 간나새끼야! 올 테면 와봅세. 나는 하나도 무섭지 않습매. 오기만 하면 이 불로 당장 지져버릴…."

이제는 말을 끝맺을 힘도 없다. 그는 하늘을 보며 어머니를 불렀다. 어머니를 부르는 최봉준의 볼 위로 소리 없는 눈물이 자꾸만 흐르고 그 눈물의 감촉에 깜짝 놀라 정신을 차린 그는 불이 꺼지지 않도록 나무토막을 자꾸 내던지면서 사방을 향해 입에다 손 뚜아리(똬리의 사투리)를 대고 힘없는 고함을 질러 댔다.

"사람 살립세! 사람 살려 줍세!"

그는 시시각각으로 엄습해 오는 한밤중의 어둠을 향해 모질고 악랄한 이리 떼를 향해 오직 불붙은 나무토막 하나와 죽을 수 없다는 처절한 신념만으로 버티고 있었다.

이리 떼들은 좀처럼 가깝게 덤벼들지 않았고 최봉준이 피운 불빛에 모습을 드러내며 뛰어들지도 않았다. 그는 지쳐 버렸다. 나중에는 뭐가 뭔지 분간도 못할 정도가 되어 손발을 허우적거리다가 그만 의식을 잃고 말았다.

생명의 은인 야린스키와의 인연

최봉준이 다시 의식을 회복했을 때는 먼동이 터 오는 새벽녘, 요행히 그가 쓰러질 무렵은 거의 날이 밝아 오던 때였는지 그때까지도 모닥불은 조금씩 연기를 내며 타오르고 있었다.

새벽녘에 정신을 잃고 나가떨어진 소년은 자기 얼굴을 핥는 뜨뜻한 감촉에 놀라 번쩍 눈을 떴다. 소년의 얼굴 가득히 들어오는 짐승은 이리였다. 그 포악한 이리가 자기 얼굴을 핥고 있었던 것이다.

순간 등골을 지나가는 서늘한 한기를 느낀 소년은 주먹을 휘두르면서 벌떡 일어나 고함을 질렀다.

"이 썩을 놈의 이리 새끼!"

다음 순간 최봉준은 겁에 질려 정신을 잃었고 얼마 후에 다시 자기 얼굴을 심하게 핥는 느낌에 눈을 떴다. 그제야 날이 완전히 밝았다는 사실과 얼굴을 핥고 있는 것, 또 귀청이 찢어지도록 짖어대는 것은 이리가 아니라 개라는 걸 알았다.

"……?"

이것은 또 무슨 까닭인가? 썰매를 끌고 온 개는 분명히 두 마리였다. 그 개들은 이리 떼에 놀랄까 봐 엊저녁에 분명히 나무 둥치에 묶어 놓았으니까 얼굴을 핥는 것은 분명히 다른 개가 아닌가?

최봉준은 그제야 정신을 가다듬고 사방을 살펴보았으나 거기엔 아무것도 없는 회백색의 막막할 설원뿐, 눈은 역시 열 발 앞도 분간할 수 없을 정도로 펑펑 쏟아지고 있었다. 커다란 개는 소년 최봉준의 얼굴을 핥다가 주춤 물러서더니 다시 손을 핥았다. 그러고는 목에 두른 방울을 절렁거리며 자꾸 고개를 흔들기에 자세히 살펴보니 분명히 사나운 들개가 아니라 잘 길들여진 집개인데 목 뒤에 웬 병을 달고 있지 않은가?

순간 최봉준의 머릿속을 확 스쳐가는 무언가가 있었다. 개가 목에 달고 온 것은 러시아 사람들이 먹는 화주火酒 즉 독한 위스키 병이었다. 거기다 개의 몸뚱이에는 털 담요가 둘려 있지 않은가? 소년은 이제 살았구나 하는 안도의 한숨을 깊이 내쉬었다. 개의 목에 달린 위스키 병을 꺼내 한 모금 마시고 담요를 벗겨 몸에 두르자 개는 유순하게 '컹' 하고 한 번 짖더니 어디론지 급히 달려가 버렸다.

'누가 보낸 개일까?'

최봉준은 위스키로 얼어붙은 속을 녹이며 알 수 없는 한 사람의 따뜻한 인간애에 가슴 속 저 깊은 곳으로부터 우러나오는 뿌듯한 감동으로 뜨거운 눈물을 흘렸다. 그는 살았다는 안도감과 함께 이런 황량한 들판 어느 구석에도 사람을 애정으로 감싸 주는 이들이 있다는 데 새삼스레 삶의 찬란한 기쁨을 느꼈다.

최봉준이 담요로 몸을 두르고 술로 조그만 어린 몸뚱이를 녹이면서 눈이 펑펑 쏟아지는 하늘을 쳐다보고 있은 지 거의 한나절이 지나서였다. 까마득한 설원 저쪽에서 갑자기 요란한 말방울 소리와 개 짖는 소리가 들려오더니 외투에 몸을 깊숙이 숨긴 훤칠한 러시아 사람 하나가 나타났다. 그 사람이 바로 최봉준의 목숨을 구해 주었을 뿐만 아니라 뒷날 최봉준이 천만장자로 성공하는 데 결정적인 역할을 했던 러시아 귀족 야린스키였다.

야린스키는 자신의 분명한 신분과 내력을 남에게 한 번도 소상하게 말한 적이 없지만 본래 어떤 당당한 가문의 귀족 출신이었다고 한다. 야린스키가 왜 그 황막한 무인지경의 시베리아 벌판에다 집을 짓고 살았는지도 알 수가 없다. 하여간 야린스키는 겨울 한철을 별장처럼 지어 놓은 그곳에 와서 혼자 사냥을 하면서 지내다가 봄이면 돌아가곤 했다. 그는 독실한 희랍 정교회 신자로 매일 밤 하루 일과가 끝나면 자기가 데리고 다니던 사냥개에게 브랜디 병과 담요를 매어 밖으로 내보냈다는 것이다. 혹시라도 근처를 지나가다가 길을 잃은 나그네가 있으면 개에게 그것을 전해 주게 하고 개가 다시 돌아와 인도하는 곳으로 가, 길 잃은 사람을 구해 주는 것이다.

생명의 은인 야린스키와 열두 살의 소년 최봉준, 그것을 인연으로 해서 최봉준은 야린스키가 73세로 눈을 감을 때까지 7년 동안이나 그의 밑에서 양아들 겸 별장지기로 지내게 되었다. 그사이 어린 소년 최봉준은 19세의 청년이 되었고 야린스키와 지내는 동안 러시아어도 완전히 배웠으며 러시아 국적도 갖게 되었다.

최봉준은 야린스키가 한겨울을 별장에서 지내고 다음해 겨울 다시 찾아올 때까지 별장을 지키면서 7년 동안 혼자 지냈다. 그의 별장에는 꽤 큰 산과 농장도 딸려 있어서 여름에는 농장 관리인으로 일하고 겨울이면 야린스키와 함께 최봉준도 매일 개의 목에 위스키 병과 담요를 감아 나그네를 구하는 일을 했다. 그동안 그들이 보낸 개에 의해서 구조된 사람도 꽤 많았다. 그런 사랑과 봉사의 인도주의적 인간애의 가르침을 받은 최봉준은 야린스키가 죽은 후에 별장과 농장을 그대로 인계받아 실질적인 상속자가 되었고 매일 밤 야린스키가 했던 것처럼 사람들을 구하며 근면하게 살았던 것이다.

그러던 청년 최봉준에게 새로운 운명이 기다리고 있었다. 그것은 어느 날 날아온 한 통의 편지에서부터 시작된다. 즉 야린스키가 생전에 블라디보스토크 어느 조그만 상점에 투자했던 주식 값이 점점 올라서 상당한 돈이 되었는데 그것이 야린스키의 유언으로 최봉준의 소유가 되었다는 통고였다.

최봉준은 23세 때 별장을 다른 사람에게 맡기고 러시아 국적을 가진 야심만만한 청년이 되어 블라디보스토크로 나갔다. 그리고 때마침 그 무렵부터 한·러 무역장정에 따라 러시아와 함경도 무역의 새로운 시대가 열리기 시작했던 것이다.

그러자 자연히 야심만만한 상인들이 러시아 쪽 무역에 관심을 보였고 그런 상인들이 함경도에 나가 무역을 하자면 누구보다도 먼저 한국어와 러시아어에 능통한 사람이 필요한 것은 너무나도 당연한 일이었다.

1888년 '한·러 국경 육지무역'이 정식으로 허용되고 나면서부터 함경도 사람들의 대로對露 무역은 더욱 활발해졌다. 두만강만 건너면 금방 러시아 땅이었다. 함경도 농사꾼과 장사꾼 중에는 철을 따라 간도, 연해주로 들어가서 품을 팔고 장사를 하는 계절 이민자들이 수천에 달했다.

러시아의 함대, 북쪽에서 내려오는 열강, 개화 상품… 원산, 울릉도, 부산, 마산까지 진출한 러시아 함대가 그때 우리나라의 남단으로 상륙하기 시작한 일본 세력을 견제한 것은 이미 다 아는 이야기다.

한·러 무역이 정식으로 허용되자 러시아 사람 세베레프는 재빨리 블라디보스토크에서 원산, 부산을 거쳐 일본의 나가사키, 중국의 상해까지 잇는 정기 항로를 개설했다. 1891년부터 세베레프의 정기 항로는 15년 기한으로 우리나라의 원산, 부산에도 기항하는 것이 허락되었고 그때부터 대로 무역은 화물선을 이용하는 물량주의物量主義 경향을 나타냈다.

그런 상황 속에서 우리나라 초기 러시아 무역왕으로 최봉준이 등장한 것이다. 그러다가 갑오경장이 일어났던 1894년에는 러시아 무역관리가 직접 배치되었고 1898년에는 우리나라에서도 경흥에 무역관을 배치하여 교역을 해왔는데 이런 한·러 국경무역은 1904년 러일전쟁이 끝날 때까지 계속되었다. 그러나 한·러 무역은 그런 공식적인 정기 항로에 의한 무역보다도 사무역私貿易이 훨씬 왕성했다고 한다.

그러나 두만강을 넘나든 사무역이 더 활발했다. 조선 상인들은 수시로 러시아 연해주沿海州로 출입하였다. 두만강을 넘어 육로로 교역하는 일도 많았지만 대부분의 거상巨商들은 정크선(중국인이 연해 또는 하천 등에서 승객이나 화물을 나르는 데 쓰는 흑다색의 원시적인 거적 돛을 단 배)을 만들어 그 배에 소, 말, 연맥燕麥(귀리), 대두大豆, 쌀, 담배, 해삼, 김, 어류 등을 싣고 입로入露하였다.

그 당시 블라디보스토크항으로 이어진 우리나라 관북 지방의 무역 처로는 경성, 명천, 어대진, 길주, 단천, 신창, 신포, 서호 등이다. 러시 아에서 흘러나오는 석유는 이런 관북 지방만이 아니라 1890년경에는 부산 근방까지 내려가 활발하게 거래된 흔적이 〈독립신문〉에서도 자 주 발견되고 있다.

> 당시 한국 정크선은 약 45척이 블라디보스토크까지 왕래하고 있었다. 그 한국 정크선들의 잡당集當 적재량은 약 1천 파운드였고 10명 내지 30명씩 의 승객들을 싣고 다녔다.

관북 지방에서 블라디보스토크까지 배가 출입할 수 있던 시기는 대 개 겨울을 제외한 8개월간이다. 그들은 바다가 꽁꽁 얼어붙지 않는 그 8개월 동안에 보통 5, 6회씩 왕래했다고 한다.

항상 고국을 향했던 마음

최봉준은 유창한 러시아어를 기반으로 소년 시절부터 닦아 온 기량 과 머리, 따뜻한 인간성으로 많은 사람에게 호감을 주었고 야린스키 가 남겨 준 재산을 밑천으로 점점 큰 장사꾼이 되었다.

그때 최봉준이 가장 먼저 손을 댄 장사는 러시아 농가에서 사들인 달걀을 함경도에 와서 파는 일이었다. 이미 러시아 사람들은 소위 개량종 양계법에 의해 달걀을 대량으로 생산하기 시작했고 달걀은 많은 노동자 유민들의 비상식량이기도 해서 그것을 함경도에 가지고 나오면 보통 두 배 이상의 돈이 남았다.

그렇게 블라디보스토크를 근거지로 하여 러시아 농가에서 생산되는 달걀을 함경도 지방에 수출하는 것으로 점차 기반을 닦기 시작한 최봉준은 1890년대 후반 그러니까 명성황후가 소위 친로파 정객들과 어울려 러시아와 긴밀한 관계를 맺기 시작했을 당시에는 달걀 장사가 아니라 소 장사로 돈을 벌기 시작했다.

함경도의 소를 실어다 러시아에 파는 거상 최봉준은 어려서부터 45세가 될 때까지 거의 반생을 고국을 떠나 러시아에서 살았고 러시아의 국적까지 가지고 있었지만 그의 풍모와 본심을 1905년 9월 25일자 신문은 이렇게 설명하고 있었다.

異域風度(이역풍도)는 耳目關係(이목관계)나 然而(연이) 不改本心(불개본심)하고 지회아도 하니 身雖在於異域(신수재어이역)이나 心常歸於本國(심상귀어본국)이라. 及其(급기) 장성해 有室有家(유실유가) 所爲(소위) 計活(계활)은 爲商爲賈(위상위가)하야 由來(유래)로 長於俄國之水土(장어아국지수토)로 剃髮付籍於俄國(체발부적어아국)이러니….

그러니까 일종의 도피성 이민이나 사치성 이민과는 거리가 멀다는 이야기다. 러시아에서 자라고 그 풍속에 익어 그쪽 말을 쓰고 있어도 몸뚱이와 꾸밈새는 상투를 자르고 양복을 입었어도 또 러시아인 마누라를 데리고 살아도 최봉준의 마음은 항상 고국에 있었다는 것이다.

그렇게 1898~9년경 성진에 돌아와 거상으로 자리를 잡은 최봉준의 호화스런 저택과 상권은 많은 사람들의 부러움을 샀다.

최봉준의 집을 두고 함경도 길주에 사는 김기종이라는 사람이 낸 광고문에 의하면 난간은 붉게 칠하고 기와는 푸르게 입혔으니 그 휘황한 빛은 멀리 산 그림자를 머금은 듯하였으며 유리로 문을 달고 꽃종이로 벽을 바른 집은 성진 앞 바닷물에 비쳐 꿈속인 양 어른거렸다고 한다. 또 청학은 남산을 떠나 최봉준의 잘 지은 집 지붕 위를 훨훨 날아다녔고 푸른 바다 위에서는 백구가 춤을 추었다고 표현했다. 터를 보아도 천령은 서쪽이요, 지령은 북쪽에 있으니 그 모습이 어찌 멋지지 아니하겠느냐고 최봉준이 집의 장엄함과 화려함에 탄복했다. 또한 최봉준의 모습을 거목에 비유, 뿌리는 동토凍土에 박고 줄기는 러시아로 들어가 꽃을 피웠다가 다시 제 나라 함경도에 돌아와 커다란 열매를 맺었으니 어찌 사람마다 그를 칭송하지 않을 수 있겠냐고 최봉준의 인간성을 말하면서, 그의 대성공을 두고 일본 사람들도 감탄해 마지않아 신문에도 여러 번 썼노라고 설명하고 있다.

김기종이 광고문에서 말하고 있듯이 그 당시 최봉준의 인간미에 일본인들도 탄복하여 신문에 그 성공담을 쓸 정도였다니, 최봉준을 국제적 거부라 함은 지나친 말이 아닌 것 같다.

최봉준이 천만금을 가지고 성진에 돌아와 자리를 잡자 그를 따라 러시아에 가서 살던 김학만, 허인학, 한익성, 조영순, 이상운, 김익지 등도 자연히 성진으로 돌아와 장사를 하며 살게 되었다. 그들이 성진에 돌아와서 자리를 잡을 때 맨손으로 왔겠는가? 모두 큰돈을 가지고 돌아와 커다란 집을 짓고 장사를 해 성진항 백성들 모두가 그 아래서 덕을 입고 지냈다고 한다.

이런 최봉준의 행적은 '한 나라의 영광이요. 모든 상인의 본보기가 되어 고맙고도 잘난 최봉준의 선행에 감격한 나머지 그 마음을 모두 성진항 백성들과 함께 나누려고 이렇게 신문에 광고를 낸다.'는 것이 었다.

물론 그때라고 해서 더운밥 먹고 식은 소리하는 덜 떨어진 사람이 나 할 일 없어 남의 다리나 긁어 주고 있는 사람들이 아주 없었던 것은 아니지만 길주 사는 김기종이 무엇 때문에 이렇게 최봉준의 잘난 일 을 감격해서 제 돈 내고 신문에 광고까지 냈겠는가.

하여간 성진, 원산 일대의 모든 소, 광목, 비단, 쇠가죽 운송 등은 최 봉준이 한 손에 넣고 관할했다. 최봉준의 이야기가 온 함경도 들판에 떠오르는 해처럼 빛을 발하기 시작하자 1905년 11월 3일자 〈대한매일 신보〉에서도 최봉준의 인간 스토리를 이렇게 전개했다.

함경북도 慶興居(경흥거) 崔鳳俊(최봉준) 씨가 幼齡(유령) 十二歲(십이세)에 父 母俱沒(부모구몰)하고 亦無兄弟(역무형제)라. 蓬轉也域(봉전야역)하야 歷覽各 國風土者(역람각국풍토자) 殆近二十餘年(태근이십여년) 卒業于商工學(졸업우상 공학)하야 以商利取利者(이상리취리자) 千百萬金(천백만금)이라 以越鳥南枝之 心(이월조남지지심)으로 年前(년전)에 回來于本國域津岸(회래우본국역진안)하야 建築洋制高屋六十餘間(건축양제고옥육십여간)하고 以本落失業之人(이본락실업 지인)을 賜其資本(사기자본)에 勸商工(권상공)하야 漸進發達之場(점진발달지장) 에 聞此風聲(문차풍성)하고 各國周覽(각국주람)하던 김학만, 허인학, 한익성, 조영순, 이상운, 김익지 諸人(제인)이 各携巨財(각휴거재)하고….

지금도 우스갯소리 잘하는 사람들은 함경도 사람들을 아라스카라 는 별명으로 부르지만 그것은 함경도 사람들의 뚝심 있고 고집 센 성격의 일면을 단적으로 나타낸 것이기도 하고 또 한편으로는 함경도와 아라스카와의 연관성을 비유한 말이기도 하다.

러시아 무역기에 상투를 꽂은 최봉준이 직접 정크선을 몰고 러시아까지 드나들다가 나중에는 점점 대금을 모아 수천 톤급 상선 수척을 매입하여 대로 무역을 했다는 것이다. 이 무렵에는 수천 톤은 고사하고 수백 톤짜리 화물선을 사서 세곡稅穀을 실어 나르는 데도 한 나라가 움직여야 했다. 그런 엄청난 자금이 아니면 화륜선을 사서 운전할 엄두도 내지 못했다. 일본에서 사들였던 창룡호나 현익호만 해도 조선왕조가 막대한 차관을 얻어 구입했고 나중에 그것을 민간에 불하할 때도 현흥택, 이윤용 등 당대 조선의 일등 거부들이 차린 회사가 아니고는 감히 엄두를 못 냈던 것이다.

그런 상선이 수척이었다. 우리의 조선造船 기술도 발달해서 그까짓 '상선 수척' 쯤은 한 번 웃어 버리고 말 일인지 몰라도 그 당시는 일본의 해운왕으로 군림했던 미쓰비시 회사도 몇십 척 단위의 배밖에는 운항시키지 못하고 있던 때다.

그런데 상선 수척을 매입하는 최봉준의 실력이라면 그를 5, 6백만 원 재산을 지닌 신화적 거상이라고 해도 충분한 근거가 있는 이야기다. 또 1934년 〈삼천리〉 5월호에는 최봉준을 다음과 같이 설명하고 있다.

> 최봉준은 본래 경흥慶興 출신으로 그는 소시 때부터 러시아 영역領域을 출입하면서 장사를 했고 뒤에는 러시아 상계商界에 웅비雄飛했다. 당시 5, 6백만 원의 거부로 소문이 난 그는 수천 톤급 상선 수척을 사서 무역에 종사했으며….

최봉준은 블라디보스토크, 성진, 원산의 항로를 지배했으며 그는 뒷날 연해주 여러 곳의 한인촌에 한인학교도 설립했다는 이야기도 기록되어 있다.

구한말 관북 두만강 일대는 인천, 부산 등에 못지않게 큰돈이 움직였던 무역 지대였다. 1894년 한·러 간에 벌어진 공식 무역액의 집계는 무려 30만 원 내외로 나타난다. 그러나 이런 집계는 어디까지나 공식적인 숫자일 뿐이고 사무역 액수는 이보다 열 배 스무 배나 많았다고 한다. 이런 사회적 지역적 배경 아래 관북 지방에도 많은 거부들이 탄생했으나 지역적으로 소외되고 상당수의 거부들이 간도나 연해주 쪽으로 나갔기 때문에 우리에게는 관북의 거부들이 생소한 인물로 다가올 수밖에 없다. 조선 최대의 거부 최봉준을 쉽게 떠올리지 못하는 것도 바로 이런 이유다.

소 무역의 국제적 거부

국제적 거부 최봉준은 함경도 원산과 성진을 중심으로 우리나라 소를 러시아 쪽으로 보내는 무역을 하면서 한편으로는 성진에다 거대한 우피 무역상을 차렸던 것 같다. 그 크고 무거운 소를 일일이 러시아까지 화물선으로 수송하는 데는 운임이 상당했다. 그래서 고기가 상할 염려가 없는 겨울철에는 원산과 성진에 직접 도살장을 만들어 미리 소를 잡아 고기만 블라디보스토크까지 수송했다.

그런데 궁금한 것은 왜 1900년대를 전후에서 그처럼 엄청난 양의 소가 러시아로 흘러 들어갔었느냐는 점이다. 러시아에서는 그때 왜

소가 그토록 절실히 필요했을까?

우선 시베리아라면 사철 눈이 덮인 동토지대의 끝이고 러시아 쪽으로 보아서는 거의 버려진 불모의 땅이다. 시베리아는 가끔 러시아 작가들의 소설 속에서도 괴롭고 추운 불모의 땅으로 등장할 정도로 시베리아 하면 맨 먼저 혹독한 눈보라 속을 발에 무거운 쇠고랑을 차고 유형을 떠나는 죄인들의 무리가 연상될 만큼 기분 나쁜 죽음의 땅이다.

그러나 18세기 이후 영국의 산업혁명에서 시작된 근대적 과학문명은 급속도로 발달하기 시작하여 새로운 공장들이 장마 뒤에 외자라듯 여기저기 움쭉움쭉 생기기 시작했고 철도가 놓이며 신과학 문명의 훈기는 눈 덮인 시베리아 벌판에도 점차 다가오게 되었던 것이다.

드디어 시베리아를 거쳐 만주 북부의 하르빈, 거기서 다시 블라디보스토크 쪽까지 뻗친 광활한 지역에 철도를 놓는 사업이 시작되었고, 더구나 블라디보스토크 쪽에는 북상해 올라오는 일본 세력을 견제하기 위한 러시아의 동양 함대가 주둔하게 되었다.

옛날엔 모든 것이 인력과 자연을 순응해야 했다. 그것을 이용하고 또 밟고 넘어선다는 것은 상상도 할 수 없는 일이었다. 그러나 근세에 들어오면서 광막한 눈벌판 위에 철도가 생기고 바다에선 화륜선이 거대한 기관으로 힘차게 움직이게 되었다. 또 양산 체제를 갖춘 각종 공장들이 문을 열기 시작하고 모든 지역은 가깝게 접근하기 시작했다. 더구나 19세기에 들어서면서부터는 세계의 모든 나라가 근대 자본주의와 과학 문명으로 식민지 확장에 혈안이 되었고 그에 따라 러시아도 행여 뒤질세라 시베리아에 대륙횡단철도를 놓고 연해주 일대에는 동양 함대의 기지를 구축하면서 많은 이민을 받아들여 버려진 불모의 땅 시베리아를 개발하기 시작했던 것이다.

러시아 세력은 1880년대를 전후해서 드디어 압록강을 건너 함경도 쪽까지 내려오기 시작했다. 그리고 얼마 지나지 않아 대륙으로 북상해 올라오는 일본 군국주의 세력과 정면으로 맞부딪쳐 애매한 우리 땅에서 러일전쟁을 일으키기까지 했지만, 하여간 그 무렵 러시아의 연해주 통치는 눈부신 것이었다. 그래서 연해주 지방에는 수개 사단에 이르는 극동군 사령부가 들어왔는데, 그 많은 군대를 유지하는 데는 당연히 군수품이 필요했고 소와 쇠가죽은 필수 불가결한 품목이었다. 여름에도 눈이 쌓일 정도로 혹독한 기후이니 자연히 칼로리가 높고 열을 많이 발산할 수 있는 고기를 주식으로 먹어야 했고 또 쇠가죽은 모든 무기에서부터 배낭에 이르기까지 엄청나게 이용되었던 것이다. 러시아 군대들이 필요로 하는 쇠가죽과 식료품의 거의 대부분이 함경도와 평안도 경기도 일대에서 최봉준이 사들여 러시아에 수출한 바로 그 한우였다. 1900년 9월 24일자 신문에 근거가 있다.

재작년 신문 외에서 아인俄人이 우牛 40두를 수매하여 고양高陽으로 발송하얏다더라.

여기 나오는 신문 외는 지금의 광화문 신문로이다. 즉 새문(숭례문) 밖의 시장에서 러시아 사람이 소 40마리를 사서 경기도 고양 쪽으로 끌고 갔다는 이야기이니 그 당시 소나 쇠가죽 상품의 인기는 지금은 상상할 수도 없을 만큼 대단했던 모양이다. 쇠가죽은 주로 일본으로 많이 수출되고 약삭빠른 일본 상인들은 눈을 까뒤집고 다니면서 우리나라 쇠가죽 사기에 혈안이 되어 있었지만 그에 못지않게 러시아 상인들도 소나 쇠가죽이라면 눈에 쌍불을 켜고 덤벼들었던 것이다.

광무 5년인 1901년 7월 26일자 신문에는 또 이런 기록도 있다.

원산항에서 專(전)히 俄人(아인)의 경영으로 매월에 牛(우) 3백 40 내지 3백 50두를 수출하는데 산지는 高原(고원), 함흥 등이라 최근 3년간에 수출한 수가 약 1만 두에 차 시가가 1頭(두)에 평균 37, 38원인데 此(차)로 由(유)하여 獸醫(수의) 급 通辯(통변)을 率(솔)하고 該港(해항)에 來留(내유)한 俄人(아인)이 3인이라더라.

이때는 이미 최봉준이 성진과 원산항을 중심으로 우리나라 생우 무역권을 모두 쥐고 흔들던 무렵이다. 그런데도 우리나라의 생우 수출량은 러시아의 소 수요량을 충족시키지 못했던지 이제는 통역할 사람과 수의사를 거느리고 원산에 내려와 자신들이 직접 검역하고 소를 사들인다는 것이다. 1901년부터 3년 동안 원산항에서 러시아로 수출된 소만해도 무려 1만 두에 달했고 한 마리의 값도 37원에서 38원까지 호가했다고 한다.

이처럼 세상천지가 온통 소 장사판으로 시끄러운 때에 생우 수출의 왕자인 최봉준이 휘어잡은 돈의 액수가 어느 정도였는지는 굳이 긴 얘기하지 않아도 충분히 짐작하고 남는다.

그 무렵이 지난 후에도 최봉준만이 아니라 관북 지방에서는 10여 명의 거부들이 탄생했다. 구한말 금광에 손대 '함경도 제일의 거부'로 서울 충청도 일대까지 이름을 떨쳤던 조정윤은 그만두고라도 김영학, 이병균이 일가를 이루고 있었다.

김영학은 명천 출신으로 그 지방의 거부이면서 선각자여서 1900년 경성鏡城에다 사재를 털어 함일학교를 설립했고 이 학교에서는 러시아어와 일본어를 필수과목으로 가르치며 학생들에게 개화사상을 배우도록 했다고 한다. 함일학교가 섰던 해가 1900년대이니까 평양의 대성학교나 오산학교보다도 6, 7년 앞선 사학재단이었으며, 구한말 학교에서 러시아어를 필수과목으로 가르치게 했던 것은 보통 이야기가 아니다.

또 이병균은 경성 출신의 독지가였고 같은 경성 출신의 이운협도 함일학교에 자신의 전 재산을 쏟아 붓다시피 했으며 그의 재종형인 이상호도 막대한 재산을 희사했다고 한다.

나중에 이상호는 3·1운동에 직접 가담했다가 4년 동안이나 옥고를 치르기도 했다.

또 한 사람 관북 지방의 재산가를 얘기하면서 빼놓을 수 없는 인물이 있다.

서사시 〈국경의 밤〉으로 두만강의 슬프고도 긴박한 풍정을 읊었던 파인巴人 김동환의 아버지인 김석구이다. 그는 함일학교에 본인 소유의 토지 1만 평을 기부한 거부였다. 김동환은 6·25 때 납북됐지만 김석구는 시베리아로 망명했다고 한다.

또 일제 때 청진에서 일본 오사카까지 출입하며 활약했던 거상 이충복이나 그의 아버지인 이면구도 관북에서 손꼽히던 거부들이었다.

하여간 1910년 한일합병을 전후해서 관북 지방 사람들은 망국의 땅을 떠나 대거 간도와 연해주 지방으로 흘러 나갔고 그들은 청·러·일의 세력 틈바구니에서 시달리고 굶주림에 떨면서도 생활권을 형성해 갔다. 지금도 간도와 연해주에 흩어져 있는 우리 동포의 2세, 3세가 몇백만 명이나 남아 있다지만 1911년경만 해도 이미 50만 명이 두만강 건너 1백 리 벌판까지 나가 살고 있었다. 그러다가 1935년엔 80만

명 그중의 80%는 농사를 짓는 사람들이었다.

쌀, 수수, 콩… 농사를 짓고 장사를 하면서 엄청난 이주 인구가 신천지를 이루고 살자니까 몇십 년이 흐르는 동안에 용정, 훈춘, 국자가를 중심으로 해서 한인 거상들이 탄생되지 않을 수 없었다.

최봉준은 뒷날 간도의 훈춘을 기점으로 해서 상권을 누리게 됐지만 1920년 현재 간도 지방에 나타나는 우리나라 거상들은 다음과 같았다.

김창근金昌根—용정龍井 지방. 면포상綿布商

김진국金進國—간도철물間島鐵物 주식회사

윤치희尹致熙—간도흥업조합間島興業組合 : 자본금 10만 원의 대금업

박중렬朴仲列

남군필南君弼—곡물

김하천金河千—곡물

황연기黃淵埼

한용희韓用熙

그 밖의 간도 지방에 들어와 성공한 사람으로는 함경도 출신은 아니지만 김용복, 강재덕 등도 있었다. 강재후는 그곳에서 자본금 20만 원으로 남만南蠻(남만주) 농사주식회사를 경영하는 대지주가 되었다.

사람보다 소가 먼저 보험 들다

농업은 한 마지기에 얼마만큼의 씨를 뿌리면 얼마쯤 거둘 수 있으

리라는 최대 가능성의 한계가 전부 그어져 있다. 그리고 그것은 어쩔 수 없는 천재지변이 일어나지 않는 한 대개 들어맞는다. 그렇게 크게 나을 것도 없고 크게 못할 것도 없이 빤히 들여다보이는 진조서시 같은 끗발로 항상 보장된 것이 농업이라면 그에 반해 그물을 들고 바다로 나간 어부의 바구니는 어떤 날은 텅 빌 수도 있고 또 어떤 날은 바구니가 철철 넘치도록 때 아닌 어군을 만나 횡재를 할 수도 있다.

마찬가지로 최봉준이 아무리 천만금 거부로 성장했다고 할지라도 그는 그대로 운명의 씨름을 계속해야만 한다. 최봉준은 성진에 자리를 잡은 바로 그 이듬해인 1899년 또 한 번 생우 수출에 손을 대 큰 이익을 잡게 되었다. 그 해 그가 소로 인해 얻은 이익은 원금의 무려 10배였다. 최봉준이 움켜쥔 대운은 바로 그 해에 번지기 시작한 소의 유행병으로 인한 소 값의 폭락에서 찾아온 전혀 생각지도 않던 덤이었다.

최봉준은 1899년 초봄부터 거금을 깔아 경기도 일대까지 손을 뻗쳐 소를 사들이기 시작했는데 그 해 초가을로 들어서기 시작할 때부터 전국적으로 우질이 마구 퍼지기 시작하여 소 값이 형편없이 폭락했다. 그때만 해도 소나 말이 병이 나면, 소와 말은 사람 약과 같이 쓴다고 하여 침을 놓고, 하다가 안 되면 시장으로 내다가 팔아 버리는 일이 예사였다. 그렇게 나온 소는 대개 우질이 더 번지기 전에 잡아먹었다. 그런데 최봉준은 재빨리 러시아 블라디보스토크에 연락해 러시아 수의사를 데려다가 아직 병이 깊지 않은 소를 헐값으로 사 과학적인 방법으로 치료를 했고 그렇게 치료한 소는 제 값에 러시아로 수출됐다는 것이다.

우질牛疾이 근일에 대치하얏는데 서울 각처 포사(소, 돼지 같은 짐승을 잡아서 고기를 파는 가게)에서들은 좋은 시세나 만난 줄 알고 이전에 천여 냥씩 주고 사던 소들을 불과 백여 냥씩 주고 사서 그 병든 소들을 잡아 그 고기들을 안연히(태연하게) 파는 고로 다른 사람은 그 속도 모르고 전과 같이 사다가 먹고….

이것이 1899년 5월 당시의 서울 사정이다. 우질이 번지기 시작하자 소 값이 폭락하여 이전까지는 한 마리에 1천 냥이 넘게 거래되던 소가 불과 1백 냥 안팎으로 떨어져 버렸다고 하지 않는가? 1천 냥짜리 소가 1백 냥으로 떨어졌다면 이것은 무려 10분의 1 값으로 죽을 쑤어 버리는 결과이다. 어떻게 생각하면 어이없는 일이지만 이것이 당시의 현실이었다. 이처럼 폭락한 때에 소를 사서 가죽을 벗기는 사람 또는 병이 번지지 않을 어느 산중으로 끌고 가 병을 피한 사람 등은 차후 단단히 한몫을 잡았던 것이다.

만근이래로 우질이 대치하고 적환이 겸해하야 민간에 우척이 죽고 잃는 폐에 농민이 실농失農하며 빈민이 난보難保하므로 특자 궁내부로 우본 보험소를 창설하야 본소로 하여금 자본을 세우고 빙표를 간시하되 표비 보조는 매장에 엽 1냥씩 받고 우척이 만일 죽으면 대우大牛에 엽 1백 냥, 중우中牛에 70냥, 소우小牛에 40냥 지급하여 낭패한 백성으로 하여금 우척을 대립케 함이오. 빙표를 파시하여 표 없이 매매하는 우척은 간위한 죄를 다스릴 지경이던 도적이 감히 투절치 못할 터이니 생민의 혜택이 이에서 더 큼이 어디 있으리오. 연즉 종금 이후로 경향간 우천 1관은 죽고 잃는 패에 전혀 낭패됨을 모를 것이니 그리들 아시오. 우본 보험소는 중서 정선방 이 동계요….

우질이 만연하자 서울 중서 정선방에다 어떤 재주 좋은 친구가 재빨리 소 보험회사를 차린다는 광고이다. 그 보험회사는 궁내부에서 허락을 얻은 것인데 이 보험회사는 일종의 소 생명보험으로 큰 소이면 소 값의 10분의 1에 해당하는 1백 냥을 주고 중소는 70냥 송아지는 40냥을 지급한다는 것이다. 이런 소 보험료 자본금을 만들기 위해 장날마다 팔러 오는 소에게 엽전 한 냥씩을 받고 소 거래 때마다 빙표憑票(여행 면허장)를 발행하겠다는 것이다. 그래서 그 빙표가 없으면 소를 사고파는 거래도 할 수 없으며 빙표 없는 소는 도둑질한 소로 간주한다는 것인데 말하자면 보험회사는 올가미 없이 개장사를 하려는 속셈이었던 것이다. 사람은 죽어도 어느 누가 동전 한 푼 주지 않은데 소가 죽으면 돈을 준다는 소 보험이 우리나라 보험시대의 첫 문을 열었으니 당시 소가 얼마나 중요한 상품이었는지 느끼게 해준다.

하여간 이런 소 보험회사가 생긴다고 하자 그 보험회사 때문에 공연히 농민들이 피해를 입게 된다고 바로 그 이튿날 〈독립신문〉에서는 통렬하게 비난을 했다.

> 우리나라 보험회사가 생기는 일은 치하할 것이요, 조금도 반대할 일이 아니로되 우리가 소 보험회사를 불긴타 하는 말은 다름 아니라 작년(1897)에 이윤용 씨가 농상대신으로 있을 때에 백성의 편리함을 위하야 소 보험회사를 시작하얏더니 불행히 그 회사 사무원들이 각처에 다니면서 소 보험한다 칭하고 소 한 필에 엽전 1냥씩 토색하야 민폐가 대단히 많이 된 것은….

그래서 농상대신 정낙용은 소 보험회사를 즉시로 철폐해 버렸던 것이다.

> 보험회사는 마땅히 보험하야 달라는 사람만 해줄 일이지 억지로 보험에
> 들게 하야 백성에게 토색을 가함은 불가함이니….

우리나라에 최초로 소 보험회사가 설립된 것은 1897년이었던 모양
이다. 또 소 보험회사를 설립하도록 허가한 사람은 농상대신 이윤용
이었고 소 보험회사 사무원들은 각처로 돌아다니면서 덮어 놓고 소
한 필에 엽전 한 냥씩을 강제로 빼앗아 보험에 들게 했던 것이다.

이처럼 소가 사람보다도 먼저 보험을 들 정도로 소의 중요성이 강
조된 시대였으니 우리나라 최대의 소 무역왕으로 등장한 최봉준이
1899년에 무려 10배의 이익을 남기고 또 한 번 허물을 벗어 버린 것을
시운時運이라고만 할 수 있을 것인가? 하여간 구한말에 동양 최대의
소 수출 왕자는 소로 대금을 거머쥐었다.

최봉준이 훗날 많은 돈을 투자한 곳은 국내 상계보다도 오히려 연
해주 쪽이 아니었는지, 그래서 국내에 그에 관한 소상한 자료가 드문
것이 아닌가 하는 생각을 할 수 있다.

1906년 최봉준은 다시 블라디보스토크로 돌아갔다. 그리고 그곳에
서 막대한 재산을 내놓아 〈해조신보海朝新報〉사를 경영했고, 또 계동중
학교를 설립(1906)하여 교포들의 교육, 언론, 산업을 통한 항일운동의
선두에 섰던 흔적을 남기고 있다. 당시 러시아로 망명한 지사들은 거
의가 최봉준의 식객食客이었다고 하니 그의 조국 독립을 위한 마음 또
한 갸륵하지 않을 수 없다.

최송설당

崔松雪堂

전 재산을 학교 설립에 쓴 여장부

전 재산을
학교 설립에 쓴
여장부

최송설당崔松雪堂은 철종 6년(1855) 음력 8월 29일에 태어났다. 아버
지는 고을 서당에서 훈장을 하던 최창한이었는데 최송설당을 맏이로
딸만 둘을 더 낳았을 뿐 아들을 두지 못했다. 최송설당이 평생 동안 시
집가지 않고 악착같이 돈을 모았던 것은 가난한 탓도 있었지만 사실
은 그 집안이 지닌 슬픈 내력 때문이었다.

1922년 최송설당은 자기가 묻힌 금릉군 부곡면에 1만 6천여 평의
땅을 사들여 그곳에 송정이란 조그만 정자 하나를 지어 놓고《송설당
집》세 권을 책자로 엮은 일이 있다. 그 책에는 운양 김윤식의 서문을
비롯하여 전 내부 대신이던 남정철, 전 판서 윤용규 등이 최송설당의
한시에 화답하는 글이 있는데《송설당집》에 나오는 그녀의 자술 가사
중에는 최씨 일가의 대를 이어 내려오는 비원悲願(꼭 달성시키려고 하는 비
장한 소원)을 적은 것이 있다.

즉, 최씨의 조상 중에는 조선시대 학식이 깊은 선비 조식의 문인으

최송설당(崔松雪堂)
1855(철종 6)~1939. 육영사업가.
본명은 미상이며 송설당(松雪堂)은 호이다.
경상북도 금릉 출생. 영친왕의 보모로 있을 때의 모습.

로 수우당 최영경이라는 사람이 있었는데 그는 바로 최송설당의 11대 조가 된다. 이렇게 학문하는 학자의 집안이었지만 그 수우당 최영경의 8대 손이며 최송설당의 증조할아버지인 호군 공의 외가인 유씨 일가가 1811년에 일어났던 홍경래의 난에 가담한 것이다. 그 때문에 최송설당의 조부 4형제는 대대로 살아오던 평안도 정주에서 쫓겨나 전라도 고부로 귀양살이를 갔다. 그래서 최송설당의 할아버지는 유배지인 전라북도 고부 땅에서 숨을 거두었는데 그녀의 아버지 최창환은 부친의 삼년상을 마친 뒤 경상도 금릉으로 이사해 들어왔던 것이다. 그곳에서 최창환은 글방 선생 노릇으로 근근이 살면서 어떻게 하면 조상들의 역적 누명을 벗겨 드릴까 하는 커다란 숙원을 지닌 채 어려운 세월을 지냈다.

최송설당은 어릴 때부터 남달리 총명했다고 한다. 불과 서너 살 때에 글자를 익혔고 7, 8살 때에는 한시를 짓는 재주를 보였다. 효성도 지극해 어디서 맛있는 음식을 보면 꼭 부모님께 갖다 드리는 등 봉양을 지극히 했다. 아들 없는 집안의 맏딸이던 최송설당은 7, 8살 무렵에 아버지가 탄식하는 집안의 내력을 듣고 비록 딸이지만 반드시 자기 힘으로 아버지의 염원을 풀어 드리겠다고 결심했던 것이다.

그때부터 최송설당은 시집을 가지 않기로 했다고 한다. 당시에는 여자니까 응당 시집을 가야겠지만 시집을 가서 남의 집 사람이 되면 뼈에 맺힌 집안의 원한을 풀 수 없을 것이기 때문이었다. 그래서 그녀는 친정에서 부모를 봉양하며 재산을 모으기로 결심했다.

침선針線으로 의지하야

주야晝夜가 상관없이

고생으로 지나갈 제

악의악식惡衣惡食 꺼릴 손가

지성이면 감천이라

부친 모서 상의相議하고

식산殖産으로 업을 하니

티끌 모아 태산이라.

최송설당이 지난 일을 가사조로 자술하는 대목이다. 앞서도 말한 바와 같이 그녀는 조금 철이 들자 시집가기를 포기하고 스스로 살림을 맡았다. 아들 대신 아들 노릇을 하여 집안을 일으키기로 결심한 것인데 그러자면 우선 재산이 있어야 대대로 뼈 맺힌 숙원인 역적 누명을 벗을 길이 생길 게 아닌가?

그래서 그녀는 처녀 시절부터 남의 집 바느질을 해주고 품삯을 받아 그것으로 손바닥 만한 밭뙈기를 장만하고 그것을 마당 만한 논뙈기로, 또 마당 만한 논뙈기에서 다시 새끼를 쳐 섬지기 논으로 늘려 나갔던 것이다.

입으로야 쉽게 말할 수 있지만 그런 역경을 헤쳐가면서 여자의 몸으로, 더구나 시집도 안 간 색시의 연약한 몸으로 그처럼 재산을 불려 나가자면 남모르는 눈물의 세월이 많았을 것이다. 그야말로 그녀는 악의惡衣, 악식惡食하는 절약과 근검으로 돈을 늘려갔다. 밥 굶어가면서 돈 모으면 무엇 하느냐고 할지 모르지만 없는 사람이 맨 밑바닥에서부터 일어나자면 밥 굶지 않고 달리 돈 나올 구멍이 없었다.

돈이란 안 쓰면 모이는 것이니까 누구든지 먹고 싶은 것을 참고, 입고 싶은 걸 참아 가면서 푼돈을 가지고 양돈(한 냥 가량의 돈)을 만들고 양돈을 가지고 관돈(돈 열 냥)을 만들면 돈은 늘어나게 마련이다.

그러나 어찌 되었건 절약만으로 돈을 모은다는 것은 깊은 집념과 고집, 벽창호처럼 굳은 성격이 아니고는 성공할 수 없는 것인지도 모른다. 한번 마음먹고 맹세한 일은 절대로 포기 하지 않고 어리석을 만큼 고집을 피워 밀고 나가는 끈기에 있어서는, 영리한 사람보다도 오히려 어리석은 사람이 더욱 강한 것이며 때로는 남자보다도 여자의 심리가 더 굳은 것이다.

보통 아녀자라고 해서 여자는 어린애처럼 소견이 좁고 꽉 막혀 답답한 부류라고들 치부한다. 그러나 한번 독하게 마음을 먹으면 여자는 남자보다 몇 배나 더 무섭고 끈질긴 법이다. 영리한 사람은 그렇게 자기 고집에 투철할 수 없다. 어리석은 여자만이 할 수 있는 일이다. 아니 자기가 하는 일이 독하고도 독한 줄 아는 여자만이 할 수 있는 일이다. 그런 일을 최송설당은 눈물을 머금고 해낸 것이다.

그러던 최송설당이 서울로 올라온 것은 언제였을까. 그녀가 서울에 올라온 연대에 몇 가지 착오가 발견되고 있다. 어느 곳에서는 1887년에 올라온 것으로 되어 있고 또 어느 기록에는 1886년에 아버지 최창환이 죽자 1894년 즉 갑오동란 때 마흔 살의 나이로 조상의 원을 풀기 위해 서울로 올라왔다고도 한다.

1930년 〈조선일보〉에 그녀의 인터뷰 기사가 있다.

기자는 무교동 수표내 다리 옆으로 그를 찾아가 눈물겨운 그의 반성과 여걸다운 그의 기염을 취재했다. 최송설당은 뚱뚱하고도 점잖은 모습으로 방문객을 맞아 들였다. 기자는 권하는 대로 자리에 앉으며 간단한 첫인사와 금번 사건(전 재산 기부)에 대한 치하를 드린 후 질문을 시작했다.

"언제 여기 오셨습니까?"

"벌써 서른다섯 해인가, 바로 경신년 동학란에 살 수가 없어 난을 피해왔지요."

"그럼 가족은 누가 있습니까?"

"아무도 없어요. 영감도 자식도….."

"영감님은 돌아가셨나요?"

"네, 젊어서 없어졌어요."

영감님 얘기를 묻자 최송설당은 자세한 얘기를 피했다. 그러자 옆에 앉아 있던 조카가 말을 도와 그녀는 일생을 혼자 지냈다고 귀띔해 주었단다. 이렇게 되면 일단 1887년 상경설은 앞뒤가 맞지 않은 이야기이다. 그녀가 서울로 올라와 자리를 잡기 시작한 것은 갑오동란 (1894) 이후로 보아야 할 것이다.

그런데 앞서 〈조선일보〉 기자가 물었을 때 경신년(1920) 동학란에 살 수가 없어서라고 말한 그 경신년은 혹시 말소리가 분명하지 않아 병신년(1896)을 잘못 들은 것은 아닌가 하는 심증이 간다. 왜냐하면 1939년 〈동아일보〉에는 최송설당을 이야기하면서 병신년(1896)에 그녀는 남편 이씨와 함께 상경했다고 분명히 설명하고 있기 때문이다.

여기서 또 하나 문제가 되는 것은 최송설당이 과연 자술한《송설당집》에서 얘기하는 대로 가문의 숙원을 풀기 위해 평생 시집가지 않고 늙었느냐 하는 점이다. 〈동아일보〉 기사에는 최송설당은 분명히 자기 남편 이씨와 함께 1896년에 상경했다고 밝히면서 그녀가 남편 이씨를 창원군수로 나가게 주선하여 함께 창원군 대아로 수행케 되었다는 점과 그 후 남편 이씨는 김해군수와 진주군수도 역임했으며, 최송설당은 남편이 군수 생활을 정리한 뒤 함께 상경하였는데 남편이 늙어서 죽은 뒤 그녀가 살림을 맡았다고 되어 있다.

그렇다면 최송설당은 분명히 남편이 있는 여자가 된다. 그런데 왜 그녀는 영감 이야기가 나오면 자세한 말을 피했을까? 영감 이씨는 누구였으며 창원군수, 김해군수, 진주군수를 역임하는 동안 어느 정도의 재산을 모았을까 하는 점도 수수께끼다. 또 최송설당의 상경 연대를 1896년으로 보는 점과 최송설당이 주선해 자기 남편 이씨를 창원군수로 나가게 하였다고 하는 점 등은 어떻게 설명해야 할 것인가?

가문의 역적 누명을 벗기다

우리는 최송설당과 엄비의 관계 어디에선가 실마리를 찾아 앞뒤를 연결하지 않을 수가 없다. 엄비는 명성황후가 살아 있을 당시 상궁 노릇을 하다가 고종황제의 눈에 들어 잠깐이나마 하늘을 몸으로 모셨고, 그 때문에 명성황후로부터 왕궁에서 쫓겨나 경상도 동래까지 숨어 다닌 일이 있었다.

그때 엄비는 상궁이었던 신분을 감추고 남의 집 삯바느질까지 하며 갖은 고생을 다 해 목숨을 부지했는데 혹시 최송설당은 엄비의 불우하던 시절에 무슨 인연으로 서로 알게 되었거나 도움을 주었던 처지는 아니었을까? 최송설당은 당시에 이미 고향 금릉군에 소문난 부자로 제법 넉넉한 재산을 모았으니 그럴 가능성도 없지 않다. 아니면 맹세코 시집을 가지 않고 자기 집안의 역적 누명을 벗기기 위해 일부러 상궁으로 들어갔다가 엄비를 모시는 몸이 되었던 것은 아닐까? 그러다가 엄비가 궁중에서 쫓겨나자 엄비를 따라 나와 고생하며 인연을 만들었던 것은 아닐까 하는 심증도 간다.

왜냐하면 최송설당은 후에 왕궁에서 영친왕 이은을 가깝게 모시는 궁인과 같은 일을 했으며 또 최송설당이란 당호 역시 엄비의 도움으로 고종황제가 내린 것이고, 그녀는 귀비에 책봉된 일도 있었기 때문이다.

병신년에 명성황후가 시해당하고 아관파천으로 러시아 공사관에 들어간 고종황제는 울적함을 달래기 위해 옛 엄비를 불러들였으니 최송설당 역시 그해에 다시 서울로 따라 올라왔고 엄비의 은혜를 입어 남편 이씨를 창원군수로 주선시켰던 것은 아닐까? 남편 있는 귀비나 상궁이란 말도 우습지만 분명히 기록이 있고 보면 그런 가능성을 추정하여 앞뒤를 짐작해 보는 수밖에 없다.

또 그렇지도 않다면 최송설당은 자기 고향에서 마흔 살이 될 때까지 시집을 가지 않고 모은 재산이 어지간해지자 세상의 변동을 보고 이제는 가문의 역적 누명을 벗길 만한 때라고 판단하여 서울에 올라 와서 엄비 쪽에 온갖 정성을 보이고 접근하여 뜻을 이룬 것인지도 모른다. 왜냐하면 최송설당이 서울로 올라왔을 당시 그녀는 적어도 여자로서는 만만치 않은 재물을 지니고 있었으니까 그럴 만한 힘은 넉넉히 있다고 보아야 할 것이기 때문이다.

이 추론에 의하면 1894년 마흔 살의 최송설당은 조상의 설원을 하기 위해 서울로 올라와 무교동에 자리를 잡고 권문세가들과 사귈 길을 백방으로 수소문했다. 때마침 최송설당은 엄상궁의 잉태 소식을 엄상궁의 친정 여동생을 통해 알고 절을 찾아가 왕자 탄생을 위한 백일기도를 드렸다. 또 엄비가 잉태한 아기의 산달이 되자 최송설당은 출산에 필요한 모든 물품을 고급으로 갖춰 엄상궁의 친정 여동생을 통해 바쳤다. 이런 지성을 받아 엄비는 영친왕을 낳았고 그녀의 힘으로 최송설당은 고종의 특명을 받아 1901년 11월에 최씨 가문의 역적 누명을 벗겼다. 뒤이어 송설당의 여러 조카들도 다시 벼슬자리를 얻게 됐다.

그리고 1908년부터 최송설당은 각처에 흩어져 있는 여러 최씨 조상들의 산소를 찾아 비석을 세우고 또 일가들에게 분수를 따라 전답을 나누어 주기도 했다. 1939년 〈동아일보〉에 최송설당은 1908년부터 내놓고 큰일을 해 왔다고 기록하고 있다.

1908년 전국 13개소에 흩어진(정주, 선천, 금릉, 한평, 고부 등) 자기 조상의 산소들을 찾아 비석을 세웠고 1911년 많은 돈을 들여 조선 삼십 본산의 절에 불기와 불등을 바쳤다.

그러다가 다시 1915년부터 15년 동안 생활비를 아껴 가면서 근검절약하여 모은 돈으로 1930년에 32만 2천 1백 원을 김천고보金泉高普 설립에 내놓았던 것이다.

그 돈으로 김천고보는 건평 4백 평의 2층 양옥으로 본관을 완성했고 1933년에는 다시 6만 원의 공사비를 들여 특별 교실을 건축하고 열 개의 학급을 늘여 1934년 4회 졸업생을 배출했다. 그리고 김천고보 측에서는 1935년에 6천 원을 들여 교정에 최송설당의 동상을 건립했다. 또 최송설당은 1939년(그녀가 죽은 해이다)에도 특별 교실 건축비로 3만 원을 기부했다.

김천고보 설립 당시에 초대 교장으로는 안일영 씨가 초빙되었고 후에는 정열모 교장이 운영을 맡았으나 정 교장이 '조선어 학회 사건'으로 투옥되자 총독부는 김천고보를 빼앗아 공립학교로 만들어 버렸고

김천고보(金泉高普)
1940년대 김천고등보통학교 교문. 김천고등보통학교는 오늘날의 김천중·고등학교로 발전했다.

해방 후에 다시 사립으로 환원되었다.

그 당시 최송설당이 쾌히 희사했던 대부분의 토지는 해방 이후 1954년에 그때 돈 10억 환의 보상금으로 정리되었고, 학교 재단 측은 보상금 10억 환을 받아 충청남도 서산에다 1백 30여 정보의 염전을 마련했다고 한다.

이렇듯 최송설당은 김천고보 설립자로 부각되어 동상까지 세워지는 흔적을 남겼지만 그녀의 재산 형성 과정은 아직도 석연하게 풀리지 않은 채 수수께끼로 남아 있다. 어쨌든 그녀는 부산이 개항되던 병자년(1876) 흉년이 들었을 때, 즉 그녀가 스물두 살이 될 때까지만 해도 거의 굶어 죽을 지경의 어려운 형편이었다. 최송설당은 스무 살이 넘도록 도저히 시집갈 엄두도 내지 못할 만큼 극빈한 생활고에 시달렸던 것이다. 그때 배고팠던 흉년의 설움을 잊지 못한 그녀가 1914년에 고향을 들러 벼 50섬을 가난한 백성들에게 나누어 준 기록이 나타나고 있다.

경성 서부 누룩골 45통 2호에 사는 최송설당은 나이 60세의 노인으로 젊었을 때에 친정 부모와 한가지로 경상북도 김천군 군내면君內面 교리校里에서 거생居生할 때는 가세家勢가 빈한하야 근근 생활하다가 병자년 흉년을 당하야는 거의 죽을 지경이라 하릴없이 부모와 한가지 그 고을 김천면金泉面에 우거寓居하다가 송설당은 그 후 경향 여러 사람들의 동정과 사랑을 얻어 이제 경성에서 부유하게 지내는 바 작년 섣달에 김천 본가에 내려와 민정을 살펴본즉 흉년 끝에 춘궁을 당하야 형상이 매우 불쌍한지라. 송설당은 예전 부모와 한가지 빈한하게 지내던 고향이므로 불쌍하고 가엾은 마음과 감구지회感舊之懷(지난 일을 생각하는 마음)를 금키 어려워 그 근처

빈한한 사람을 일일이 조사하야 정조正租 50석을 나누어 주었으므로 일경에 칭송이 자자하다더라.

이것으로 보아도 스물두 살이 넘도록 최송설당은 끼니조차 잇기 어려운 가난에 시달리다가 병자년 흉년을 당해서는 거의 굶어 죽을 지경이 되어 김천면으로 옮겨와 살았다. 그 후 여러 사람의 동정과 사랑을 얻어 부유하게 되었다는데 이것이 무엇을 뜻하는 것인지 분명하지가 않다.

그런데 여기서 또 한 가지 밝혀지는 것은 최송설당은 1914년까지도 무교동 94번지 2만여 원짜리 집에서 산 것이 아니라 경성 서부 누룩골 45통 2호에 살고 있었다는 점이다. 1908년 1월 18일자 〈대한매일신보〉에도 그녀가 누룩골에 살고 있었던 기록이 남아 있다.

文明女士(문명여사) 麴洞(국동) 居(거)하는 有志婦人(유지부인) 최송설당이 公立新報(공립신보)를 購覽(구람)하다가 그 慷慨激切(강개격절)한 義論(의논)을 항상 感歎不已(감탄불이)하더니 금반 평양에서 제 부인이 공립신보 연조금 모집하는 취지서를 전포(널리 전하여 퍼뜨림)하매 최부인이 동정을 표하야 본사에 금 4원을 전치하얏으니 부인이 문명에 有志(유지)는 참 감탄할 만하더라.

아마 이 기사가 최송설당이 사회 기록에 공식적으로 나타난 처음이 아닌가 싶다. 바로 이때는 한일합병 2년 전으로 나라가 기울어 일본 세력의 침략에 대궐 기둥뿌리가 흔들릴 때라서 〈공립신보〉에서는 비분강개한 기사를 여러 번 실었던 모양이다. 그런 애국적 신문 논조에 감탄한 나머지 평양에 있는 여러 부인들이 〈공립신보〉를 돕기 위한 모금 운동에 나서면서 그 취지를 발표하자 최송설당은 기꺼이 4원을 내놓았다.

이것 하나만 보아도 최송설당은 기질이 상당히 강했던 것 같으며, 그녀가 세상 사람들의 사랑과 동정을 입어 수천 석에 이르는 재산을 모았다면 또 그녀는 그 사랑과 동정을 몇천 배로 늘려 세상에 다시 돌려 준 것이다.

최송설당을 기리는 장례식

1939년 6월 16일 오전 10시 40분 85세를 일기로 최송설당이 눈을 감자 경상북도 김천 사람들은 너나없이 혀를 차면서 처녀 할머니 최송설당의 명복을 빌었다.

최송설당의 7일장이 거행되던 그해 6월 22일, 김천 사람들은 또 한 번 뭉클한 감회에 눈시울을 붉혔다. 첫째는 자기 고을에서 그런 인물을 배출했다는데 대한 자부심이고 둘째는 장례식 자체가 사회적 예우 속에서 너무도 엄숙하고 성대하게 진행되는데 대한 감격이었다. 그러면 먼저 최송설당의 장례식 광경을 살펴보자.

22일 오전 8시 발인發靷하야 시내를 일주하고 공설운동장에 도착하야 고별식을 거행하얏는데 도중 행렬은 김천중학교 졸업생과 재학생 3백 명이 총출동하야 악대와 무장생도 관열을 선두로 하야 총독부 정무총감, 학무국장, 도지사, 기타 각계 명사로부터 보낸 화환 수십 쌍과 만사와 조기 등이 순서 있게 열을 지어 행진하야 장엄을 극하얏으며 연도에는 수만 민중

이 참집하야 문자 그대로 인산인해를 이루어 대성황이었다. 고별식에는

도지사를 대신하여 경상북도 학무과장이 임석하얏고….

최송설당의 상여 뒤에는 도 학무과장이 몸소 나와 따라갔다. 당시
만 해도 어느 학교에 학무과장은 그만두고 요즘의 장학사에 해당하는
시학詩學만 감찰을 나와도 온 학교가 들썩들썩하던 때였으니 무슨 단
체의 행사도 아니고 한 할머니의 장례식에 그것도 공적으로 도지사를
대신해서 학무과장이 몸소 참석했다면 대단한 예우였다.

그밖에도 최송설당의 장례에는 무려 3백 통이 넘는 조전이 들어왔
는데, 더욱이 조전 가운데는 전 일본국의 내각총리대신의 부인 사이
토 하루코齊藤春子 여사의 것도 있어 김천이 생겨난 이래 그처럼 장엄
하고 호화롭게 거행된 장례식은 처음이었다.

장례식을 마친 후 장례 위원들은 곧 회의를 개최하여 최송설당의
사당을 건축하고 이후 3년간 매월 두 차례씩 전 교직원과 학생들이 최
송설당의 사당에 참배하기로 했다. 슬하에 혈육 하나 남기지 않고 간
최송설당의 명복을 빌기 위해 그녀가 설립한 김천중학교의 선생님과
수백 명 학생들은 매달 초하루 삭망으로 사당에 참례하여 저승에 간
의로운 넋을 위로하기로 한 것이다.

그렇다면 김천은 그렇게까지 인물이 없었던 것일까? 물론 아니다.
김천에도 고을의 거부이고 명가로 유명하던 박 씨 집안을 비롯해 많
은 인물과 명사들이 나고 죽었지만 이렇게 온 군민들의 애도 속에 영
화롭게 간 사람은 그 후 수십 년이 흐른 뒤에도 없었다.

이렇다 할 혈육 하나 남기지 못한 최송설당이 유명을 달리한 후까
지도 세상의 융숭한 대접과 칭송을 한몸에 받은 까닭은 무엇일까? 그

전 재산을 학교 설립에 쓴 여장부

것은 말할 것도 없이 최송설당이 그런 예우를 받을 만한 장쾌한 거사를 남겼기 때문이다.

우리나라 법조계의 원로인 전 법무부 장관 이인이 술회하기를, 최송설당은 1930년 2월 23일 32만 2천 1백 원이란 거금을 투자하여 김천고보 설립 운동에 나섰다고 한다.

> 그 무렵 나는 궁중 상궁으로 있던 최송설당을 만날 기회가 있었다. 그 자리서 나는 최송설당에게 뜻있는 교육사업으로 사회에 공헌하는 일을 해보는 것이 어떻겠느냐고 의중을 말한즉, 그분은 현재 가진 게 없으니 윤택해지면 해보자고 했었다. 그러다가 1928년 김천에 사는 고덕환高德煥, 이한기李漢驥가 나를 찾아와 최송설당이 나를 만나 보자고 한다고 하여 찾아간즉 최송설당은 1천 석 추수 전답문서와 10만 원이 예금된 통장을 맡기며 김천중학교 설립 운동에 나서 달라고 하였다.

그리하여 이인이 박영효, 이규완 등에게 김천고보 설립 운동을 부탁했던 것이다. 바로 그해 구한말 참정대신을 지냈던 한규설 역시 작고하면서 1천 석 추수하는 토지의 3분의 1을 교육 사업에 내놓아 맺은 그 열매가 오늘날의 서울여상이다. 그러면 김천고보를 설립할 당시 최송설당이 내놓은 32만 원은 얼마나 큰 액수였을까?

1930년 3월 1일 당시 쌀 한 가마 값은 약 13원(3등 정미 1석 24원 70전), 이듬해인 31년에는 쌀값이 더욱 폭락하여 한 가마에 10원 정도였다. 그러니까 최송설당이 그해에 내놓은 전 재산 32만여 원은 당시의 값어치로는 쌀 3만 가마가 넘는다.

세상의 남자들이라도 한 나라의 재벌급으로 수조 원에 이르는 기업

최송설당 崔松雪堂

체를 몇 개씩 지닌 사람들도 말만 문화재단, 교육재단이지 자기 주머니 쌈지에서 노랑돈 45억 원을 냉큼 내던지고 손 탈탈 털고 돌아설 사람이 있는가? 내놓는다고 하더라도 재산의 극히 일부이고 그것도 재산세다, 상속세다, 앞뒤로 재보다가 형식적으로 흉내만 내는 사람이 많을 텐데 최송설당은 그런 것이 아니었다. 그것도 일흔이 넘도록 한평생을 모으고 모은 재산을 그야말로 손바닥 만한 논뙈기 하나 남기지 않고 깡그리 세상에 내놓아 좋은 일을 했던 것이니 얼마나 장쾌하고 위대한가?

똑똑한 재벌 열 사람, 스무 사람이 할 일을 최송설당은 혼자 깨끗하게 해치운 것이다. 그런 큰일을 하게 된 연유를 최송설당의 말을 통해 직접 들어 보자.

> 나의 본가本家가 본래 몹시 빈한해서 아버지는 아희들에게 글을 가르치고 어머니는 바느질품을 팔아 근근이 살다가 바느질삯으로 받은 엽전으로 두 냥 반짜리 밭을 한 뙈기 얻었지요. 그것을 자본 삼아서 농사를 시작했더니 지성이면 감천이라고 밭 한 뙈기가 논 한 마지기가 되고 논 한 마지기가 닷 마지기, 열 마지기 이렇게 늘어 갑디다. 그래 그것을 붙잡고 이렇게 살아왔지요.

어머니가 바느질품을 팔고 자기 역시 그런 바느질품으로 받은 엽전으로 두 냥 반짜리 손바닥 만한 밭 한 뙈기를 장만해 그것을 밑천으로 논 한 마지기를 만들고 논 한 마지기를 늘려 닷 마지기, 열 마지기를 늘려 가면서 인생의 맨 밑바닥에서부터 출발하여 수천 석거리 땅과 돈을 마련했다고 회고하는 것이다. 그러면서 그녀가 살아온 인생의 철학과 전 재산을 내놓아 학교를 세우기까지의 심경 변화를 계속해서 이렇게 말하고 있다.

> 사람이 살아가는데 왜 고생이 없겠소. 누구나 다 많은 신고辛苦를 겪는 것이지요. 나도 참 고생 많이 했소. 별별 가난을 다 겪으며 한평생을 보냈지요. 환갑이 지날 때까지도 밥상 앞에 젓가락을 들고 앉으면 집어먹을 것이 없었답니다.

한 인간의 웅숭깊은 집념이 얼마나 무서운 것인가를 그대로 보여준 귀감이다. 단단한 진주알보다도 더 영롱하게 비친 한 할머니의 회고담이다. 그렇게 모아 수천 석을 거느린 거부가 되었지만 최송설당은 환갑이 지날 때까지도 젓가락을 들고 밥상에 앉으면 집어먹을 것이 없는 초라한 생활을 했다고 한다.

그녀는 어렵게 돈을 모았지만 구두쇠로 돈에 묻혀 허망하게 죽고 싶은 생각은 추호도 없었다. 그녀는 돈보다도 월등하게 높은 뜻이 있었던 것이다. 그래서 젓가락을 들면 집어먹을 것 없이 소금 반찬에 밥을 먹고 살면서도 선행을 베풀 수 있었던 것이다.

> 그렇게 하면서도 친가 13대의 성묘省墓 치산봉사治山奉祀(산소를 잘 만들거나 매만져 받들어 모심)까지 다 지내고, 없는 사람에게는 먹을 것을 주며 그밖에 쓸 만한 데는 빠짐없이 기부를 하고 우리 어머니 여든여덟 살 때에는 구순잔치까지 잘 해드리고 나니까 내가 바로 환갑이었소. 그래 진갑까지 다 치르고 나니 인제 내 일은 다 했다 하는 생각이 났지요. 그때부터 무얼 좀 해봐야겠다고 생각한 것이 벌써 15년이나 되었구려. 세월도 빠르지. 긴 밤

을 자지 않고 생각으로 밝힌 적도 많았건만 일이란 어디 그렇게 속히 됩니까? 내년에는, 내년에는 하고 미루다 보니 10여 년이 넘었소. 그래서 작년에는 가을 추수까지나 거두어 보고 하려던 것이 수십만 원이란 돈이 어디 그렇게 쉽게 모아집디까?

그래서 또 한 해를 놓쳤지요. 그러나 내 목숨도 이제 얼마 남지 않았소. 가만히 생각해 보니 유수같이 흐르는 세월이 또 몇 날이나 되겠소? 이번에는 아주 용단을 내어 금년 식량까지 다 내놓아 버렸소.

최송설당이 환갑을 맞았던 해에 그의 어머니는 여든여덟 살로 살아 있었고, 그래서 구순잔치를 떡 벌어지게 해 드리고 나서 자기 나이 역시 환갑 넘고 진갑이 넘자 심경 변화를 느낀 것이다. 이제는 나도 내일은 다했다 하는 생각이었기 때문이다. 그로부터 다시 15년 동안 그는 세상에 무엇인가 한 가지 뜻있는 일을 남기려고 재산을 정리해 오다가 그해에 무려 32만여 원을 내놓고 나서 무거운 짐을 벗어 던진 것과 같이 마음이 턱 놓이더라는 것이다. 재산을 내놓는데 한 치의 미련도 없이 그해에 자기가 먹어야 할 불과 몇 가마의 양식까지도 전부 털어서 내버렸다. 실로 보통 사람으로는 하기 어려운 일을 했던 것이다.

또 한편으로는 살림이 궁해서 앞으로 어떻게 사나 하는 생각도 있으나, 이 일을 한 이상 인제 내가 굶어 죽어도 좋소. 모두 다 맡겨 버리고 그저 저 일만 잘되면 그만이오. 아무쪼록 사회 여러분들이 많이 돌보아 주어 잘되도록 해 주기만 빌겠소. 나는 이제 할 일 다 한 것 같소. 인제는 달 밝은 양춘(음력 정월을 달리 일컫는 말) 정월이나 중추가절에 편안히 갔으면 하는 원밖에는 아무것도 없소.

이러면서 일흔여섯 살의 최송설당은 돌아앉아 치마꼬리로 눈가에 맺히는 눈물방울을 닦았다는 것이다. 실로 감동을 주는 한 장면이 아닐 수 없다.

가진 돈 모두를 학교 설립에 기부

사실 최송설당의 말은 입에 붙은 소리로 하는 겉치레가 아니었다. 그녀는 정말로 그해에 먹을 양식까지 전부 내놓았다. 그래서 1931년 5월 9일에 김천고보는 대망의 개교식을 올렸고 뒤이어 학교 재단에서는 최송설당의 높은 뜻을 전부 받아들여 뜻을 이룸과 함께 금릉군 개녕면에 따로 논 80마지기를 떼어 그곳에서 나는 소출과 매월 2백 원씩의 월급으로 최송설당의 생활을 보살펴 주었다. 개녕면의 80마지기는 최송설당이 죽은 후 봉사답으로 떼어 놓은 것이었다.

김천고보는 1931년 문을 연 이래 많은 인재를 배출하여 그들은 오늘날 교수, 고위 관리, 예술가 등으로 활약을 하고 있다. 이 김천고보의 설립은 자기들의 고장에 고등보통학교(중학교) 하나를 세우고 싶었던 김천 유지들의 염원이 꼭 10년 만에 이루어진 것이었다.

그 당시만 해도 고을에 중학교 하나를 가진다는 것은 보통 큰 염원이 아니었다. 조선이 낙후하고 일본인들에게 나라를 빼앗겨 모든 분야에서 서러운 압제를 받는 것도 다 교육이 없는 탓으로 여겨져 자기 고장에 학교 하나라도 세우는 것이 사회사업이나 자선사업의 우선 순위였다.

그래서 김천의 유지들도 고등보통학교를 설립하기 위한 사업으로

최송설당 묘
묘는 김천중고등학교 뒷산의
송정(松亭) 옆에 있으며, 학교의
교정에 송설당의 동상을 세워
설립자의 뜻을 기리고 있다.

1911년부터 '30만 원 기금 모으기 운동'을 폈다. 그때만 해도 김천은
경부선 교통의 요지이고 또 곡물의 집산지이면서 전국적인 우시장이
서는 곳이지만 30만 원 기금을 모으려는 일은 쉽사리 진척되지 못했
다. 말이 30만 원이지 그 조그만 도시에서 30만 원이라는 거금을 모으
기란 너무도 힘겨웠다.

그래서 백방으로 노력을 하다가 1926년 기성회 임원이던 이한기가
앞서 이인이 말한 대로 최송설당을 찾아가 그 일을 권유했던 것이고 최
송설당은 1929년에 자신의 재산을 조사해 주도록 의뢰했는데 당시 최
송설당의 부동산은 시가 20만 1천 1백 원으로 감정되었다. 여기다 최송
설당은 자기가 지니고 있는 예금통장의 10만 원을 생각하고 있었다.

1930년 3월 2일 최송설당의 높은 뜻을 전해 들은 지방민들은 그날
김천고등보통학교 후원회 회의석상에서 2천7백 60원의 기금을 모금
했다. 또 김천 본정 네거리에서 환창고무신상회를 경영하던 이창구가
1천 원을 희사하여 3월 14일까지 모인 지방 유지들의 의연금은 7천7
백 73원이 되었고 1933년 3월 17일에는 2만 3천3백 20원이 되었다. 또

전 재산을 학교 설립에 쓴 여장부

지방유지 중의 한 사람이고 김천, 보은, 옥천 간을 운행하는 자동차 영업을 하던 정수홍이 1천 원을 내놓았다. 이렇게 지방 유지들도 큰마음을 먹어야만 1천 원을 기부하고 돌아서서 후유하고 한숨을 쉬던 당시에 80대 처녀 할머니 혼자 30만 원을 내놓았던 것은 어느 모로 보나 감격할 일이 아닐 수 없다.

최송설당의 일은 곧 전국에 소문이 퍼지고 그녀가 타계하기 4년 전이던 1935년 11월 30일에는 학교 운동장에 동상을 세워 제막했는데 그 동상 제막식에는 서울에서도 쟁쟁한 명사이고 민족 운동가이던 송진우, 안재홍, 여운영 등이 참석하여 감격의 연설을 했다.

그 자리에서 어느 연사는 최송설당이 그해 먹을 양식 한 톨 남기지 않고 김천고보 기성회에 전 재산을 기부한 일은 눈물겹지 않을 수 없는데, 게다가 서울 무교동 94번지에 있던 자신이 살던 집마저 2만 3천 원에 처분하여 모두 이 나라 교육의 밑거름을 위해 썼다고 울먹이며 말하다가 끝내는 울음을 터뜨려 청중들 모두가 눈물을 닦기도 했다.

1939년 8월 19일에 김천부 황금정 뒷산에 있는 금룡사 포교당에서 사십구일재를 지냈을 때도 세상은 최송설당을 가리켜 복성福星이며 활불活佛이라고 격찬했고 미래를 내다보고 큰 뜻을 편 그녀를 두고두고 기렸다.

이승훈
李昇薰

독립운동가로 다시 태어난 무역상인

독립운동가로
다시
태어난
무역상인

남강 이승훈李昇薰은 유명한 정주 오산학교를 설립했을 뿐만 아니라 1919년 3·1운동에는 33인의 한 사람으로 서북 지방은 물론 기독교의 대표로 참여하여 옥고를 치렀던 사람이다. 또 1924년에는 〈동아일보〉 사장을 역임하는 등 종교, 사회, 교육, 독립운동으로 점철된 독립운동 가이다.

그는 1864년 3월 25일 보잘것없는 집안에서 태어나 1930년 5월 9일 새벽 4시에 67세로 세상을 떠났다.

사회운동에 참여하여 물불을 가리지 않는 곧음과 정열로 후반생을 뛰어다녔던 이승훈이 자기의 육신을 오산학교의 생물 표본으로 쓰라는 마지막 유언을 남기고 떠났던 일은 많은 사람들의 눈시울을 뜨겁게 한다.

이승훈은 구한말 이래 일제강점기까지 험악한 역사의 소용돌이 속을 몸으로 부딪치며 살았던 사람이다. 난다 긴다 하는 명문가에서 태

이승훈(李昇薰)
1864(고종 1)~1930. 독립운동가·교육가.
본명은 인환(寅煥). 호는 남강(南岡).
평안북도 정주 출신.

어난 쟁쟁한 민족운동가나 독립운동가들이 사회의 박수를 받다가도 절개를 지키지 못하고 변절해 버린 경우가 태반인데 이승훈이 끝까지 자기의 뜻을 굽히지 않을 수 있었던 원동력은 무엇일까?

사람은 한평생을 사는 동안 열 번 된다는 말이 있다. 마음먹기에 따라서 자기 인생의 행로를 송두리째 바꿔 버릴 수도 있고, 몸으로 부딪치는 큰 사회적 사건이나 가정생활에 심기일전하여 딴사람이 되는 경우가 많아 사람은 열 번이나 자기 모습을 바꿀 수 있다는 이야기이다. 어떻게 따지면 남강 이승훈이야말로 1905년 운명의 갈림길, 그가 일생을 걸고 도박한 쇠가죽장사에서 여지없이 망해 버리지 않았더라면 우리 역사 속에 남강 이승훈이라는 이름과 업적은 탄생하지 않았을 것이다.

왜냐하면 사람이고 짐승이고 한 번 자기의 모습을 탈바꿈하려면 그에 필요한 여건과 자극, 심신에 뼈저린 아픔과 고통이 있지 않고서는 불가능하기 때문이다. 논두렁에 기어 다니는 뱀 한 마리가 허물을 벗고 새로운 모습을 갖추어 나오는 데도 목숨을 걸다시피 한 아픔을 견뎌야만 한다. 하물며 사람이 심기일전하여 어제의 이승훈이 내일의 이승훈으로 탈바꿈하는 일이 어찌 쉬울 수 있겠는가? 그에게도 허물을 벗는 데 필요한 아픔과 고통이 따랐을 것이다.

이승훈은 조용한 사랑방에 두 발을 뭉개고 앉아서 책장을 넘기던 선비가 아니었다. 그는 발바닥이 부르트도록 많이 걸어 다닌 사람 중의 하나다. 평안도, 황해도, 서울, 인천, 더 멀리는 중국의 여구, 무순까지 돈을 벌기 위해서는 어디든 찾아다닌 장돌뱅이였고, 살아 있는 거리의 학문과 길거리의 인심을 직접 몸으로 배운 사람이다. 또 청일·러일전쟁의 아프고 쓰라린 대세의 역사가 끼치고 간 회오리바람을 직접 몸으로 맞으면서 뼈저리게 역사의 변동을 배우기도 했다.

그는 큰 장사를 하는 동안 한시도 국제 정세나 국내 사회의 변동 등에 무감각할 수 없었다. 바깥의 여건들에 대해 울부짖고 바로 잡으려고 하는 평안도 기질의 장사꾼으로서 그는 내심 무언가 느끼고 깨닫기도 했다. 하지만 만약 그가 1905년에 쇠가죽 장사로 물질적, 심리적 타격을 입어 재기불능의 절망에 빠지지 않았다면 그는 과감하게 제2의 인생을 시작하지 못했을지도 모른다.

이승훈은 56세 때 3·1 운동에 가담한 33인 중의 한 사람이었다. 그는 기독교계 대표이자 목사의 자격으로 33인에 가담했지만 실제 그가 목사가 되기 위해 평양신학교에 입학한 것은 52세 때였다. 수염이 희끗희끗한 이승훈이 왜 그 나이에 목사가 될 생각을 하고 신학교에 들어갔을까?

산전수전 다 겪고 인생의 온갖 쓴맛, 단맛을 맛봤던 이승훈이 뒤늦게 성경책을 들고 신학교 문을 두드릴 때는 황혼의 한가한 마음은 아니었다. 왜냐하면 그 무렵 이승훈은 '105인 사건' 이후 징역 10년을 선고받고 4년여 옥고를 치른 후 세상에 나와 할 일이 태산 같았고 다시 한 번 심기일전하여 인생을 새롭고 값있게 출발하지 않으면 안 될 바쁜 몸이었기 때문이다.

종교 생활의 중심으로 뛰어든 이승훈은 어쩌면 서북 지방 사람들 마음속의 최대공약수를 찾아 들어간 것이라고도 할 수 있다. 대동강 물이 맑아서 요단강 물줄기와 통해 서북 지방이 예수 잘 믿는 땅이 된 무슨 지리적인 여건이 있었던 것은 물론 아니다.

평안도 사람들의 마음속에 뿌리박혀 있는 것은 조선왕조 5백 년 동안 중앙정권에서 소외되었던 평치(평안도 사람을 얕잡아 부르는 말) 사상이었다. 난리가 나면 평양 병정이고 평양 박치기고 돌팔매질로 앞장세워 화살받이로 삼으면서도 그 숱한 난리에 시달려온 평안도 사람은 높은 벼슬에서 소외되었다. 그래서 그들은 수백 년 쌓인 마음의 멍울을 참다못해 홍경래 난을 일으켰던 것이다.

반보수적이고 반체제적인 저항 기질, 진취적 기상을 지닌 그들이 한말 이래 급작스레 들어와 퍼진 기독교 문명의 텃옷이 되었던 이유는 바로 그런 사회적, 심리적 여건, 즉 평치사상을 바탕 덕에 다른 어떤 지방보다도 재빨리 뿌리내릴 수 있었던 것이다. 개화기에 평안도에서 움이 돋았던 평민적 기독교 문명은 유교적 전통에 오래오래 길들여져 있던 경상도나 전라도 등에서는 싹을 틔우지 못했다. 개화기 이래 민중을 주도한 대다수의 사람들이 평안도 출신이라는 것도 바로 그 때문이다.

하기야 기독교 문명만이 아니라 구왕조 말엽 전라도 지방에서 일어나 경상도, 충청도로 파급되었던 동학사상도 혹독한 외세의 개입으로 정작 본고장인 전라도에서는 잔인하게 짓밟혀 씨가 말라버렸지만 오히려 10년, 20년이 지나 평안도 쪽에서 고개를 쳐들고 열매를 맺었던 것 역시 이런 이유에서 설명될 수 있다.

평안도 사람들의 정신적 지주라고 할 수 있는 평등사상과 부패한 왕조에 대한 반봉건적 기치는 홍경래가 마지막으로 피를 뿌렸던 정주성 이야기로 시작된다. 좋건 싫건 평안도에 살면서 정주성 홍경래의 난리 물결에 한 번씩 휩쓸리지 않은 사람이 없었을 것이다. 홍경래 난이 끝난 뒤 정주성은 피바다를 이루고 폐허로 버려졌다. 그러나 웅숭깊은 평안도 사람들의 기질은 잡초처럼 일어나고 뻗어 폐허가 되었던 정주성에는 10~20년 만에 다시 사람들이 몰려들어 큰 도읍을 이루었다.

여주 이씨 집안이던 이승훈의 선조는 4, 5대 조까지 의주에서 살다가 할아버지 대에 선천으로 옮겼고 다시 살 길을 찾아 이승훈이 세상

동학운동
동학군의 전투 장면 상상화. 동학혁명은 우리나라 역사에 있어 최초로 민중의 자각에 의한 전국적 농민항쟁으로서 근대사회를 여는 계기가 되었다.

에 태어나기 7년 전에 정주성으로 들어왔다고 한다. 이승훈의 집안이 4, 5대 조이래 어느 지방에도 뿌리를 내리지 못하고 이리저리 옮겨 다녔던 것으로 보아 별반 내놓고 자랑할 만한 집안 내력이 없었던 모양이다. 내놓고 자랑하기는커녕 1864년 이승훈이 세상에 태어났을 때에는 그야말로 끼니를 잇기도 어려울 정도였다.

이승훈의 아버지 이석주는 그렇게 가난에 찌들어 있으면서도 지게 지고 남의 집 품이라도 팔 생각조차 하지 않았다. 어떻게 배운 글인지는 모르나 그는 가끔 책을 내놓고 진서眞書(예전에 우리글을 언문이라 낮추어 부른 데에 상대하여 한문을 높인 말)를 읽거나 남의 집 인삼 약포를 보아 주고 손바닥 만한 텃밭에다 배추 농사나 좀 지었지 활동적인 점이라고는 도무지 눈 씻고 찾아봐도 없는 사람이었다. 글줄 읽는 것도 잘만 하면 동네마다 있는 서당방 훈장 노릇이라도 하여 남들이 밥 먹을 때 죽이라도 먹을 수 있었을 텐데 아마 사서삼경을 줄줄 외워 가면서 남을 가르칠 정도는 못 되었나보다. 그러니 무능력한 남편을 두고 손이 갈퀴발이 되도록 일하면서 돌아다녀야 했던 이승훈의 어머니는 그를 낳은 지 불과 여덟 달만에 영양실조와 산후 덧이 겹쳐 세상을 떠나 버렸다.

태어난 지 여덟 달 만에 어머니를 여읜 이승훈은 할머니의 손에서 동냥젖을 먹어 가면서 겨우겨우 자랐다. 이승훈은 여섯 살 되던 해에 정주읍에서 동쪽으로 좀 떨어진 납청정으로 이사를 했다. 납청정으로 이사 온 이승훈의 아버지는 유기를 받아다가 길가에 벌여 놓고 장사를 하여 끼니를 이어가려고 했지만 그것도 신통치 못 했던 모양이다.

장사래야 길가에 나와 숟가락 나부랭이를 늘어놓고 앉아 있는 것이 고작이었지만 그것도 그리 쉬운 일은 아니었다. 비위도 없고 수완도 없고 그렇다고 내놓고 싸구려를 부르면서 떠들 적극성조차 없는 이석주의 숟가락 장사는 시나브로 늙은이 앓듯 하다가 별 재미를 못보고 걷어치우게 되었다. 그동안에 할머니는 이승훈을 데리고 산으로 나무를 하러 다닌다든지 남의 집 품을 팔거나 아니면 밭을 매러 다니다가 그래도 크는 자식이라 어떻게든지 눈을 띠어 주려고 이승훈을 서당에 보냈던 모양이다.

그러나 이승훈은 일 년도 제대로 다녀 보지 못하고 서당을 그만둬야 했다. 그가 납청정으로 이사 온 5년 뒤, 즉 이승훈이 열 살 나던 해에 할머니가 앓아눕더니 열흘도 못 되어 세상을 떠났고 뒤이어 두 달도 못 지나 아버지마저 죽어 버린 것이다. 이승훈은 이제 15세 된 형 이승무와 단둘이 남아 집안을 이끌어가야 할 입장이 되었다.

이승무는 살길을 찾아 이리저리 남의 집살이도 하였고 때로는 어린 동생과 함께 길가로 툇마루가 난 봉놋방을 얻어 막걸리와 밥장사를 하기도 했던 모양이다. 그런데도 그들의 생계는 항상 위협을 받고 살길이 막막했다. 이승훈은 그저 앞이 캄캄하고 슬플 뿐이었다.

4년 동안 가래침 요강을 부신 보람

그러자 불행한 소년 승일(이승훈)은 어떤 사람의 소개로 임일권이라는 큰 부잣집에 잔심부름하는 방사환으로 들어가게 되었다. 임일권은 그때 돈 있는 사람들이 하던 대로 돈으로 직임을 사서 박천군수 차함借啣을 가졌기 때문에 사람들은 그를 임 박천이라고 불렀다. 임 박천은 납청정 거리에서 제일가는 부자로 유기 제조공장을 몇 개나 가지

유기
오늘날의 유기 그릇

고 있고, 그 제품을 직접 자기 집 사랑에서 도산매하는 공상업을 겸하는 큰 상점도 가지고 있었다.

결국 먹고살 길이 없던 이승훈은 납청정 유기 마을에서 제일 부자이던 임일권의 집 사랑방 심부름꾼으로 들어가서 지내게 되었다. 당시 납청정은 서북 지방 최대의 유기공업을 일으키던 곳으로 안성유기와 울산의 담뱃대 공업과 함께 명성을 떨치던 고을이었다.

골목마다 흔히 있는 철물공업은 대개 낫, 호미, 쟁기, 괭이, 쇠스랑 등의 농기구를 생산하고 있었지만 유기공업이란 농기구 철물공업보다 훨씬 고도의 기술이 필요하다. 놋대야, 놋양푼, 놋밥그릇, 놋대접, 놋종지에서 놋숟갈, 놋요강에 이르기까지 놋기구 일체를 생산해 내던 납청정은 조선 중엽부터 전통을 이어와 평안도의 모든 유기제품을 전부 공급하다시피 했다. 장사가 잘되어 큰 부자들이 이곳에 돈을 대주었기 때문이다. 이승훈의 아버지 이석주가 정주성 안에서 살다가 납청정으로 이사를 온 이유도 활발한 공업도시이니 뭐라도 돈벌 거리가 있을까 하여 찾아왔던 것이다.

임 박천은 이사한 지 5년 만에 고아가 된 이승훈을 그래도 얼굴이

둥그스름하고 얌전하게 생겨 데려다가 밥을 먹이고 사랑방 요강 부시는 일이라도 시킬까 해서 집안에 들였던 모양이다.

이렇게 하여 열한 살 난 이승훈은 임일권의 집 방사환으로 들어가 잠은 그 사랑 윗목에서 자고 그 집에서 먹고 주인 영감의 타구 요강 비우기, 방 쓸고 걸레 치기, 손님이 오면 재떨이 화로 가져다 놓는 일이 일과였다.

서당을 다니다가 하루아침에 모든 꿈이 무너지고 남이 뱉어 놓은 가래침 요강이나 부시고 부지깽이를 들고 부엌에 들어가 사랑방 군불이나 때면서 온갖 잡동사니 유기장수들 틈에서 담뱃불 화로나 끼고 새우잠을 자려니 아무리 어린 꼬마지만 생각하면 아득하고 가슴이 무너지게 슬픈 일뿐이었다. 그러나 슬프고 아득한 일만을 황소란 놈 여물 새기듯 아구아구 씹어 봤자 밤잠이나 설치고 눈두덩이나 퉁퉁 부었지 그것이 밥이 되는 것은 아니었다. 아무리 그립고 그리운 할머니 생각이지만 생각 자체가 숟가락에 밥 담기는 일이 아닌 바에야 하루하루 바쁜 일과에 쫓겨 그는 슬퍼할 겨를도 없었다.

그러나 이승훈은 아침저녁으로 주인 영감이 뱉어내는 가래침 요강을 싫은 표정 하나 없이 깨끗이 부셨다. 세수를 하러 나갈 때면 으레 주인 영감 임일권의 머리맡에 놓여 있는 가래침 요강을 들고 나가 부시는데 물을 조금 부어 공중에 들고 홰홰 내두르면 가래침이 떨어져 그것을 잿간에 부어 버리고 두어 번 요강에 마른 재 한 주먹을 넣어 수세미로 싹싹 씻어서 물로 헹궈 가져다 두었다. 이렇게 궂은일을 하고도 틈만 나면 그는 사랑방에 나가 각처로 유기행상을 다니는 사람들의 이야기를 귀담아 들었다.

여름이나 겨울이나 이 장에서 저 장으로 유기 보따리를 짊어지고 흘러 다니는 장돌뱅이인지라 버선발에는 때가 끼고 고린내 나기가 일쑤였고 언제 저의 집 아랫목에 편안히 누워 속곳을 벗어 빨아 입었으랴! 속곳은 온통 땀내로 퀴퀴하게 절었는가 하면 상투 머리서 슬슬 기어 다니는 것은 서캐였다. 이불을 젖히면 퀴퀴한 땀내와 인내가 절어 있지만 어린 이승훈은 싫다 소리 없이 그 방에 군불 때고 이불 널어 말리고 하면서 온갖 부스럼딱지 같은 사랑방 얘기에 걸늙어 갔다.

그러나 호랑이를 잡으려면 호랑이굴에 가야 하듯이 돈을 잡으려면 장돌뱅이 사회를 알아야 하고 좋건 싫건 간에 유기장사들의 경험담을 귀담아 들어야 했다.

주인이 경영하는 유기공장은 사랑에서 조금 떨어진 곳에 있었는데 주인이나 손님의 부탁으로 하루에도 몇 차례씩 그곳에 가게 되었다. 처음에는 공장에 가면 요란한 소리가 나고 사람들이 왔다 갔다 할 뿐 뭐가 뭔지 몰랐으나 차츰 그 공장에서 하는 일의 종류와 공정을 알게 되었다. 매사에 세심한 관찰력을 가진 어린 이승훈은 틈만 있으면 공장에서 되어가는 일 하나하나에 주의하기 시작하였다. 공장에서는 주석과 구리를 섞어서 놋쇠그릇과 퉁쇠그릇을 만들어 내고 있었다. 놋쇠그릇은 놋쇠를 두들겨 만들고 퉁쇠그릇은 먼저 고운 흙으로 본을 만들고 퉁쇠를 뜨거운 불에 녹여 액체 상태가 되게 한 후에 그 쇳물을 본에 부어 만들었다. 그렇게 본에 부어 만든 후 겉에 있는 본을 깨치고 보면 모양은 그릇이 되었으나 빛이 검고 우툴두툴한 데가 많았으므로 그 그릇의 안팎을 기계로 깎아야 한다. 깎아내면 비로소 빛이 반짝반짝하고 평탄하여 완전한 그릇이 되었다. 그렇게 놋쇠를 두들겨 만드는 그릇 한 개에는 놋쇠가 몇 냥쯤 든다는 것을 저울에 달아 가지고 쇠망치로 두들겨 평평하게 늘여서 그릇 모양을 만드는 것을 보면 알게 되었다. 그렇게 두들겨 만드는 그릇은 쇠가 좋아야 한다. 만일 쇠가 나쁘면 두드릴 때 깨지거나 부러졌다.

이승훈은 공장과 행상들의 봉놋방, 주인 영감의 사랑방 등을 오가면서 유기공장의 일을 하나하나 배워 나갔다. 놋쇠 몇 근을 두들기면 놋대야 몇 개가 나오고 퉁쇠는 몇 근을 녹여 무엇을 만들면 얼마짜리가 나오는데 그것을 행상들에게는 얼마나 넘기며 행상들은 그것을 가지고 어디 장에 가면 얼마를 받고 어느 마을에 가면 어느 집 사람들에게 가을에 쌀 얼마를 받기로 하고 외상을 내준다는 것 등을 배웠다.

방사환으로 들어가 가래침 요강을 부신 지 4년 만에 그는 주인 영감에게서 장기 쓰는 법과 편지 쓰는 법 등도 배웠다. 즉 장부를 정리하는 법과 상업문서 처리하는 법 등을 배운 것인데 사람이 똑똑하고 속일 줄 모르는 인품을 값있게 샀던지 임일권은 열네 살 먹은 이승훈에게 자기가 거래하는 행상들이나 외상으로 물건을 놓았던 집에 수금하러 가는 일도 맡겼다.

이승훈은 뒷날 거상으로 일가를 이룬 사람이기도 하였지만 그런 것이 모두 가만히 앉아서 얻은 열매가 아니었다. 남다르게 부지런하고 또 남다르게 자기 발로 많이 걸어 다니며 세상 물정을 살핀 데도 이유가 있었지만 그보다 먼저 그가 평생 사는 동안 신조로 삼았던 조그마한 습성에서 하나하나 열매를 맺었던 것이라고 한다.

나중에 이승훈이 민족적 추앙을 받는 귀감으로서 수양을 쌓고 또 많은 사람이 바라보는 위치에 서게 되어 스스로 몸가짐을 조심했을 것은 당연하다. 그러나 이승훈이라고 해서 처음부터 근엄하고 행실이 바른 허물없는 사람은 아니었다. 그도 44세 때 생활을 정리하고 인생을 새롭게 시작하기 전에는 골패를 손에 쥐고 노름도 했고 얼굴이 불

콰하게 붓도록 술도 마셨고 염소처럼 빠끔빠끔 담배 피우기도 좋아한 사람이었다. 또 장사꾼이 도학군자처럼 눈 딱 감고 앉아 경문을 외거나 입으로 부처님 가운데 토막이나 공자님 가슴팍에 든 소리나 하고 있어서야 돈이 모이겠는가? 아무리 세상에 굴러다니는 돈이라도 남보다 먼저 차보려면 경쟁을 해야 한다. 돈벌이 경쟁에 나선 이상 치열하게 뛰고 때로는 수단 방법을 가리지 않고 돈그물을 쳐야 했다. 이승훈이라고 해서 덮어놓고 미화하거나 성인시하는 것은 말이 안 된다.

그러나 그런 가운데서도 이승훈은 다른 많은 장사꾼들을 물리치고 거금을 잡을 수 있었고 값있는 제2의 인생을 살 수 있었다. 그 이유는 말할 것도 없이 어려서부터 그는 이승훈이 이승훈답게 될 수 있는 자질을 길렀기 때문이다. 이승훈은 어릴 때부터 세 가지 신조가 있었다고 한다.

첫째, 바로 걷는 것.

둘째, 어디에 기대지 않고 바르게 앉는 것.

셋째, 무슨 물건이나 조심스럽게 다루는 버릇이다.

바로 걷는 것은 이승훈의 걸음걸이 철학으로서 그가 뒷날 민족의 지도자로 만인의 존경을 받을 때에도 입버릇처럼 말했던 대목이다.

남에게 절대 기대지 않는 완강한 철학

이승훈은 오산학교를 세운 뒤로는 정거장에서 내려 용동집에 들르지 않고 학교로 쏜살같이 달려오곤 했는데 이것은 등짐장수 시절에 걷던 습관 때문이다. 걸음걸이에 대해서 그는 독특한 생각을 가지고 있었다.

걸음 걸을 때는 자세를 바로 해야 한다는 것과 걸을 때 땅을 내려다보거나 딴 생각을 해서는 안 된다는 것, 양반 흉내를 내어 느릿느릿 걸어서는 안 된다는 것, 한 걸음 한 걸음 일정한 속도로 한결같이 걸어야 한다는 것, 가다가 도중에 쓸데없이 지체해서는 안 된다는 것과 먼 산을 쳐다본다든지 손을 내저으면서 콧노래를 해서는 절대로 안 된다는 것….

이밖에도 걸음에 대한 이승훈의 철학이 있었다. 그가 학생들을 가르치는 데 계속적인 전진이라는 뜻으로 '나음나음.'이라는 말을 썼고 자기 동상을 서 있는 자세로 만들지 말고 걸어가는 자세로 만들라고 한 말이 모두 그가 보부상 시절에 터득한 교훈에서 나왔다. 이만큼 이승훈은 걸음걸이에 독특한 철학을 가진 사람이었는데 이것은 곧 쉬지 않고 자기 인생을 전진시켜 나가는 것을 뜻했다.

이승훈은 또 남의 집 사랑방 요강 부시던 시절부터 어디에 기대앉는 일이 없었다고 한다. 이것은 얼핏 생각하면 아무것도 아닌 것 같지만 어려서부터 의타심이 없었던 것을 얘기하고 있다. 남에게 몸을 기대고 앉는 것은 참으로 편하고 즐거운 일이다. 여남은 살 먹을 때까지 더운 날에도 할머니나 어머니의 몸에 기대고 앉아 있으면 시원하고 좋았던 기억이 있을 것이다 .

의타심과 몸을 기대는 버릇은 얼른 버리기 어렵다. 남에게 몸을 기대지 않는 버릇이 이승훈이라는 인간을 형성하는 데 있어서 얼마나 값진 역할을 했느냐 하는 점은 열네 살이었던 그가 임일권 상점의 수금원으로 돈을 받으러 갔을 때의 한 일화에서 나타난다.

여기저기 거래를 하고 있던 주인 임일권은 그날 이승훈을 불렀다.

"영변 아무곳 아무개한테 가서 유기 값 얼마를 받아 오너라."

이승훈은 납청정에서 영변까지 수십 리 길을 부지런히 걸어 찾아갔다. 그런데 영변에 사는 아무개는 어지간히 뺀들뺀들한 사람이었던지 이 핑계 저 핑계로 유기 값을 주지 않고 해거름녘에 가서야 "다음 장날 오너라."라며 미뤄 버리는 것이다.

유기 값을 받으면 이러고저러고 해야지 하고 생각했던 어린 이승훈은 저녁때가 되어서야 돈 한 푼 없이 점심까지 굶은 채 걸음을 재촉하여 다시 수십 리 길을 돌아와야 했다.

늦가을 몸은 으슬으슬 떨려 오는데 노루 꼬리만큼 남은 해를 밟으면서 정신없이 주인집으로 돌아오던 길이었다. 점심을 굶은 이승훈이 종일 신경전을 벌이다가 맨손으로 돌아오려니 몸도 피곤하고 길동무조차 없어 심심하던 판에 마침 도중에서 잘 아는 노인 한 분을 만나게 되었다.

노인과 같이 오자니 아무래도 걸음이 더딜 수밖에 없었고 노인 역시 무슨 일로 영변에 갔다 오는지 몰라도 노자조차 넉넉하지 않았던 모양이다. 결국 노인도 지치고 이승훈도 지쳤다. 아무리 길이 멀고 또 많이 남았다고 해도 엿가락이라도 사먹고 술잔이나 걸쳐 뱃속이 뿌듯해지면 호랑이가 물어갈까 봐서 길을 못 갈 바는 아니지만 이렇게 속이 허하고 지쳐서는 길 걷는 일이 이만저만 고역이 아니었다. 노인은 평지원 가까이 오더니 입을 열었다.

"애야 우리 배도 고프고 몸도 고단하니 저기 들어가서 좀 쉬어 가자."

"저기라니요?"

"아, 저기 평지원 거북 마을에 사는 김 진사 집 말이다. 너도 배고프지? 나도 배고파서 오늘은 더 못 걷겠다. 암만해도 오늘 해 안으로는 집에 돌아가기는 힘들 테니 저 김 진사네 사랑에 가서 하룻밤 신세를 지자고."

"김 진사 댁 사랑이 넓은가요?"

"넓다 뿐이냐? 김 진사가 어찌나 마음이 좋은 양반인지 자기 집 앞을 지나가는 나그네를 보면 그냥 보내는 법이 없지. 그 집에만 들어가면 술도 있고 떡도 있어 배고픈 김에 우리 들어가서 술도 먹고 떡도 먹고 편안히 쉬어가자."

"그 집에서는 왜 그렇게 지나가는 나그네를 후하게 대한데요?"

"인심을 얻으려고 양객養客(손님을 치름)하는 거지."

"정 그러시면 노인장께서나 들어가서 쉬었다 오십시오. 저는 그냥 가렵니다."

"뭐? 그냥 가다니? 아, 너는 점심도 굶었는데 저녁까지 굶고 길을 갈래? 날은 이렇게 춥고 배는 고프고 이러다가는 큰병난다. 아무 소리 말고 나랑 김 진사 댁에 들어가서 저녁을 얻어먹자, 인석아!"

"말씀은 고맙지만 제 볼일로 다니는데 왜 공연히 남의 집 술과 밥을 얻어먹고 다닌답니까? 저는 그냥 갈랍니다."

노인과 이승훈은 길가에서 김 진사 댁에 들어가서 술과 밥을 얻어먹고 가자, 제 볼일로 다니면서 남의 집에 들어가 얻어먹을 수 없으니 그냥 가겠다 하며 옥신각신했다.

배고픈 김에 들어가 떡과 밥을 얻어먹고 편안히 쉬어 가면 제 몸편한 줄을 이승훈이라고 몰랐을 리 없다. 그런데도 그는 완강하게 경우를 따져 까닭 없이 남에게 의탁하고 남의 집에 들어가서 하룻밤이라도 의지하는 것을 꺼렸던 것이다. 이렇게 노인과 소년이 김 진사 집 앞에서 실랑이를 벌이자 마침 대문을 나왔던 집주인 김 진사가 그 광경을 보고 이승훈을 다시 보았던 모양이다. 그래서 자기 집에 들어가 쉬고 가도록 일렀으나 이승훈은 끝내 이를 거절했다.

"진사님 고마운 말씀이기는 하지만 저는 제 볼일로 다녀오는 길이니 그런 폐는 끼치지 않겠습니다."

할 수 없이 노인도 이승훈과 함께 다시 길을 나서서 5린가 10리를 더 걸어 가난하게 사는 자기 누이네 집에서 쉰 조밥을 얻어먹고 하룻밤 묵었다고 한다. 그 일을 두고 이승훈은 말했다.

> 영변에 수금하러 가서 돈을 못 받고 점심도 못 먹고 오다가 아는 노인을 만나 같이 걸어오는데 아, 글쎄 내 일로 다니면서 부잣집에는 왜 들어가… 그 노인은 서당에 들러 술이 취해 나왔는데 그 노인의 가난뱅이 누이 집에서 쉰 조밥 먹고 자니 속이 얼마나 편할라고….

아무것도 아닌 일 같지만 어린 이승훈에게는 뒷날 거상으로 일가를 이룰 수 있는 강한 독립심이 있었던 것이다. 이승훈의 일에 감탄한 김 진사는 뒷날 둘째 아들 김자열을 이승훈이 세운 오산학교에 보내 글을 배우게 했고 그 김자열이 바로 남강 이승훈의 사위가 되었다.

보부상으로 자리매김하다

이승훈은 열다섯에 장가를 들어 이도제의 딸을 아내로 맞았다. 열 살 때부터 6년 동안 임일권의 집에 방사환으로 들어가 수금원이 될 때까지 그는 새경을 받아 푼푼이 저축한 30냥으로 독립한 것이다.

어엿하게 장가들어 색시까지 데려다 놓은 이승훈은 비록 열다섯 살이지만 성숙하여 상투를 틀고 나니 제법 어른 티가 났다. 그는 장가들어서까지 남의 집 가래침 요강이나 부시고 사랑방에서 화로를 끼고 새우잠을 잘 수는 없었다. 우선 살림을 나야 하고 새살림을 나자니 이것저것 장만해야 했다. 숟가락 나부랭이며 이불, 상다리까지 모든 것이 신접이라 새경으로 받았던 30냥은 온데간데없이 사라졌다. 그러나 이승훈은 즐겁기만 했다. 우선 참하게 생긴 색시가 마음에 들었을 뿐만 아니라 부모조차 없는 고아 신세로 집도 절도 없이 남의 집 사랑방에서 헌 이불을 덮고 자다가 포근한 이불 덮고 색시를 끼고 자니 그 재미가 여간 오순도순한 게 아니었다.

한 사흘 동안 장가간 재미를 마음껏 즐긴 뒤 그는 장삿길을 떠나기로 했다. 주인집 임일권에게서 외상으로 숟가락 한 짐을 얻어 행상을 시작하기로 한 것이다.

이것이 이승훈이 세상에 태어나 처음 해본 제 장사였다. 그는 숟가락 한 짐을 보따리에 싸 짊어지고 장돌뱅이 길로 나섰다. 장돌뱅이가 별다른 것이던가? 물건을 가지고 이 장 저 장으로 다니면서 행상을 하는 것이 장돌뱅이다.

그때 매매, 즉 물품 거래라는 것은 대개 중요한 곳에 장거리가 있고 거기에 장이 선다. 장날이 되면 사방에서 장사하는 상인들이 물건을 가지고 와서 장을 벌였다. 장거리에서는 그곳에 상점을 차리고 앉아서 파는 좌상도 있고 장날을 따라다니면서 물건을 짊어지고 다니며 파는 행상도 있었다. 이 행상들이 벌여 논 길바닥 가게에선 항상 좌상들보다 싼값으로 팔았다.

보부상이란 별다른 게 아니다. 무거운 물건을 등에 짊어지고 다니면서 파는 새우젓장수, 나무장수, 도구통장수, 키장수 등은 부상이고 숟가락장수, 방물장수, 필목장수들처럼 보따리에 싸 짊어지고 다니면서 파는 것은 보상이다.

이승훈은 숟가락 보따리를 짊어지고 다니면서 초하루 엿새로 열리는 정주장, 이틀과 이레로 열리는 고읍장, 사흘과 여드레로 열리는 청정(납챙이)장, 나흘과 아흐레에 열리는 운전장, 닷새와 열흘에 열리는 곽산장으로 떠돌면서 부지런히 행상을 했다.

옛날의 장날은 온종일 싸구려를 부르면서 열리는 것이 아니라 대개는 그날 아침 일찍 날이 새기 전에 매매가 성립되어 아침 반나절만 되면 벌써 파장이 되어 버리기 일쑤였다. 그래서 등짐장수들은 전날 저

보부상
조선 후기 보부상들의 모습. 유기 장수의 지게에는 놋쇠로 만든 유기가 잔뜩 얹혀 있다.

녁에 미리 가서 기다렸다가 새벽장을 열기도 했고 때로는 부지런히 장날에 들어가 남의 집 처마 밑에 서서 날 밝기를 기다렸다가 좋은 목을 잡아 얼른 전廛을 벌이기도 했다.

이승훈도 숟가락을 보따리에 싸서 짊어지고 행상하는 사람들을 따라서 많은 밤길과 새벽길을 걸어야 했다. 그러는 가운데 이승훈은 차츰 그 유기행상에 익숙해지기 시작했다. 어느 장에서는 유기가 많이 나가고 또 그것도 자리는 어디가 좋고 시기는 어느 때가 좋으며 또 어느 마을은 부촌이어서 유기를 많이 산다는 등 장사에 대한 견문이 점점 늘어났다. 또 그동안에 세상 형편에 관한 새로운 이야기도 많이 듣고, 달고 쓰고 즐겁고 추한 장바닥의 여러 가지 일을 경험하게 되었다.

이와 같이 장을 따라 다니는 행상 노릇을 하자면 봄과 가을은 서늘하여 그런대로 쫓아다닐 만하였지만 여름엔 덥고 겨울엔 몹시 추워 고생이었다. 겨울에 보통 영하 15~6도인 평안도 장바닥에서 추운 날 새벽길을 떠나는 고통이야말로 비할 데가 없었다. 그런 추운 새벽길이나 밤길을 걸을 때는 대개 술을 마시고 몸을 덥게 하는 사람도 있었지만 술만 깨면 도리어 추위가 심해져서 유기장수들은 비상砒霜(비석을 태워 승화시켜서 만든 결정체)을 사용했는데 비상을 싸라기만큼 먹고 나서 걸으면 아무리 추운 날이라도 몸이 후끈후끈하였다. 그래서 이승훈도 다른 행상들이 하는 것처럼 겨울에는 비상을 조금 먹고 짐을 지고 따라다녔던 것이다.

이 행상들은 마치 사막의 낙타들처럼 떼를 지어 다니곤 했다. 이승훈도 그들 사이에 끼어 짐을 지고 숨을 헐떡거리며 따라다녔다. 눈비가 내리고 캄캄해서 길이 안 보이는 밤길을 걷기도 어느덧 몇 년, 그 캄캄한 밤길을 따라 장날에 늦지 않게 대어 가려고 10리고 20리고 무거운 숟가락 짐을 지고 가노라면 그동안에 닭이 울고 동이 터 새벽빛을 받아 펼쳐지는 싱그러운 아침을 보면서 어린 행상 남강 이승훈은 기개와 희망을 기르기도 했다. 그 행상들 중에는 걸음을 빨리 걷는 사람도 있고 나이 먹고 힘이 부쳐 뒤처져 걸어오는 사람도 있었다.

그런데 납청정에 사는 이용화라는 사람은 키가 크고 기운도 세어 새벽길을 떠날 때는 비상을 조금 먹고 함께 떠나곤 했는데 어떻게나 걸음을 잘 걷는지 사람이 걸어가는 것이 아니라 산이 뒤로 가는 것이라고 할 만큼 발이 빨랐다. 이승훈은 걸음이 빠른 이용화를 놓치지 않고 뒤따라 다니느라고 항상 숨을 헐떡거리고 한겨울에도 온몸이 땀으로 철벅거릴 지경이었지만 이를 악물고 빠른 이용화의 뒤를 놓치지 않고 따라다녔다.

우리나라의 보부상도 조선왕조 500년 동안 필요에 의해 그들 나름대로의 특수한 조직과 체계를 지녔다. 한 손에 유척鍮尺(놋쇠로 만든 자)을 들고 머리에 솜뭉치 하나를 단 대패랭이를 쓴 차림새부터가 보부상끼리의 강렬한 유대의식과 단결의식을 고취시켰다. 애초 어느 사회에나 이런 장사들이 있었지만 보부상이라는 제도로 하나의 조직을 이룬 것은 조선 초기부터였다.

천민이니까 백정들처럼 대패랭이를 썼지만 그들이 패랭이에 달고 다니는 솜뭉치는 지워 버릴 수 없는 내력을 지니고 있었다.

고려 말엽 태조 이성계가 왜구를 소탕하기 위해 지리산 쪽으로 출병했을 때였다. 이성계의 막하에는 보부상 조직이 있었는데 그들은 군사가 움직일 때 그에 필요한 군량미와 병장기를 등짐으로 날라다 주면서 협조했던 것이다. 이성계가 왜구를 토멸하던 중 적의 화살을 맞고 피를 흘렸을 때였다. 마침 막하에서 종군하던 보부상 하나가 가지고 있던 솜뭉치를 꺼내 얼른 상처를 씻어 이성계를 살렸다고 한다. 그 후부터 보부상들은 대패랭이에다 솜뭉치 하나씩을 달고 다니게 된 것이다. 그리고 전국의 상권을 손에 넣은 보부상들은 나라에서 내리는 유척을 들고 손에는 물미장 짚고 전국 산천을 떠돌면서 봇짐장사를 하게 되었다.

이들은 길을 가는 동안 서로 낯선 봇짐장수를 만나면 인사를 했다.

"어느 인방 뉘시오니까?"

"어느 인방 아무개올시다."

아무리 길바닥 위에서라도 깨끗이 쓸고 상을 차려 놓고 임금이 내린 홍보紅褓(붉은 빛깔의 보자기)를 끌러 서로 통성명하는 인사법을 차렸다.

이들은 또한 왕조를 돕는 일종의 비상 조직으로도 이용되어 난리가 났을 때 왕정군을 종군하면서 무거운 군량미와 군장비를 수송하는 임무를 수행하는 것은 물론 급한 소식을 전할 일이 있을 때는 사발통문沙鉢通文을 띄워 그야말로 순식간에 전국에 소식을 알렸다.

인방들은 대개 소속 인방의 요소요소에 조직 거점이 있다. 가령 서울에서 공주로 사발통문을 띄울 때는 경기도 수원 보부상 인방에 사발통문을 전하면 수원에서는 그 다음 관내로, 또 그 관내에서는 그 아래 관내로 밤을 세워 가면서 릴레이식으로 전했던 것인데 통문의 빠르기는 그야말로 날개 달린 전신 전화만큼이나 신속했다.

그럴 수밖에 없는 것이 보부상들은 이 장에서 저 장으로 떠도는 동안 어느 길은 어디로 가고 어느 산모퉁이를 어떻게 돌면 어느 마을이 나오고 그 마을에 있는 큰 냇물은 썰물이 언제고 밀물이 언제여서 어느 때 물목을 건널 수 있다는 것도 손바닥처럼 훤히 알고 있을 뿐만 아니라 길을 잘 알기 때문에 한밤중이라도 쉬지 않고 통문을 가지고 뛸

수 있었던 것이다.

이런 엄청난 인방 조직은 구한말 갑오경장으로 깨지고 말았지만 한 때는 대원군 대감이 직접 팔도 보부상의 우두머리가 되어 그들을 동원하여 강화도 돌을 날라다 경복궁을 지었던 일화가 있다.

또 독립협회가 한참 정부를 공격하며 종로 거리에서 집회를 벌였을 때는 보수적 왕권을 옹위하는 조직에서 보부상 동원령을 내려 몽둥이로 독립협회를 쳐부쉈던 일은 유명한 이야기다.

보부상 조직은 독특한 규율도 지니고 있었다. 짐을 지게나 등에 짊어지고 이 장에서 저 장으로 떠도는 동안 때때로 그들은 장에서 그 고을 관료들로부터 억울하게 욕을 먹는 일도 있고 장바닥에서 싸움이 벌어져 얻어맞는 수도 있었다. 그럴 때면 보부상들은 신속히 인방을 통해 사발통문을 띄운다.

"아무 장날 아무 장터로 모이라!"

이러한 사발통문이 띄워지면 그들은 일시에 몰려들어 물불을 가리지 않고 집단으로 대항하기도 했고 어느 고을 원님이 보부상 조직에서 심하게 세금을 착취하거나 탄압할 때는 장날 보부상들이 일제히 철시해 버려 그 지방의 물화가 동결돼 버리는 일도 있었다.

물론 보부상들의 역할이란 상품의 유통과 함께 무거운 상품을 등으로 날라다 운반한다는 수송 수단에도 있었다. 그러나 철도가 놓이고 자동차가 다니면서 보부상들은 근대 신문명에 밀려 몰락할 수밖에 없었다. 그래서 개화 문명에 항거하는 보부상들은 작대기를 들고 의병 세력에 규합하여 왕조의 복고를 위해 산으로 들어가 버린 일도 많았다. 어쨌든 조선 중기 내지는 말엽까지만 해도 전국적으로 수십만 명의 보부상들이 서로 연락을 취하며 무시할 수 없는 세력을 형성하고 있었다.

보부상들은 한 고을에 들어가면 대개 그 고을 인방에서 먹고 자는 것이 통례였다. 인방은 고을에 들어온 어느 보부상에게나 잠자리를 제공했던 숙소이자 연락기관이었다.

보부상들은 한 번 장사 보따리를 지고 고향을 떠나 몇 달이고 몇 년이고 장을 따라 헤매는 동안 한 푼 두 푼씩 저축하여 나중에는 마누라를 얻는 수도 있다. 그러나 일정한 근거지에 안주하기 힘든 떠돌이 유민, 유랑 생활하는 그들의 풍습 때문에 새파랗게 젊은 마누라도 장바닥을 떠도는 일이 예사였다. 그러자면 자연히 숙소 문제가 따르는데 마누라를 거느린 보부상이라도 예외 없이 총각과 홀아비와 늙은이가 함께 뒹구는 인방의 큰 방에서 혼숙을 했다.

어떻게 생각하면 남녀 칠 세 부동석으로 남녀가 서로 얼굴 보기도 난처하던 세상에 어찌 한방에서 남의 마누라와 같이 혼숙을 하느냐 그렇게 하고도 아무 탈이 없는지 의심할지 모르지만 그들의 사회에는 혼숙을 가능하게 하는 지엄한 계율이 있었다.

동료 홀아비 총각들이 득실거리는 인방에 마누라를 거느리고 들어간 보부상은 한여름이라도 내외의 잠자리 주위에 발 하나만 내려치고 편안히 잘 수 있었다. 그래도 아무런 풍속 사건도 일어나지 않았다.

왜냐하면 보부상 사회에서는 인방에 들어온 남의 부인은 으레 아주머니고 그 아주머니가 벗어 놓은 미투리 짝도 함부로 건너가는 일이 없을 정도로 예의가 발랐기 때문이다. 동지적, 형제적 결속으로 서로를 위하고 도와주었고 혹 마음 시커면 총각이나 홀아비가 다른 보부상의 마누라를 넘보려 들키거나 그들 사회의 계율을 어겼을 때는 소위 '자문법'이라는 재판 제도를 통해서 엄징했다.

가령 보부상 사회의 계율을 어긴 죄인이 나오면 인방에 자리 잡고 있는 보부상의 우두머리가 작대기 두 개를 가로 묶어 마당 가운데 세워 자문을 만든다. 곧 재판을 시작하겠다는 선언이다. 계율을 어긴 죄인 보부상을 멍석에 둘둘 말아서 마당 가운데 놓고 언도하기에 따라 작두로 목을 베어 버리거나 아니면 멍석말이해서 오십 대, 백 대씩 물미작대기로 호된 매를 쳐 버릇을 가르쳤으니 이것이 곧 멍석말이 법칙이었다.

어쨌거나 이승훈도 열다섯에 숟가락 짐을 등에 짊어지고 이 장 저 장을 떠돌면서 발품을 팔아가며 장사를 시작했고 그 이듬해부터는 납챙이(납청정)의 유기를 들고 황해도 쪽으로 건너가 새로운 시장을 개척했다. 그가 열여섯에 황해도로 들어가 보부상을 하게 되는 경위를 다음과 같이 말하고 있다.

남강이 15세 되던 해에는 나이 어린 유기 행상으로 정주 일경을 돌아다녔는데 그 이듬해부터는 새로운 시장을 찾기 위하여 황해도로 나가게 되었다. 황해도 안악, 재령, 신천 등지는 옛날부터 땅이 기름지고 곡식이 많이 나는 곡창으로 유명했다. 이런 곳들의 장날이면 멀리서 온 나이 어린 행상은 낯선 풍물과 처음 듣는 사투리 속에서 유기 파는 일을 계속했다. 정주 납챙이 유기라면 이름도 났고, 이 지방 사람들은 생활도 넉넉하여 팔리는 수효는 날로 늘어갔다. 이승훈은 처음에는 유기를 등에다 지고 다니다가 팔리는 수효가 점점 늘어나자 나귀를 하나 사가지고 나귀 등에 유기를 싣고 다녔다. 정주에서 하던 유기 행상에 비하면 황해도 지방에서의 유기 행상은 물건이 여간 잘 팔리는 것이 아니었다. 평안도 지방에는 유기장수들이 샅샅이 돌아다녔기 때문에 단골들이 이미 다 잡혀 있어서 얼굴을 잘 아는 사람이 아니면 좀처럼 사 주지 않았고 처음 가는 뜨내기장수는 도저히 새로운 단골을 잡아 장사를 확장하기가 힘들었다. 그런데 황해도 지방으로 나와 보니 의외로 이곳은 평안도 납챙이 유기장수들이 아직 상권을 확보하지 못해 새로운 개척지와 같았다. 거기다 황해도는 인심이 매우 순박하고 생활이 풍족하여 장사하는 사람에게 약속까지 잘 지켜 주었다. 그뿐아니라 황해도 지방에서는 그때까지도 유기를 그렇게 많이 쓰지 않다가 품질이 좋은 납챙이 유기를 보자 여간 좋아하는 것이 아니었다.

옛날에는 시집, 장가가서 새살림을 나려면 일단 그릇부터 장만했다. 그래서 혼인철인 가을만 되면 놋대야, 놋요강, 놋숟갈, 놋양푼 등 생활 기구 일체를 새로 장만해서 놋그릇의 수요가 엄청나게 많았다.

이승훈은 얼굴도 반반하고 말씨도 싹싹한 데다 물건 값도 헐해서 새로운 개척지 동네 부인들에게 인기가 있었다.

유기 행상이란 우선 시절이 좋아 농사가 풍작을 이루는 가을에 한 몫 잡는 것이다. 이승훈은 아무 고을 아무 동네에서 아무개네 딸을 여읜다든지 아무개네 할머니 환갑잔치가 돌아온다는 등 잔칫날이나 대사 있는 집을 미리 수소문하여 알아 두었다가 물건을 대 주었다. 한 해 두 해 얼굴이 익고 그 집 살림살이를 짐작하게 되자 가을에 추수한 뒤에 받기로 하고 아무 때든지 유기를 주어 계절 월부 장사로 외상도 깔아 놓았다. 그러면 인심이 순박한 황해도 사람들은 한 번도 어기는 법 없이 가을걷이만 하고 나면 꼬박꼬박 갚아 주었다.

이승훈이 특히 재미를 본 곳은 재령평야를 중심으로 한 새로운 평야지대의 마을들이었다. 재령은 나물이 유명한 곳으로 옛날부터 쌀이 쏟아지던 땅이었다. 벌판이 어찌나 넓고 큰지 그 지방 사람들이 다 가

꿀 수가 없어 많은 땅들을 놀리고 있던 차에 사방에서 소작인들이 밀려들어 그 땅을 가꾸며 넉넉한 살림을 유지했던 것이다. 그렇게 놀리는 땅이나 새로운 개척지에서 농사짓는 사람들은 다른 지방보다 훨씬 싼 소작료를 물었기 때문에 자연히 생활에 여유가 있었고 그러다 보니 아들딸 여의는 데에 납챙이 유기를 많이 사 주었다.

나무리벌에 사는 사람들은 유기장수가 가기만 하면 짐털이를 하는 일이 가끔 있어 이승훈은 이 나무리벌로 들어갈 때면 미리 나귀나 소에 갖가지 유기를 구색 맞추어 싣고 들어가지만 사흘도 못 가 짐털이를 하고 나왔다. 다만 불편한 것은 신환포新換浦의 나루 건너기와 재령읍의 음료수가 귀한 것이었다.

재령읍은 들판 가운데 있는 마을들이어서 우물을 파도 붉은 논골물과 개울물이 솟아나와 모래와 숯을 통궤 속에 넣고 물을 걸러 먹었지만 그래도 여름철에는 곧잘 배앓이가 돌았다. 그래서 이승훈은 신환포로 갈 때는 미리 나귀 등에 따로 음료수를 담아 가져간 일도 있었고 유기장사에 겸하여 배앓이에 좋은 환약들을 가져가 약장사도 했다.

하여간 열여섯 살의 행상꾼 이승훈은 유기장사에 재미를 붙여 처음에는 등에 지고 다니던 유기짐이 늘어 나귀에 싣고 장사가 점점 번성하자 소달구지에 싣고 다녔다. 이렇게 하여 경험이 늘고 자본이 늘어 제법 알찬 돈을 벌게 된 것이다.

이러자 이승훈은 유기를 외상으로 깔아 가을에 쌀로 받아들였을 뿐만 아니라 농가에서 목화를 대신 받기도 했다. 그런데 황해도 재령, 은율, 신천 지방에서 나는 무진장한 목화가 이승훈으로 하여금 큰돈을 잡게 만들었다. 황해도 재령평야 일대에서 생산되는 목화는 전국적으로 유명했는데 이승훈은 그것을 해마다 몽땅 사들여 신환포 나루에서 배로 가득 싣고 평양이나 정주에 가서 팔아 큰 이익을 남겼던 것이다. 시집, 장가를 갈 때는 으레 새 솜으로 이불과 요를 만들기 때문에 목화 솜의 수요도 엄청나게 많았던 것이고 특히 평안도 사람들은 그 재령 평야에서 건너온 황해도 솜을 첫 해에는 이불솜을 넣어 쓰다가 그 다음해 그 이불솜을 꺼내 다시 베를 짜 입는 것이 보통이었는데 그렇게 하면 햇솜으로 바로 베를 짜 입는 것보다 훨씬 질기다고 하여 인기가 있었다.

바른 말로 유기공장을 세우다

열여섯 살부터 스물세 살 때까지 황해도로 들어가 돈을 번 이승훈은 1887년 스물네 살이 되어서야 고향으로 돌아왔다. 어지간히 한밑천을 잡자 이제는 직접 유기공장을 차려 수하에 행상을 두고 더 큰 장사를 해보고 싶었기 때문이다. 그러나 유기공장 하나를 새로 세우자면 우선 공장을 마련하는 것은 그만두고라도 한꺼번에 몇백, 몇천 근의 통쇠와 놋쇠 풀무 그리고 많은 행상들에게 외상으로 물건을 내줄 수 있을 만큼 튼튼한 자본력이 있어야 했다. 그러자니 적지 않은 자본이 필요했는데 이승훈은 그 엄청난 돈을 마련할 길이 없었다. 그러나 그는 유기공장을 세워 보고 싶은 의욕에 안간힘을 썼다. 행상 시절에 얻은 경험으로 이제 그 방면에는 이골이 났던 이승훈은 직접 공장을 두고 어엿하게 유기공장 주인 노릇을 해보고 싶었던 것이다.

결국 이승훈은 당시 평안도 지방의 유명한 부자인 철산 오희순에게서 돈을 빌려오기로 했다. 때마침 정주에 박창엽, 박순일 두 사람이 있

있는데 어려서 집이 가난했던 두 사람은 서른이 넘도록 장가도 못 든 총각으로 머리를 땋고 다녔다. 그러다가 어찌어찌하여 유기장사로 돈도 모으고 장가도 들어 제법 큰 부자 행세를 하게 되었다. 두 박씨는 자신들도 빈곤한 가정에서 태어나 자수성가한 사람들이었는데 장래가 유망한 이승훈의 뒤를 봐주기로 했다. 이승훈을 철산 오씨에게 소개해 주고 자금 융통에 두 사람이 함께 보증도 서 주었다.

이승훈은 평안도 거부 철산 오씨의 자금을 빌려다가 납청정에 어엿한 유기공장을 차렸다. 그 공장은 그가 한때 가래침 요강을 부시면서 밥을 얻어먹었던 임일권의 상점보다도 더 큰 규모여서 사람들을 깜짝 놀라게 했다.

철산 오씨의 집으로 돈을 빌리러 갔던 이승훈에게 재미있는 에피소드가 있다.

자기 보증을 서줄 박순일과 함께 철산 오씨네에 돈을 얻어내려고 찾아갔다. 그때는 요즘같이 은행이 없었던 터이므로 오씨네는 돈을 처치하기 위하여 신용할 만한 상점이나 공장에 돈을 대 주었다. 이승훈이 박순일을 따라 오씨네 사랑에서 묵는데 저녁에 주인 오희순이 나오더니 여러 손님 들으라고 자기 선조 묘소에 석물(비석) 세운 이야기를 하면서 금년 들어 가장 큰일을 했노라고 하였다. 거기 모인 사람들은 주인의 말이 떨어지기가 바쁘게 모두 어려운 일을 했다고 칭송하기를 마지않았다. 거기다 오희순은 자기 삼촌 아무개가 몇 번째 살림을 내주어도 돈을 다 없애 또 한 살림을 차려 주었지만 이런 일 저런 일을 생각하면 돈 많은 것도 그 난봉 삼촌 때문에 골칫거리라고 이야기를 했던 것이다.

오희순은 자기 집으로 돈을 빌리러 온 여러 행객들 앞에서 자랑삼아 집안 이야기를 하면서 삼촌의 신상 문제에까지 말이 미쳤던 모양이다. 그런 이야기를 한참 자랑스럽게 하고 있는데 아직 나이도 어리고 처음 찾아온 이승훈이 아랫방 윗목도 아니고 윗방 윗목에 앉아 듣고 있다가 여러 사람의 말이 끝나자 조금 앞으로 나서면서 얘기하는 것이다.

"영감님이 자기 집 산소에 석물을 해 놓은 것이 여러 사람 앞에 무슨 자랑할 일이 됩니까? 자기 집 일을 한 것이니 그것은 자랑할 일이 못 됩니다. 거기다 여러 젊은 사람 앞에서 삼촌 얘기를 그렇게 하는 것은 도리에 맞지 않습니다."

이렇게 나서면서 말했다. 오희순은 돈을 빌려가려는 사람들로부터 무슨 일이든지 잘하는 일이고 옳은 일이라고 입에 침이 마르도록 칭송만 들어왔다. 사실 사람의 마음이란 묘한 것이어서 그런 말을 들으면 자기에게 아첨하는 줄 알면서도 기분이 나쁘지 않은 법이다. 그런데 늘 흉허물 없이 다니는 행객도 아니고 또 자기와 낫살이 비슷한 친객도 아닌 처음 보는 귀때기 새파란 이 서방이란 자가 당돌하게 나서서 말꼬리를 잡자 오희순은 기분이 확 나빠졌다.

"고얀 놈, 저렇게 입바른 소리 잘하는 놈이 어떻게 장사꾼 노릇을 해! 그저 장사라는 것은 구렁이 담 넘듯이 한 자락은 이리 걸치고 한 자락은 저리 걸치고 눈치껏 돈을 빌려다가 제 이문만 차리면 되는 것인데 여기가 무슨 서당방 강론하는 덴가? 공자님 도덕 말씀을 대보는 덴가? 젊은 사람이 상당이 되똥 바라지고 배꼽 튀어나온 소리를 하는구나!"

오희순은 혼자 얼굴이 벌겋게 상기되어 달다 쓰다 더 꼬리 달아 말을 이을 것도 없이 안사랑으로 휭 하니 들어가 버렸다. 그러자 사랑방에 모였던 여러 행객들은 얼굴이 노래졌다. 그중에서도 가장 놀라고 화가 났던 것은 이승훈의 보증을 서기 위해 함께 왔던 박순일이었다.

"아, 이 사람아! 무슨 입이 그렇게 뾰족한가? 자네 때문에 내 일도 망했네. 아, 돈을 얻으러 와서 주인 영감의 비위를 거슬러 놓았으니 이 무슨 방자한 수작인가?"

그러자 사랑방꾼들도 맞장구를 쳤다.

"매 맞으러 온 놈이 주인 턱주가리에 난 사마귀가 고우니 예쁘니 할 것 뭐 있어? 이 젊은 친구 상투는 틀었지만 아직 대가리에 쇠똥도 덜 마른 수작을 하누만."

"글쎄 말이야! 이제 주인 영감을 화나게 해놨으니 돈 빌려가기는 다 틀렸네."

"그게 다 저 이 서방 때문이 아닌가?"

"아니 어쩌자고 이 서방은 그렇게 주둥이가 빨라?"

이렇게 웅성웅성하며 모두 돈 빌리기는 다 틀렸다고 이승훈에게 면박을 주었다. 그는 잠자코 앉아 아무 말도 하지 않았다. 하기야 자기가 너무 입바른 소리를 한 것인지도 몰랐다. 그러나 그만한 사리도 분별할 줄 모르는 오희순이라면 그의 돈도 곰팡이가 슬 날이 멀지 않을 것이라고 혼자 뱃심을 세우고 하룻밤을 지냈다. 그런데 아니나 다를까 이튿날 아침 일찌감치 오희순은 여러 행객들이 묵고 있는 사랑으로 내려와 어제 저녁에 여러 사람 앞에서 자기 말을 딱 끊어 면박을 주다시피 했던 젊은 이승훈에게 먼저 다가갔다.

"내가 어제 저녁에는 화가 좀 나고 섭섭했는데 안에 들어가서 곰곰이 생각해 보니 자네 말이 옳으니 역시 자기 조상 묘에 석물해 놓고 자기가 자랑할 것은 없는 일이지. 거기다 삼촌 이야기를 한 것은 내 잘못이었네. 그런 일을 젊은 자네가 생각한 대로 꿋꿋이 말해 준 것이 오히려 내 허물을 고치는 데 도움이 됐구먼."

이렇게 사과를 하고 이승훈에게 필요한 만큼의 돈을 선뜻 내주었다고 한다. 그래서 이승훈은 철산 오희순의 돈을 가져다가 점포를 확장하고 자기 공장에서 생산되는 유기를 평양으로 내놓아 큰 장사를 벌였다. 그때부터 이승훈은 납청정 본점만이 아니라 평양으로 드나들면서 평안도 부자로 이름이 높던 김인오, 윤성운, 문도원 등과 사귀게 되었고 김인오의 자금을 지원받아 사업을 크게 확장해 나갔다.

여기 나오는 김인오는 바로 왕조 시절에 안주 병영에서 첨절제사(조선시대 각 진영에 속했던 종3품 무관벼슬) 노릇을 하다가 거금을 잡고 일제강점기 때는 압록강변의 수풍댐 일대의 땅을 사두었다가 수풍댐이 생길 때 제 값을 받고 팔아 일약 5만여 석거리의 거부가 된 사람이다. 그는 뒷날 안주중학교를 세우는 데 수십만 금을 내던져 사회사업을 했던 인물이기도 하다.

이미 1880년대 후반에 이승훈 역시 김인오와 손을 잡고 평양 상계를 주름잡기 시작했던 것은 여러모로 보아 재미있는 인연이라고 하지 않을 수 없을 것 같다.

이승훈이 오희순의 자본을 지원받아 사업을 확장한지도 어느덧 7년이 지났다. 이제는 사업도 착착 기반이 잡혀갔을 뿐만 아니라 서른을 바라보는 나이가 되었다.

전쟁통에도 신의를 잃지 않다

1894년 갑오동란이 일어나면서 청, 일 양국이 전쟁을 하게 되자 그 난리 바람은 이승훈이 쌓아 올렸던 납청이 유기공장을 송두리째 잿더미로 만들어 버렸다.

평양 싸움에서 밀린 청병들이 흩어져 달아나는데 안주를 거쳐 가산의 효성령을 넘어 납청정으로 밀려들었다. 패잔병들은 밀리는 곳마다 소, 돼지, 닭을 마구 잡아먹으면서 사람을 만나면 때리고 쏘고 여자는 만나기만 하면 욕을 보이기 때문에 사람들이 모두 도망가, 인가는 비고, 들에는 먹을 것이 없게 된 황량한 천지로 화하였다. 남강의 가족들도 상점과 공장을 그대로 내버리고 덕천 산골로 피난해 갔다. 남강은 평양에서 얼마 뒤 납청정을 거쳐 상점과 공장이 타락한 양을 보고 덕천으로 들어가 가족들과 만났다. 전쟁은 모든 것을 쓸어갔다. 평화스럽게 살고 있을 때 갖고 있던 모든 것을 쓰러뜨리고 짓밟고 불태우고 빼앗아갔다. 남강은 이제 손에 지푸라기 하나 없는 가난뱅이가 되었다. 31년 동안의 고된 생활이 꿈인 양 허무했다.

이승훈도 난리를 피해 덕천 산골로 들어가 옥수수로 연명하면서 2년을 지내다가 다시 내려왔다. 폭풍 후의 납청이 마을은 모든 것은 패잔병으로 달아나던 청나라 군사들이 불 지르고, 값이 될 만한 통쇠며 놋쇠덩이는 짊어지고 도망쳐 버렸고, 상점마다 그득히 쌓아 두었던 제품들은 하나도 남아 있지 않았다.

이승훈은 불가항력의 전쟁으로 힘겹게 일어섰던 서른한 살에 모든 것을 잃어버리고 다시 재기불능의 폐허 위에 서게 됐다.

청일전쟁이 일어난 이듬해 5월에 이승훈은 덕천 산골을 떠나 가족들을 데리고 총총히 납청정으로 돌아왔다. 돌아와 보니 시가가 황폐하고 집도 빈집들뿐이었다. 상점과 공장은 모두 부서지고 뜯어져가고 있었다. 남은 것은 집터와 상점자리 테두리에 수북이 쌓인 재뿐이었다. 수십 년 동안 쉬지 않고 입지도 먹지도 못하면서 남에게 좋은 소리 듣지 못하면서 각고면려刻苦勉勵(스스로 고생을 이겨내면서 몹시 애쓰고 노력함)한 결과가 이것이라고 생각하니 이승훈은 가슴이 아팠다. 사람이 들끓던 납청정 시가는 잡초만 우거지고 밤이면 벌레소리만 구슬피 들려 마치 어디 딴 세상에 온 것만 같았다. 그는 평양에 벌여 두었던 상점 일이 궁금하여 곧 평양으로 가 보았다. 그러나 평양도 그 번화하던 거리가 말이 아니었다. 직접 전란으로 파괴된 것도 파괴된 것이었지만 대개는 시민들이 산골로 피난을 가 버렸기 때문에 시가지는 빈 도깨비굴처럼 여기저기 부서진 채 널려 있을 뿐이었다. 평양은 거의 일 년 동안이나 도둑과 거지의 소굴이 되었다. 이승훈의 상점 일을 맡아 보던 사람들도 피난을 갔기 때문에 그곳에도 역시 남은 물건이라고는 아무것도 없었다.

전쟁은 이렇게 모든 것을 쓸어가 버리고 말았다. 이승훈만이 아니라 납청정 유기마을에서 큰 장사를 하던 모든 사람들이 다 맨주먹이 되어 버렸고 평양에서 의주 일대까지 널린 인가들도 거의 폐허나 다름없이 부서져 버렸다. 모든 것이 다 쓸려가 버린 빈터 위에 남아 있는 것이라곤 철산 오희순네 집에서 얻어다 쓴 산더미 같은 빚뿐이었다.

납청정 마을에서 오희순의 돈을 빌려다가 장사를 했던 많은 사람들은 하나 둘씩 슬그머니 자취를 감추어 도망해 버리거나 아니면 도저히 갚을 길 없는 빚에 눌려 처자식들을 데리고 밤에 종적을 감춰 버리는 일이 대부분이었다.

"여보게, 승훈이! 자네는 어떻게 하려는가?"

"글쎄, 하늘이 무너지는 것 같군! 난리통에 모두 이 신세가 되었으니 어떻게 하면 좋을꼬."

"무엇보다도 오희순 영감에게 진 빚을 어떻게 갚어? 빚은 고사하고 당장 먹고살 길도 막연하니 이 일을 어쩔 것인가?"

"설마 산 입에 거미줄이야 치겠는가마는 빚을 어떻게 갚을지 하늘이 노랗구먼."

"하늘이 노랗기는 이 사람이 횟배를 앓나? 이런 난리통에 아 어느 놈이 남의 빚을 갚어?"

"그럼 남의 빚을 안 갚고 어떻게 할 것인가?"

"아 어떻게 하긴 두 주먹 쥐고 걸음아 나 살려라 하면 되지."

"그래 삼십육계 도망을 치잔 말인가?"

"그 수 아니고 무슨 수가 있어? 이 수 저 수 해도 이런 때는 도망수가 제일이라네."

"하기야, 그 수밖에 없구먼. 그러니 승훈이 자네도 오늘 저녁에라도 그저 이불 보따리에 솥단지 하나만 짊어지고 어디로 도망가게. 황해도로 도망가든 경기도로 도망가든 안 뵈는 데로 멀리 없어져 버리면 누가 알 것인가? 아마 오희순 영감도 난리통에 이놈들이 죽었는가 보다 하고 찾지 않겠지."

"아, 제가 찾으면 대수야? 술 먹고 기집질해서 없앤 돈도 아니고 난리가 나서 청나라 병정들, 일본 병정들이 대포 놓고 불 질러서 화약이 다 가져갔는데 우리더러 어떻게 하라는 것인가? 오희순 아니라 오희순 할아비가 온다 해도 못 갚는 빚은 못 갚는 빚이야."

"그래, 그건 그렇지만 눈앞에 알랑거리면서 내 배 받아라 할 수 있어? 빚진 죄인이나 안 뵈는 곳으로 없어지는 것이 술세."

이렇게 해서 빚진 장사꾼들은 거의 다 고향을 떠나 어디론가 멀리 도망을 쳐버리고 말았다. 그러나 이승훈은 차마 그럴 수가 없었다. 죄가 있다면 전쟁이 죄다. 사내자식이, 더구나 장사를 해먹고 살겠다고 장바닥으로 나선 놈이 남의 빚을 잘라먹고 어디로 도망을 칠 것인가? 천한 장사꾼일수록, 남의 돈을 돌려다가 영업을 하는 장사꾼일수록 신용이 있어야 할 것 아닌가? 신용이란 신의이고 오희순도 그 신의 하나로 아무것도 없이 나를 믿고 금덩이 같은 돈을 빌려 줬던 것이 아닌가? 그런데 그 돈을 갖다가 장사한 내가 이 판에 모른다고 어디로 거미새끼 숨듯이 엉큼하게 기어 들어가서야 말도 안 되는 소리다. 죽을 때 죽을망정 사람은 당당해야 한다. 남의 신세를 졌으면 갚아야 한다. 힘이 없어 못 갚을 경우에는 그 연유를 알려 주기라도 해야 한다.

이렇게 결심하고 이승훈은 상점이며 공장을 세밀히 조사하여 남은 제품을 일일이 기입하고 그동안 오희순에게서 빌려온 자본의 손해액과 이자를 계산하여 자기의 총 부채액이 그날 현재로 얼마라는 명세서를 만들어 가지고 철산 오씨 댁을 찾아갔다. 이승훈은 오희순을 찾아가 인사를 드리고 그동안 난리를 만나 덕천 산 속으로 피난 갔던 일과 상점과 공장이 모두 난리통에 부서진 일을 알려 드리고 겸하여 자기가 빚진 내용을 분명히 계산이라도 해 두려고 찾아왔노라고 하면서 소매 속에 넣어 가지고 간 장기를 내보였다. 느닷없이 찾아온 이승훈을 보자 오희순은 우선 사람이 반가웠다. 손바닥에 후뜻하게 황금이 놀 때는 이 큰 사랑에 돈 빌리러 오는 손님이 끊일 때가 없고 말이야 아주 까놓고 말이지 평안도 일대에서 자기 돈 갖다가 장사 안 해 본 거상이 있었던가? 모두 자기 돈을 빌려다 큰 장사를 하던 사람들이 난리에 쑥밭이 되어 돈자국을 쓸어갔다고는 하지만 이렇게 세상이 뒤집혀지자 어느 놈 하나 코빼기를 내밀고 진지 잡수셨냐는 인사 한 마디 하러 오는 놈이 없자 오희순은 세상인심 돌아가는 것이 새삼 허무했다. 오희순 역시 난리통에 적지 않은 피해를 입었던 것이고 사방에 깔아 놨던 돈과 재물이 제대로 들어오지 않아 마당에는 잡초만 우거지고 사랑에는 휑뎅그렁하니 문풍지가 찢어져 쓸쓸하기 이를 데 없었다. 세상인심이 이런 것이구나. 사람이 난리를 만나 환장을 하게 되면 이렇게 되는 것이구나. 그러나 환장하고 오래 사는 놈 못 봤다. 남의 빚 잘라먹고 잘되는 놈 있던가? 오희순은 그날도 가슴 속으로 미어져 올라오는 화와 울분을 견디지 못해 담뱃대를 재떨이에 탕탕탕 소리 나게 털면서 한숨을 내쉬고 자탄을 하던 참인데 생각지도 않던 납챙이 사는 이 서방이 찾아온 것이다. 이래서 우선 사람이 반갑다고 한 것이다.

술상을 차려다가 이승훈과 마주 앉아 대작을 하면서 퀭하니 말라 두 눈이 쑥 들어간 이승훈의 초췌한 모습을 보며 말했다.

"허허, 자네가 처음 나한테 빚을 얻으러 와서 내가 우리 조상 묘에 석물한 이야기를 하자 말허리를 자르고 나를 나무랐던 친구 아닌가?"

"예, 제가 바로 그 이승훈이올시다."

"허허, 자네가 이승훈이지 세상이 이렇게 되고는 날 찾아오는 사람이 없어. 거의 다 내게 빚을 지고는 자취를 감췄거나 밤도망을 하여 발길을 끊었지."

"……."

오희순 영감은 담배 한 대를 다시 쟁여 물으며 물었다.

"그래 자네는 내 빚을 갚을 생각인가?"

"갚아야지요."

이승훈은 정색을 하고 오희순 영감을 바라보았다. 그러면서 자기 소매 속에 넣어 가지고 갔던 장기(부기장)를 내놓았던 것이다.

오씨는 이승훈이 내미는 장기를 받아 들고 그 자세한 기재에 놀랐다. 사계문서로 깨끗이 기했는데 공차公差(등차급수에서 어떤 항과 그 다음 항과의 오차 수)가 얼마, 입入이 얼마, 상이 얼마, 계計가 얼마라고 일목요연하게 적혀 있었다. 그리고 오씨의 자본 얼마에서 그동안의 이자까지 합해서 갚을 빚의 총계가 얼마라고 기입돼 있었다.

이승훈이 내미는 장기를 하나하나 살펴 나가던 오희순은 장기책을 덮어 버렸다. 그러고는 눈을 감고 담배만 뻐끔뻐끔 한참이나 빨면서 무엇인가 깊이 생각했다.

"내 돈을 가져다가 장사하는 사람이 수십 명이 넘는데 이번 난리 후 모두 숨어버리고 그림자도 얼씬하지 않네. 그런데 자네는 날 다시 찾아 준 것만도 고마운데 이렇게 장기까지 소상히 뽑아왔으니 자고로 장사하는 사람은 이래야 쓰는 법이야. 장사하는 사람일수록 또 세상이 어려워질수록 신의를 지키는 마음이 있어야 하거든. 그렇게 정직한 신의가 없이는 누구도 결단코 큰돈을 모을 수 없는 법이야."

"……."

이승훈은 아무 말도 하지 않았다. 묵묵히 다시 눈을 감고 무엇을 생각하던 철산 오희순의 눈초리가 눈물로 축축하게 젖어 있었다.

"사람은 마음이 발라야 사는 법일세."

이러면서 반상에 놓여 있는 벼루를 끄집어내어 붓에다 먹을 듬뿍

찍더니 이승훈이 가지고 온 장기 위에 열십자로 가위표를 죽죽 긋는 것이 아닌가.

"이제 이것은 지난 일이니 다시 볼 것 없네."

이제까지 이승훈이 진 빚을 모두 탕감하겠다고 선언한 것이다. 그러면서 오희순은 다시 입을 열었다.

"지금이야 나도 난리 끝이라 이러네만 좀 지나면 돈이 풀릴걸세. 이후부터 자네가 다시 장사를 시작하려면 자금이 있어야 할 것 아닌가? 어려워 말고 필요한 대로 내게 와서 말하게. 내가 힘닿는 데 까지 돈을 돌려줌세."

바른 소리의 사나이

이렇게 해서 동학란 이후 철산 오씨의 자금을 무한정 끌어다 쓸 수 있었던 이승훈은 망가진 사업줄을 전광석화처럼 재빨리 일으킬 수 있게 되었다. 예나 지금이나 사업을 복구하는 데는 자금난이 뒤따르는 법이다. 다른 경쟁자들이 자금이 없어 부서진 납청정 유기공장을 다시 일으킬 엄두도 내지 못할 때에 평안도 거부 오희순의 자금을 독점하다시피 끌어다 쓴 이승훈은 그 해에 납청정 유기공업을 다시 일으킬 수 있었다. 납청정 유기공업을 독점한 이승훈은 또다시 판매 지점망을 확장하여 평양에 점포를 내고 또 개항기 이후 외국 문물이 들어오는 진남포에도 점포를 세웠다. 이렇게 하여 1896년부터 약 6, 7년 만에 그는 당시 돈으로 70만 냥을 움직이는 거상이 되었던 것이다.

이렇게 몇 해 동안에 이승훈이 경영하는 평양의 상사는 평안도 상계를 거의 독점하다시피 하여 많은 이익을 거두었다. 그 무렵 그가 움직인 자본금은 그때 돈으로 70만 냥이 넘었는데 하루 밭갈이에서 돈, 소 한 필에 한 냥 하던 것을 생각하면 실로 엄청난 돈이었다.

소 한 마리에 한 냥이라면 이승훈의 거금 70만 냥은 소 70만 마리 값이 되는 것이다. 또 평양에 진출하여 서울, 인천까지 출입하던 이승훈은 김인호의 자금으로 유기만이 아니라 당시 새롭게 퍼지기 시작한 석유와 양약의 총 대리점을 열었다. 당시 인천항을 통해 들어오던 석유는 급작스럽게 퍼지며 우리나라에 연료 혁명을 일으켰다. 석유의 놀라운 소모량은 말할 것도 없고 독일 상사 세창양행에서 수입했던 금계랍('염산키니네'를 달리 이르는 말) 역시 기가 막히게 잘 팔려나갔던 약품이었다. 하루거리라고도 하던 초학(말라리아)이 거의 매년 전국을 휩쓸 때 초학에 잘 듣는 금계랍은 실로 굉장한 인기 품목이었다.

근대 서양 물화의 평안도 공급권을 자기 혼자 손에 쥐다시피 했던 이승훈은 돈방석에 앉은 셈이었다. 그는 석유와 양약뿐만 아니라 지물, 도자기, 건축 재료, 면초, 일용 잡화 등 돈이 될 수 있는 물품이라면 무엇이든 무역해 들이는 무역상사로 서북 일대에서 최고의 명성을 떨치는 거상이 된 것이다. 이렇게 위세를 드날릴 당시의 이승훈은 평안도 지방만이 아니라 서울 일각에서도 무시할 수 없는 존재였다.

왜냐하면 그 무렵 어떤 물건이든 그가 샀다 하면 값이 오르고 그가 내놓는다 하면 내릴 정도의 큰 영향력을 구사했기 때문이다. 실지로 1901년 그가 서울 장안에 앉아서 전국에서 올라오는 모든 지물紙物을 독점해 버렸을 당시의 이야기는 그의 영향력이 어느 정도였는지 잘 보여 주고 있다.

당시 우리나라의 지물은 매년 추석을 전후하여 많이 소모되었는데 그중에서도 창호지가 압도적이었다. 이승훈은 7월부터 서울에 들어앉아서 경주종이며 대구종이, 전주종이 등을 들어오는 족족 전부 매점해 버렸다. 그러자 그해 추석 무렵이 되어서 종이 값은 무려 세 배나 뛰었고 그래도 이승훈이 물건을 풀지 않자 사정없는 종이 기근에 빠졌다. 물론 이승훈은 종이를 서서히 풀어 큰 이익을 남기며 또 한 번 거상으로서의 면모를 여실히 드러낸 셈이었지만 한나라의 물화를 자기 손에 쥘락 펼락 할 수 있었던 그의 자본력에는 감히 누구도 도전할 수 없었던 것이다.

또한 그는 모든 서양 물품이 들어오는 인천으로부터 서울까지의 운송업을 손에 쥐고 있어 황해도와 평안도로 공급되는 각종 양물들은 그의 손을 거치지 않고서는 아무것도 들어갈 수가 없었다고 한다. 물론 그가 이처럼 상인으로서의 위치를 공고히 다질 수 있었던 것은 남다른 데가 있었기 때문이다.

이승훈이 성공한 이유는 첫째, 장사의 기회를 엿보는 데 민첩했고 둘째, 모든 계획이 치밀했으며 셋째, 동지와의 사이에 정의가 두텁고 상인으로서 신용을 존중했으며 넷째, 부리는 사람을 믿고 남보다 앞서 가도록 그 방면에 대해 지도했다는 점이라고 지적되고 있다. 그러나 이승훈이 남다른 수완으로 평안도 최대의 거상이 될 수 있었던 가장 커다란 무기는 다름 아닌 정직함과 신의라고 할 수 있다.

한창때 그가 평양과 서울을 출입하면서 돈을 요리하게 되자 평양감사이던 민영휘도 서울로 돈을 보낼 일이 있으면 이승훈의 어음을 떼어 썼다고 한다. 다음 인용문은 이승훈이 평양감사 민영휘와 거래할 당시 그의 인물평이다.

당시 민영준(민영휘의 개명 전 이름)이 평양감사로 있었는데 그의 세도는 하늘을 나는 새라도 떨어뜨릴 정도였다. 남강이 장사 관계로 납청정에서 평양, 평양에서 서울로 바삐 다녔는데 평양에서 서울이나 서울에서 평양으로 돈을 보낼 사람들은 이것을 남강에게 부탁했다. 평양감사 민영준도 이 일을 남강에게 부탁한 사람의 하나였다. 평양에서 남강에게 현금을 주면 남강은 어음 한 장만 써주어 그 어음이 서울에 가면 남강이 지정한 상사나 점포에서 써진 액수대로 돌려주는 것이었다. 민영준은 여러 번 남강의 손을 거쳐서 돈을 서울에 보냈다. 한 번은 돈을 받고 나서 고맙다는 인사 편지를 보냈는데 끝에 민영준 포배捕拜라고 써서 남강이 그 사람됨의 적음을 나무라고 이것을 면전에서 말한 일이 있었다. 남강은 자기에게 관계된 일이건 아니건 옳지 못한 일은 누구 앞에서나 이것을 말하고 또 본인이 아닌 다른 사람에게 이야기하는 일이 없었다.

일개 장사꾼에 불과한 이승훈이었지만 워낙 돈이 많은 거상으로 활약하게 되자 그는 은행과 같은 역할을 했고 그래서 하늘을 나는 새라도 떨어뜨릴 수 있는 세도를 휘둘렀다는 평양감사 민영휘도 이승훈의 어음을 이용했던 것이다. 이승훈은 민영휘의 그릇이 적은 것을 나무랐지만 덮어놓고 민영휘에게 매질을 하려는 옹졸한 사람은 아니었다. 그는 다른 무엇보다도 거짓을 미워한 사람이었다고 한다.

흔히 장사는 남을 속이는 것이 근본이라고 하지만 이승훈은 장사야말로 정직해야 한다고 주장했다. 남에게서 물건을 사다 그것을 여러 사람에게 파는 데 있어 신용이야말로 생명이다. 속이고 거짓말해서 파는 물건은 한두 번은 살지언정 속은 것을 깨달은 사람은 두 번 다시 그 사람에게서 물건을 사지 않는다. 그러므로 장사야말로, 상인의 신의야말로 그 상인을 성공할 수 있게 하는 열쇠라고 믿었던 것이다.

뒷날 이승훈은 안창호 선생의 연설에 감복하여 마흔네 살이 되던 해부터 제2의 인생, 말하자면 사회적인 인생을 살면서 서북 지방의 여러 유지들과 손을 잡고 일하기 시작했다. 그중에서도 안창호에게 소개받은 이갑은 서북이 배출한 대담한 인물이고 이승훈과 가깝게 지냈던 사람의 하나였다. 한때 이갑의 토지를 평양감사 민영휘가 빼앗았다고 하여 심한 말썽을 빚었던 유명한 사건이 있었다. 그 일을 두고 이승훈은 '남의 땅을 빼앗은 평양감사 민영휘보다도 오히려 나이를 속여 벼슬을 얻으려고 했던 이갑 쪽이 더 거짓되니 옳지 못하다.'라고 지적했다고 한다.

민영휘가 평양감사로 있으면서 서북의 부호들에게 돈을 많이 긁어모았다. 그중에서 가장 유명한 것이 이갑이라는 이의 재산을 빼앗던 이야기다. 융희황제가 왕세자로 있을 때 이 왕세자와 같은 해인 갑술년(1874)에 난 경향의 자제들을 모아 특별히 과거를 보게 한 일이 있었다. 그런데 평안도의 갑부인 이갑의 부형들은 자기 아들의 귀여움만 생각하고 한 해 뒤에 난 을해생을 갑술생이라고 속여 과거를 보여 진사 첩지를 받았다. 이 일을 탐문한 평양감사 민영휘는 이갑의 부형을 붙들어 가두고 나라의 임금을 속힌 죄라 하여 전 재산을 몰수하였다. 사람들은 이갑의 부형을 나무라는 것보다는 평양감사 민영휘를 더 나무랐다. 그런데 이승훈은 보는 바를 달리하였다. 서울 양반들이나 수령 방백의 백성에 대한 가렴주구가 나쁘기는 하지만 이 같은 드러난 행패보다 더 나쁜 것이 남을 속이는 거짓된 행동이라고 했다.

하여간 평안도 거상으로 성장한 이승훈은 그 후 억지로 돈을 내놓고 수릉참봉이란 감투를 사서 써야 했다. 그런데 이승훈이 참봉으로 있을 당시 역시 평양감사로 내려왔던 민영철이 서궁을 짓는다는 명목으로 90만 원을 거둬 상해로 도망쳐 버린 일이 있었다. 그 민영철이 한 번은 평양에 있는 애련당을 뜯어다가 자기 첩의 집을 지어 주려다가 코를 뗀 일이 있었다고 전한다.

민영철은 서궁을 지으려던 일을 패하였지만 이 일로 주머니에 상당한 돈이 들어왔다. 그때 우리나라 상계에는 이승훈의 이름을 모르는 이가 없었고 전국의 주요 물품이 그의 손을 통하여 나가기 때문에 경제권이 그의 수중에 있었다. 정부에서는 억지로 수릉참봉이란 감투를 씌워 주고 이 청년 상인에게서 돈을 빼앗아갔다. 평양감사 민영철이 평양 돈을 긁어모으려고 평양에 서궁을 짓기로 임금께 여쭈어 승낙을 받고 그 비용을 백성들에게 지우기로 했는데 남강의 반대에 부딪쳐 중도이폐가 되었다. 평안도 사람들은 조선 5백 년 동안 조정으로부터 심한 천대를 받아 벼슬이라야 미관말직을 면치 못했는데 이제 서궁을 짓는데 향대부첩鄕大夫帖이라는 것을 사면 양반과 같은 예우를 받는다고 하며 백성들에게 팔았다. 오랫동안 설움을 받아오던 평안도 사람들은 어린아이의 옷고름에 매달렸던 돈까지도 끌러서 첩지를 사려고 하였다. 그때 남강은 그것이 부당한 처사라고 가는 곳마다 이야기하여 마침내 그 일을 폐지시켰던 것이다. 또 민영철은 자기의 사랑하는 기생에게 집 한 채를 지어 주려고 평양에 애련당이라는 유서 있는 건물을 헐어가려고 한 일이 있었다. 그러자 이번에도 남강이 나서서 애련당이 유서 있는 유적이요, 평양성 사람들의 공유물인 이상 아무리 감사라고 하여도 마음대로 헐어갈 수 없다고 하여 반대했다. 감사도 수릉참봉의 말을 꺾을 길이 없어 하려던 일을 슬그머니 그만두고 말았다. 민영철은 평양감사의 지위를 가지고도 이를테면 남강에게 두 번 패한 결과가 되었다.

이렇게 평양 감사 민영철이 수릉참봉 이승훈에게 두 번이나 꺾여 자기가 하려던 일을 못하고 폐기했던 것이다. 그러나 이것은 약간 과장된 표현이고 평양감사 민영휘나 민영철이 아무리 거상으로 자라난 이승훈이라고 하지만 그의 눈과 입이 두려워 할 일을 못 할 사람들은 아니었다.

두 번의 고배를 마신 이승훈

1890년대 후반부터 1900년 초반까지 이승훈의 거상다운 면모는 평안도 정주나 평양, 진남포뿐만 아니라 서울, 인천을 중심으로 한 모든 무역을 좌지우지하는 존재로 성장했다. 그는 놀라운 자본력으로 무역계를 석권했을 뿐만 아니라 인천에 자리 잡고도 항상 새로운 상업의 기회, 새로운 물품의 수입과 공급에 신경을 썼다. 한 번 무엇이 보인다 하면 석유나 양약, 지물, 나중에는 성냥에 이르기까지 과감한 매점을 통해 이 나라의 상업계를 지배했다.

이승훈은 또 책상물림이 아니었다. 불과 열다섯 살 때부터 등에 숟가락 보따리를 짊어지고 다니면서 행상을 했던 사람이고 평안도는 물론 황해도 일대, 이제는 경기도, 서울, 인천 등지에 이르기까지 그가 자기 발로 밟아 보지 않은 땅이 거의 없을 정도여서 어느 고을에서는 어느 물건이 어느 때쯤 얼마나 생산되며 그 물건은 어디로 옮겨져 얼마에 거래되며 그 이익은 얼마나 된다는 것까지 너무나 환히 알고 있는 사람이었다. 그에게는 무서운 것이 없었다. 그는 그야말로 떠오르는 해처럼 무엇이고 손을 댔다 하면 막대한 이익을 내고 재미를 보았다. 그러나 이승훈의 상운商運 역시 한계가 있었던 모양이다.

1901년 그가 시작했던 엽전장사는 이승훈을 대패로 몰아가는 악운의 첫 신호가 되었다. 이승훈은 그 당시 돈으로 약 3만 냥에 이르는 엽전을 사들여 배에다 싣고 인천에서 부산으로 향하던 도중 목포에서 일본 영사관 배와 부딪쳐 엽전 3만 냥을 고스란히 바다 속에 빠뜨리는 액운을 당하고 말았다. 그 엽전장사 역시 철산 오희순이 뒤를 대준 돈으로 서울에 내려와 엽전 3만 냥을 수집한 것이었다.

엽전장사를 어떻게 하느냐고 의아해할지 모르지만 그 당시 우리나라는 아직 화폐제도가 통일되지 않은 상태였다. 서울과 경기, 황해도 일대에서는 백통화를 썼지만 전라도, 경상도, 일대에서는 여전히 엽전을 사용하고 있었다. 그렇기 때문에 백동화를 주로 쓰는 경기, 황해도 일대에서는 엽전이 별반 소용없는 돈이었고 경상, 전라도 일대에서는 백통화가 쓸모없는 돈이었다. 그래서 서울에서 3만 냥 어치의 엽전을 싣고 경상도 지방으로 가서 팔면 운임, 잡비 떨고서도 고스란히 6만 냥이 되는 두 배 장사였다.

경인간의 각종 운수사업을 장악하고 수하에 수십 척의 배를 놓고 물화를 운반하던 이승훈이 그런 돈장사에 마음을 안 썼을 까닭이 없다. 그래서 그는 부랴부랴 엽전 3만 냥 어치를 사들여 배에 가득 싣고 부산을 향해 떠났던 것이다. 그러나 이승훈의 3만 냥을 실은 배는 목포 근해까지 가 어이없게도 일본 영사관 배와 부딪쳐 그야말로 엽전 한 닢 건지지 못하고 3만 냥 돈더미를 고스란히 바닷속에 처넣어 버리고 말았다.

이승훈은 일본 영사관을 상대로 하여 수장당한 3만 냥 손해 배상 청구 소송을 걸었다. 우리 정부에서도 누가 배상해 줄 것을 호소하였다. 그러나 일본 영사관 측에서는 '이 돈이 부산에 가면 6만 냥이 되는 것이 분명하니 6만 냥을 물어내라.'는 이승훈의 말은 들은 체도 하지 않고 한 해 두 해 시빗거리로 남겨 재판질만 계속했다. 나중에는 결국 원금 3만 냥만 받는 것으로 낙착지을 수밖에 없었다.

한때 원산의 소금장수 김두원이 자기의 소금 값을 받아내기 위해 수십 년 동안 뼈아픈 투쟁을 하다가 결국 거덜이 났던 일을 생각하면 그 당시 영사관에서 본전만이라도 받아내기로 낙착을 본 것은 그래도 이승훈이 그만한 경제력과 상업계의 세력이 있었기 때문에 가능한 일이었다. 그러나 이승훈은 공연히 3만 냥 돈을 바다에 처넣고 그 돈을 받아내기 위해 몇 해 동안 일본 영사관을 상대로 실랑이를 벌였으니 손해가 이만저만이 아니었다.

그는 자기의 상업적 세력이 커가면 커갈수록 시대와 나라가 얼마나 중요한 것인지를 뼈저리게 느꼈다. 국권이 튼튼하지 못하고 어떻게 상권이 있을 수 있는가? 국권이 흔들리면 상권 역시 흔들리게 마련이고 국권이 힘이 없으면 아무리 큰 상권이라도 제대로 힘을 내지 못하는 것은 너무도 당연한 귀결이었다.

물밀듯 들어오는 일본이나 외국의 자본력 그 외국 상품에 침탈당하는 국내 경제를 일으켜 세우기 위해 그는 항상 '관서자상론關西自商論'을 내세웠다. 이것은 서북 사람은 서북 사람대로, 황해도 사람은 황해도 사람대로 또 영남이나 호남 지방 사람들은 그들대로 그 지방에 뿌리박고 있는 큰 지주나 상인들이 돈을 모아 큰 자본을 이루어 밀려오는 외세와 상권을 놓고 대항해 나가야 한다는 주장이다. 외국 자본력에 비해 국내 자본 시장의 판도는 너무나도 미약하기 때문에 열이면 열 모두가 그들의 손에 넘어지기 십상이니까 우리나라 사람들도 지역별로 힘을 합해 자본을 모으고 사업을 일으켜 세워야 한다고 느낀 것이다.

하여간 상인으로서의 이승훈, 항상 자신만만했던 이승훈의 배짱은 때로는 지나치게 모험적일 때도 있었다. 하나의 시리時利를 보면 지체하지 않고 달려들어 앞서 말했듯이 돈장사까지도 서슴지 않았던 것이다.

3만 냥을 고스란히 바다에 수장시킨 이승훈은 그 무렵부터 마음을 차분히 가다듬지 못하고 흔들리기 시작했다. 하기야 떠오른 해도 언제까지나 지지 않고 떠 있을 수는 없다. 해도 하늘 한가운데를 넘어서면 어쩔 수 없이 기우는 것이고, 사람의 경제력이나 운세도 전성기를 지나면 어쩔 수 없이 출렁거리고 흔들리게 마련이다. 그리고 그처럼 출렁거리고 흔들리는 것은 돈 자체가 아니라 그 돈을 가진 주인의 마음이다. 말할 것도 없이 손해 입은 것을 단시일 내에 복구하려는 강한 의지만으로 냉정한 이성을 잃고 모험에 뛰어들기 때문이다. 이승훈도 1901년 엽전 사건이 일어난 뒤 그 돈을 만회하려고 조바심하다 보니 마음이 흔들려 버린 셈이다.

이승훈은 그 후 황해도에 들어가 수수와 옥수수 등 잡곡 수만 석을 매점했다. 그런데 그 역시 빗나갔다. 해마다 가격 폭등을 보이면서 일본이며 외국인의 배에서 정신없이 사들이던 수수와 옥수수 등 황해도 잡곡 수십만 석을 매석하여 노적가리를 쌓아 두고 팔리기를 기다렸지만 그 해에 전라도 지방에 유례없는 대풍이 들어 황해도 수수 따위는 아무도 거들떠보지 않고 모든 무역선이 전라도로 몰려든 것이다.

이승훈은 황해도 지방에서 매석해 놓은 수수와 옥수수 등을 가지고 다음해 그 다음 다음 해까지 버텨 보았지만 전라도 지방에 흉년이 들었을 때는 경기도 지방에 풍년이 들어 이승훈의 황해도 수수는 영영 팔리지 않았다. 제때에 팔지 못한 곡식들은 싹이 나고 썩어 나중에는 한 섬에 본전에서 서 돈씩이나 밑져가면서 처분할 수밖에 없었다. 이번에도 이승훈은 대패하고 말았다.

그러니 큰 장사에서 승승장구하다가 연거푸 두 번이나 실패를 본 이승훈도 적이 당황하지 않을 수가 없었다.

"허허, 이럴 수가 있나? 내가 이럴 수가 있나?"

이승훈은 술을 마시고 담배를 피웠다. 화가 나서 여기저기를 찾아다니며 골패 노름을 했고 그럴수록 귓바퀴는 당나귀 귓바퀴처럼 늘어나 항상 숨을 헐떡거리며 돈벌이를 찾아다니는 꼴이 되고 말았다. 대개 큰돈을 쥔 사람은 의젓하게 움직이지 않고 앉아 있어도 여기저기서 돈 벌 거리를 들고 와 권하는 법이다.

"이 장사 좀 해 보시오."

"이런 일은 어떻습니까?"

"내가 이 장사를 해 볼 테니 영감님이 돈 얼마를 빌려 주시면 이렇게 이렇게 하여 돈을 갚아 나가겠습니다."

1902년 이승훈은 출렁거리는 마음을 안고 함경도 원산에 모습을 드러냈다. 물론 그가 멀리 원산에까지 나타난 것은 그냥 파도소리나 들으려는 것이 아니다. 그는 원산 지방에서 많이 잡히던 명태로 단단히 한몫을 볼 요량이었던 것이다.

천하 거부의 계속되는 실패

　그 무렵 원산 지방에서 잡히는 명태는 전국에 이름난 돈고기로 어마어마하게 많이 잡혀 일본으로 수출되는 가장 중요한 상품의 하나였다. 그래서 조금 머리가 굵은 무역상치고 원산의 명태에 손대 보지 않은 사람이 거의 없을 지경이었다. 뒷날 북부 지방의 상업은행 은행장을 지냈던 김승환도 이 명태의 고장 원산에서 말 달구지를 끌던 마부였다. 그 무렵 이승훈 역시 이 명태 경기를 노리고 운명을 거는 매점, 매석을 감행했던 것이다.

　이승훈은 수하에 거느리고 있는 서너 명의 중개인들을 데리고 원산에 나타나 객줏집에 거처를 정하고 들어앉아서 그 해 10월부터 소문 나지 않게 조금씩 명태를 매점하기 시작했다.

　"소문이 나면 값이 오른다. 서호진, 신포 등으로 각자 헤어져 하루에 몇천 동씩만 소문 안 나게 사들여라."

　수하 중개인들을 깔아 원산항으로 들어오는 명태를 소문 없이 모두 사들인 이승훈은 객줏집 창고 수십 채를 세내어 명태를 쌓아 두었다. 그러자 명태 값은 정말 소문도 안 나게 점점 뛰기 시작하는 것이다.

　"영감님, 명태 값이 점점 오릅니다."

　"오늘은 얼마나 하던가?"

　"한 동에 스무 냥씩이나 올랐으니 지금 팔면 우리가 산 값보다 스무 냥씩이 남는 것입니다."

　"쓸데없는 소리 마라. 한 동에 스무 냥의 이를 바라고 여기까지 와서 명태에 손댔을 성싶으냐?"

　이승훈은 들은 체도 하지 않았다. 여전히 객줏집에서 다른 거상들과 함께 골패 노름에 정신이 없는 이승훈은 매일같이 수하 중개인들이 나가 명태를 사들이고 또 명태값이 뛰어오른다는 소식을 전할 때마다 회심의 미소를 지었다. 그러면서도 그는 전혀 내색하지 않고 성난 얼굴로 오늘은 값이 얼마쯤 더 뛰었다는 중개인들의 말에 대꾸했다.

"시끄럽다. 수고들 했으니 계집이나 하나씩 끼고 술이나 많이 먹어 두어라. 그리고 내일은 각자 천 냥씩 가지고 나가 명태 배들이 들어오는 대로 즉각 즉각 사 두어라!"

이렇게 일러두고는 여전히 골패 노름만 했다. 이승훈이 원산 객주에다 거처를 정하고 명태에 손대기 시작한 지 한 달 만에 명태는 모두 그의 손에 들어와 버렸다.

명태 값은 귀신이 곡할 정도로 뛰는 것은 당연한 일이었다. 그러나 이승훈은 그 정도에는 아랑곳하지 않고 배짱을 세웠다. 이미 사들인 수십 창고의 명태를 그대로 쌓아 두고 명태가 보이는 대로 계속해서 사들이는 것이었다. 그러면서 그는 오직 한 가지를 기도하고 있었다.

'바람아, 불어라! 강풍아, 불어라! 명태 배야, 뒤집혀라! 그래서 명태잡이가 콩태잡이가 되든지 생태잡이가 되든지 하여 명태가 더 이상 들어오지만 않는다면 이승훈의 명태는 장땡에다가 구땡이 겹친 땡 바람이 불거다!'

어느덧 동짓달이 지나고 섣달로 접어들었다. 날씨는 강파르게도 춥고 바람이 세차 명태 배들은 좀처럼 바다에 떠 조업할 기미를 보이지 않았다. 그러나 여기서도 하늘은 이승훈을 돕지 않았다.

섣달 스무날께가 지나자 눅눅하게 구름이 끼며 하늘이 낮게 가라앉더니 펑펑 눈을 퍼붓기 시작했다. 그런 온화한 기후에 따라 웬일인지 바람조차 일지 않았다. 파도도 겨울 바다답지 않게 잔잔해졌다. 그러자 명태 배들은 섣달 한 대목을 바라보면서 일제히 바다로 나갔고, 그해 정월 스무날께가 되자 수백 척의 명태 배들이 모두 만선의 깃발을 달고 징, 꽹과리 등 풍물을 울리며 돌아오는 것이었다.

선창가 객줏집에서 골패 노름을 하며 날씨가 궂기만을 기다리던 이승훈은 골패 짝을 내던지고 울부짖었다.

"허허, 이것 어쩌려고 이러는가? 이놈의 하늘이 날 망하게 만드는구나!"

그러나 소용없는 울부짖음이었다. 한 동에 스무 냥 서른 냥씩 치솟던 명태 값이 유례없는 풍어를 이루어 이제 형편없이 떨어지기 시작한 것이다.

대개 명태란 그해 늦가을부터 초겨울에 잡히는 것을 말한다. 그해 섣달 정월에 잡히는 명태가 흔할 때는 가을에 잡아 얼려 둔 동태의 값은 나가지 않는 법이다. 섣달 정월 바다 위에서 금방 건져낸 펄펄 뛰는 싱싱한 명태가 올라오는데 전해 가을에 잡아 얼린 동태를 누가 거들떠보겠는가? 정월에 명태잡이가 잘되면 동태는 죽을 쑤게 되고 명태잡이가 시원치 않을 때는 초가을 매점, 매석해 놓았던 동태가 그야말로 한몫 잡는 재미를 보는 법이다. 그런데 이승훈이 들어가서 명태를 매점한 그해 정월이야말로 어떻게나 명태가 많이 잡히는지 선창가에 썩어나는 것이 명태 눈깔이고 밟히는 것이 고기였다.

"이젠, 망했구나! 명태가 동태를 잡아먹었어, 이젠 망했구나!"

이승훈은 그야말로 밑천을 하나도 건지지 못하고 두 손 탈탈 털고 수십 창고의 동태를 썩혀 내버리는 도리밖에 없었다. 그는 창고에서 그 이듬해 봄까지 물씬물씬 냄새를 풍기며 썩는 동태처럼 속이 확 곪아 버렸지만 더 이상 원산에 머물러 있을 필요도 없게 되어 발걸음을 돌리고 말았다.

명태장사도 대패해 버린 이승훈, 장사라고 하면 실패를 모르고 손대는 것마다 큰 이익을 남겨 불과 20여 년 만에 맨손에서 평안도 제일의 무역 상인으로 등장했던 70만 냥의 거부 이승훈은 어느 사이엔지 마음이 허황되게 들떠 실패에 실패를 거듭했고, 그것도 가슴을 옹골지게 쥐어뜯는 큰 실패만 하고 말았다.

서울로 다시 돌아온 이승훈은 마음을 잡을 수가 없었다. 경인선을 타고 인천에 나가 몇 달을 묵으면서 세월을 보냈지만 그것도 옛날 같지 않았다. 납챙이, 정주, 진남포 일대에 깔아 놓았던 유기장사도 제대로 될 턱이 없었다.

거기다 철산 오씨 집에서 가져다 쓴 많은 자본과 안주 거부 김인호에게서 빌려온 자본 등은 이자에 이자가 늘어갔다. 그는 화를 주체할 수가 없었다.

'왜 이렇게 연신 몇 해 동안 악운이 겹쳐 실패만 거듭하는가! 이러다가는 정말 폭삭 망하겠다.'

물론 70만 냥의 거금을 쥔 이승훈은 평안도 바닥에다 다 깔고도 남을 만한 돈을 가진 거부였던 것은 사실이지만, 아무리 부자라고 해도 장사하는 사람이 남의 돈을 빌려다가 이리저리 때우지 않는 법이 없었다. 큰 장사를 하자면 항상 많은 자본이, 더 많은 자본이 필요했기 때문이다.

썩어 가는 쇠가죽 처분

이승훈은 초조했다. 손가락 끝이 약찬 누에처럼 노랗게 변하도록 하루에도 몇 갑씩 궐련을 빨아댔고, 주색에 몸조차 곯기 시작했다. 그러나 사람은 궁지에 몰릴수록 분기가 더욱 팽창하는 법이다. 개도 막다른 골목에 쫓기면 돌아서서 사람을 문다. 이승훈 역시 몇 해 동안 내리 손해 본 수십만 냥의 돈을 한 번에 되찾기 위해 새로운 상기를 찾아 헤맸다. 그러던 중 그는 마지막으로 한꺼번에 실패를 만회해 버릴 수 있는 절호의 기회를 잡았다. 러일전쟁과 함께 이 땅에 전쟁 경기가 밀려들기 시작한 것이다.

인천 앞바다에서 일본 배와 러시아 배가 트작타작 대포밥을 주고받더니 일본 병정들이 까맣게 밀려들어 서울을 거쳐 평양으로 평양에서 다시 전열을 가다듬어 압록강과 만주벌판으로 러시아 군대를 쫓아 올라가는 것이었다. 수십만 명의 일본 병정들의 움직임에 따라 이 땅에 유례없는 전쟁 경기가 엄습하여 모든 물가가 일제히 뛰기 시작했다. 담뱃값이 두 배, 세 배로 뛰고 약 값이 뛰었다. 군대를 따라다니면서 군수물자를 날라다 주는 일당 노동자와 목수의 품삯이 뛰었다. 경부, 경의선 철도를 따라 움직이는 많은 물량이 이 땅을 새로운 경기 속으로 몰아넣으며 온통 술렁거리게 했다.

이런 판에 어찌 이승훈이 두 눈을 감고 우두커니 낮잠을 잘 수 있겠는가? 이승훈은 용기를 냈다. 이런 전쟁 마당에 대체 무엇에 손을 댈 것인가?

제일 좋은 것은 우선 군량미이다. 그러나 쌀은 무게도 무겁거니와 시세가 오르는 만큼 값도 뛰기 때문에 별반 큰 이익을 올릴 수가 없었

독립운동가로 다시 태어난 무역상인

다. 오히려 그것보다도 이승훈은 "쇠가죽이다! 쇠가죽!"이라고 외치면서 그가 가지고 있던 모든 자본력을 동원하여 쇠가죽 매점에 나섰다. 그는 거느리고 있는 수십 명의 중개인의 엉덩이에 저울대 하나씩을 채워서 전국 요소요소에 파견하여 쇠가죽을 사들였다.

"돈은 얼마든지 대줄 테니 쇠가죽을 사들여 한강 용산창으로 가져오너라!"

이승훈은 가지고 있는 거의 모든 자금을 털어 쇠가죽을 사들이기 시작했다. 대구에서도 사들이고 평양에서도 사들였다. 이렇게 사들인 쇠가죽을 전부 한강 용산창 벌판에다가 쌓아 놓고 값이 오르기만을 기다렸다. 쇠가죽 값은 전쟁의 바로미터와 같은 것이어서 전쟁이 격화되면 격화되는 만큼 값이 오르는 것이 상식이었다. 청일전쟁 때에도 그랬다.

전쟁이 나면 쇠가죽은 군인들의 배낭이나 구두 등 군수품으로 막대하게 소요되었던 것이다. 수십만 장의 쇠가죽을 용산창 모래벌판 위에 한데 쌓아 놓은 이승훈은 중얼거렸다.

"그저 전쟁이 십 년만 가라. 왜놈과 러시아놈들아, 이마가 깨지게 싸워대라!"

러일전쟁이 격화되기만을 속으로 바랐던 것이다. 사실 이승훈은 청일전쟁 이후 급변하는 국내외 정세의 흐름에 따라 자기 나름대로의 구국관을 가지고 있었다.

이승훈이 가지고 있었던 구국관은 다른 게 아니었다. 청일, 러일 등 전쟁이 이 땅을 쓸어갈 때마다 그는 왜 우리나라 땅덩이 위에서 외국 군대가 밀려와 싸워야 하는 것인가, 고래 싸움에 새우등 터진다고 그런 전쟁의 피해를 왜 약소한 우리 조선이 입어야 하는가 등을 생각하곤 했다. 시세를 보아하니 일본이나 러시아나 미국, 영국, 독일 등이 호시탐탐 이 땅을 노리고 싹이 자랄 겨를도 없이 밀려와서 짓밟고 경제를 교란시키고 있는 것이다. 이런 고래 싸움 가운데서 약소한 우리가 살 수 있는 방법이란 무엇일까?

이승훈은 종종 여러 사람 앞에서 말한 것처럼 어쨌든 일본과 러시아가 맞붙은 이 싸움이 한 해라도 더 끌면서 치열하게 계속되기를 빌었다. 단, 서울도 아니고 평양도 아닌 압록강 너머 널찍한 만주벌판에 가서 왜놈이 죽든지 러시아놈이 죽든지 결판을 내도록 빌었던 것이다. 일본과 러시아가 기운이 다하도록 오 년이고 십 년이고 진을 빼면서 싸움을 계속하여만 준다면 그동안 우리도 얼른 자라서 힘을 키우고 국력을 신장시키는 것밖에 다른 도리가 없다고 믿었던 것이다.

그래서 러일전쟁은 오래오래 치열하게 끌어야 된다고 생각했다. 그런데 일본군이 여순, 봉천, 하르빈 등으로 혁혁한 전과를 거두면서 러시아군을 밀어붙였지만 의외의 국제 정세에 밀려 일본은 눈물을 머금고 강화조약을 맺지 않을 수 없는 입장이 되었다. 남하하는 러시아의 세력을 막으려던 미국이 태도를 바꾼 탓이었다.

"러시아놈, 코빼기에 침을 놓아라!"

"러시아 곰을 잡아라!"

이렇게 일본을 부추기고 돈주머니를 끌러 돈을 대 주더니 정작 조그만 나라 일본이 고추처럼 맵게 독을 풍기면서 아시아 대륙 깊숙이 화약 냄새를 풍기며 밀고 올라가자 미국은 쓸데없이 일본을 비대화시켜 콧김을 세게 만들 필요가 없다고 느꼈던 것이다. 그래서 미국이 시키는 대로 한참 싸움 잘하고 있는 일본의 등을 꽉 잡고 "이제는 돈을 대 주지 않겠다!" 하는 것이 아닌가! 어느 나라건 전쟁을 수행하자면 막대한 전비를 소모해야 한다. 더구나 말 타고 활 쏘면서 사람과 사람이 맞붙어 싸우는 전쟁이 아니고 화약과 대포가 맞붙은 현대전은 일종의 경제전쟁이라 해도 과언이 아니다. 그동안 일본은 미국으로부터 막대한 돈을 빚내다가 그 돈으로 무기를 사고 화약을 사들여 펑펑 재미있게 쏘면서 만주벌판으로 '돌격!'을 외치며 승승장구했는데 정작 총구에서 나갈 화약 값을 대 주지 않겠다고 미국이 엄포를 놓자 더 이상 전쟁을 수행할 힘이 없어졌다.

여기다 러시아라는 나라가 비록 독이 찬 일본의 총칼에 밀려 슬슬 뒷걸음을 치고 있는 판국이어서 평양을 내주고 압록강 건너 여순항도 함락당하고 봉천을 함락당해 치욕의 패배를 계속하고 있긴 하지만 그렇다고 러시아가 일본과 전쟁을 수행할 능력이 없는 것은 아니었다. 러시아는 워낙 큰 나라이고 인구가 많은 제국이었기 때문에 일본과는 몇십 년이라도 얼마든지 싸울 수 있는 힘이 남아 있었다.

조그만 냇물에서 피라미새끼가 파딱거리며 놀듯 하는 일본이, 설원의 들판에 자리잡고 한겨울에도 끄떡없이 견디는 러시아의 엉큼한 백곰을 당할 수 있을 것인가. 그래서 일본은 할 수 없이 전쟁에 이기고도 이렇다 할 배상금도 받지 못한 채 미국이 시키는 대로 포츠머스 조약을 맺고 휴전에 응할 수밖에 없었다. 이렇게 되자 일본의 조야朝野는 물 끓듯이 일어났다.

사실 일본은 러일전쟁 한판에 근세 개화 이래 축적해 왔던 거의 모든 자본력과 국력을 탕진해 버린 것이나 마찬가지였다. 미국이 뒷배를 보아주지 않는다면 일본은 전쟁을 단 열흘도 더 끌 능력이 없었던 것이다. 그래서 어쩔 수 없이 미국이 시키는 대로 배상금도 없이 강화조약을 맺으려 들자 일본 조야에서는 술 취한 원숭이 떼처럼 아글바

글하게 최후의 한 사람이 남을 때까지 계속 싸워야 한다고 주장하고 나섰다. 여기저기서 집회를 열고 대 러시아 강화조약을 맺으려는 정부를 비판하면서 끝까지 전쟁을 수행하라고 압력을 넣었다. 바로 이 무렵에 이승훈은 한강 용산창 백사장에다 쇠가죽을 엎어 널었다 뒤집어 널었다 하면서 시세를 보고 있었다.

이승훈은 강화조약이 맺어지지 않고 전쟁이 계속되리라고 판단했던 것이다. 일본놈들이 어떤 종자라고 이기는 싸움을 배상금 없이 그만두겠는가? 일본은 틀림없이 전쟁을 다시 계속할 것이다. 인천 앞바다에서 대포 한 방 쏘니까 그 대포알이 러시아 배 굴뚝으로 들어가 펑 터지지 않는가! 이렇게 잘 싸우는 일본이 왜 싸움을 그만두겠는가?

이렇게 한 달을 기다리고 다섯 달을 기다리는 동안에 이승훈의 쇠가죽은 점점 썩어 들어가 그야말로 파리만 꼬이기 시작했다. 생가죽을 모아 급하게 잿물을 칠해서 쌓아 둔 것이라 날씨가 눅눅하고 장마철이 되고 보니 썩지 않을 수가 없었다. 한쪽에서 쇠가죽 썩는 냄새가 코를 삐뚤어지게 풍기기 시작했다. 그래도 이승훈은 고집을 부렸다. 전쟁은 틀림없이 계속된다. 그때는 이 쇠가죽 값이 다섯 배, 열 배로 뛴다. 거의 악에 바친 이승훈은 매일같이 수백 명의 인부를 사들여 해만 좀 빵긋하면 쇠가죽을 엎어 말리고 뒤집어 말리는 것이 일과였다.

이 짓도 한 달, 두 달, 석 달을 계속하다 보니 사람이 견딜 노릇이 아니었다. 이렇게 엎어 말리고 뒤집어 말리는 동안에 쇠 터럭은 다 빠지고 거기 들어가는 인건비는 또 얼마나 많은가?

이승훈은 끝까지 버텼지만 그의 예상을 뒤엎고 끝내 러일전쟁은 허망하게 끝나고 말았다. 팽팽한 기대에 부풀어 있던, 설마 하면서 버텨왔던 이승훈의 희망은 와장창 무너져 내리고 말았다.

전쟁이 끝난 후의 쇠가죽 그것은 마치 굿 끝난 뒤의 광대 탈바가지와 일반이지 그것을 어디에 쓸 것인가? 이제는 그 수십만 장의 쇠가죽을 돌아볼 사람이 아무도 없었다. 그 많은 쇠가죽을 어디에다 팔 것인가? 국내 시장 여기저기를 아무리 살펴봐도 쇠가죽을 팔아먹을 곳이 없었다. 할 수 없이 그는 화물선 한 척을 전세 내어 쇠가죽을 잔뜩 싣고 중국 영구 땅으로 건너가 보았다.

좁은 조선 땅에서는 그 많은 쇠가죽을 소모할 길이 없어 혹시나 넓은 중국에 가면 이것쯤은 팔아먹을 곳이 있으리라고 믿었던 것이다. 그래서 이승훈은 화물선에 쇠가죽을 가득 싣고 중국 영구항에 들어갔지만 그의 쇠가죽을 사주겠다고 약속했던 상인들은 누구 하나 와서 얼굴도 비치지 않고 콧방귀를 뀌는 게 아닌가. 예부터 중국 상인들은 신용 있기로 유명했다. 그러나 아무리 신용도 좋지만 그 사람들이라고 해서 전쟁도 끝난 마당에 아무 쓸모없는 쇠가죽을 사들일 까닭이 있는가?

배를 대놓고 열흘 보름을 기다리는 동안 중국 상인들은 어쩌다 배에 올라와 쇠가죽을 뒤집어 보면서 말했다.

"쇠가죽이 썩었군!"

"왜 쇠가죽 등판에 이렇게 구멍이 났소?"

"털은 다 빠지고 파리가 끓으니 못쓰겠군."

이렇게 트집을 잡으면서 값을 깎기 시작했다. 말하자면 철저하게 귀를 짜고 불매운동을 한 것이다. 그러니 처분할 길 없는 쇠가죽을 다시 싣고 돌아올 수도 없고 그렇다고 운임도 빠지지 않는 쇠가죽을 어디다 내팽개쳐 버릴 수도 없었다.

부글부글 죽솥 끓듯 하는 성질대로 하자면 배를 통째로 홀랑 뒤집어서 바닷속에 처넣고 싶지만 그럴 수도 없었다. 결국 이승훈이 신고 간 화물선의 쇠가죽은 달포 이상이나 중국 영구항에 매인 채 임자 없이 천대를 받다가 끝내는 겨우 몇천 원을 내버리다시피 처분하지 않을 수 없었다. 이승훈은 기가 막혔다. 기가 막혔지만 그러는 도리밖에 없었다.

안창호의 연설에 감복하다

다시 일어날 수 없을 정도로 처참하게 패한 이승훈은 온몸에서 피가 한꺼번에 빠져나가는 듯 한 탈진을 맛보면서 터덜터덜 중국 대륙을 건너 여순으로 압록강을 건너 고향으로 돌아왔지만 거반 죽은 몸이 되고 말았다. 그동안 전 재산을 들여 사두었던 쇠가죽은 중국 대륙을 건너오는 여비에도 모자랄 정도로 한 푼도 남지 않았다. 눈이 두 치나 되게 쑥 들어가 뒤통수에 붙고 두 볼은 살이 빠져 샘이 파이고 수염은 한꺼번에 반절이나 세어 버렸다.

그는 참담한 실패 앞에서 자기의 인생을 되돌아보았다. 결국 그는 두 번 다시 장사를 하지 않고 은퇴할 것을 선언하고 쇠약해진 몸을 이끌고 황해도 연등사에 들어가 버리고 말았다.

그는 연등사에서 낮이면 나무 사이를 거닐고 밤이면 누워서 벌레소리를 들으며 벌써 엿새를 보냈다. 마침 중국 대련 거리에서 구한 《월남 망국사》 한 권이 있어 이 책이 벗이 되었다. 이승훈의 생각은 언제나 두 차례의 전쟁에 떠돌았다. 청일전쟁 때는 서른한 살, 러일전쟁 때는 마흔한 살이었다. 이승훈은 십 년 사이에 남들이 우리나라 안에서 싸우는 것을 두 번 보았다. 남들이 내 집에 들어와 싸우는 것은 한 집의 경우마냥 내 힘이 약한 연고이다. 이승훈은 남이 우리 땅에 들어와서 싸우는 것이 슬펐다. 청일전쟁 때의 아산만과 성환도 그랬거니와 러일전쟁 때 두 나라의 군함이 충돌한 인천만도 우리 바다요, 일본 육군이 북진한 때도 우리 땅을 거쳤다. 둘이 싸운 정주성도 우리 도성이고 일본 군대가 건너간 압록강도 우리 땅이었다.

이승훈은 연등사에서 쉬는 동안 안중근의 사촌 동생 안면근을 만났고 이를 계기로 뒷날 '105인 사건' 등에 연관되었다. 다시 일어날 수 없을 정도로 참패한 후 마음을 잡을 길이 없어 공연히 서울로 인천으로 기차를 타고 왔다 갔다 하다가 평양에 들러 마침 미국에서 돌아온 안창호의 연설을 듣고 마침내 제2의 인생을 시작했다. 그야말로 이승훈의 진짜 생애가 시작된 것이다. 두 번이나 쌓아 올린 이승훈의 재물도 두 번 모두 전쟁이 휩쓸어가 버리고 만 셈이었다.

그나마 1899년 한창 때 정주에서 이십 리 떨어진 오산 용동 본집에다 요행히 재산을 조금 축적해 놓은 것이 다행이었다. 전에 이승훈이 돈을 내놓고 참봉 벼슬이라도 하게 되었을 때 오산 용동에다 터를 잡고 사방에 흩어져 사는 가난한 여주 이씨 집안사람들을 데려다 큰 마을을 이루고 살게 했었다. 말하자면 용동에다 여주 이씨 마을을 세우고 그들에게 땅을 주어 농사짓고 살게 해 주고 겨울에는 모두 유기 짐을 지고 평안도와 함경도로 다니면서 행상하는 법을 가르쳐 생계의 터전을 마련해 주었던 것이다.

바로 오산 용동에 있는 여주 이씨 마을에 뒷날 오산학교를 세운 것이지만 세파에 시달린 이승훈은 그 마을로 돌아가 지내며 한동안 마음을 잡지 못하고 있다가 평양 모란봉에서 안창호의 연설을 듣고 마음을 바꿔 새로운 사람이 되었던 것이다.

당시 서른 살이던 안창호는 미국에서 돌아와 을사조약 직후 풍전등화처럼 까물거리는 나라를 바로잡기 위해 서양 문명의 개화 내력이며 일본과 한국의 입장, 우리의 각오 등을 들어 열변을 토했다. 이승훈은 웅변 잘하기로 유명하던 안창호의 연설에 감복한 나머지 그를 만나고 난 뒤 그 자리에서 상투를 자르고 고향 마을에 돌아가 술과 담배를 일체 끊어 버렸다. 이것이 남강 이승훈이 제2의 인생을 살게 되는 첫 출발점인 셈이다.

조국 성장에 앞장 선 남강

그렇다고 해서 그 후 이승훈이 돈 버는 일에 담을 쌓고 앉아 무력한 선비 노릇만 하려고 한 것은 아니었다. 그는 새로운 인생을 출발한 뒤에도 '조선의 산업화'라는 꿈을 키워 이탈리아 상인 파머와 함께 인천에다 '파머양행'을 세우려고 계획을 했고 1908년에는 평양에다 '종로 태극서관'을 꾸몄다.

이승훈이 구한말 설립한 평양의 종로 태극서관은 서북 일대에 새로운 지식을 보급하는 가장 큰 서점으로 주인은 안태국, 사무는 이덕환으로 되어 있다. 1910년 12월 30일자 〈경향신문〉의 광고에 의하면 이승훈은 평양민이 아니라 서울에도 제2의 태극관을 개설하여 최대의 서점으로 전국을 장악했다는 점이 밝혀지고 있다.

이승훈은 평양 종로에 차린 태극서관이 금방 번창하자 한일합병 직후 서울 안국동으로 나와 제2 태극서관을 차렸던 것이다. 그 무렵은 한일합병으로 나라를 잃은 뒤 교육입국을 주장하던 때였고 신교육의 책이 날개 돋친 듯이 전국으로 퍼져나갔을 때니까 요즘의 서점과는 사업의 번창도나 입장이 비교가 되지 않았다.

또 많이 알려져 있듯이 이승훈이 평양에 나와 자기회사를 설립했던 것은 유명한 이야기다. 놋그릇장사를 하던 이승훈이 왜 평양 마산동에다가 사기그릇장사를 시작하게 되었을까? 물론 여러 가지 이유가 있었다. 그러나 이것도 엄밀하게 따지면 어쩔 수 없는 시대의 추이였다. 왜냐하면 그때까지 그렇게도 많이 쓰이던 놋그릇은 일본인의 왜사발, 왜대접 등 백자 사기그릇이 들어오면서 식기 혁명이 일어나 도저히 경쟁할 수 없었기 때문이다. 식기 혁명 바람도 무시할 수 없는 경제계의 변혁이었다.

납챙이, 안성 지방을 중심으로 번성했던 유기공업도 일본의 신문명이 등장하기 시작하면서부터 어쩔 수 없이 퇴색하게 되었다. 그것은 놋그릇이 값싸고 깨끗한 일본의 왜사발만 못 했기 때문이다.

대개 놋그릇은 한철에도 몇 번씩 기와 가루로 닦아 주어야 했다. 무슨 잔치나 일이 있을 때마다 부인네들은 나서서 놋그릇과 놋숟가락을 일일이 닦았는데 여간 귀찮은 일이 아니었다. 그런데 일본의 왜사기는 일단 눈이 부시게 깨끗하고 하얄 뿐만 아니라 녹슬 염려도 없고 그릇을 닦느라고 따로 힘을 들일 필요도 없었다. 왜사발이 놋그릇을 싹 쓸어가 버리는 시대가 온 것이었다.

또 놋그릇 공장들이 크게 타격을 입은 원인 가운데 하나는 담뱃대의 쇠퇴였다. 대개 짐작하듯이 담배를 피우는데 필요한 대꼬바리('담뱃대'의 사투리)와 물부리를 놋으로 만들었고, 놋재떨이도 만들어 놋그릇 공장들이 활성화되었다. 그러나 이제는 누구에게나 담뱃대가 필요 없는 궐련이 퍼져서 담뱃대의 수요가 그만큼 감소한 것이다. 세상은 어쩔 수 없이 사기그릇 일색으로 바뀌게 되었는데 어찌 그냥 우두커니 앉은 채로 일본인들의 왜사발에 상권을 모두 빼앗기고 말 것인가?

그래서 이승훈을 비롯한 자각 있는 서북 사람들은 도자기 공업을 일으켜 왜사발과 경쟁하려고 한 것인데 이것이 1908년에 설립되었던 '평양자기회사'였다. 그 무렵에 이승훈이 세웠던 평양자기회사 이야기가 1908년 9월 16일자 〈황성신문〉에 전해지고 있다.

> 평양군 磁器會社(자기회사)가 설립된 것은 前記報道(전기보도)어니와 日昨(일작)해 회사에도 新造(신조)한 자기를 京中(경중)에 送來(송래)하얏는데 그 품질이 完好(완호)하니 차는 我韓(아한) 물품 제조의 점차 발달될 효시라고 人多(인다) 칭도하더라.

평양자기회사는 1908년 9월에 이미 생산을 개시했고 그곳에서 만든 도자기를 서울에 보내어 감정을 시켰더니 품질이 썩 우수하여 우리나라 공업 발달에도 좋은 징조가 될 것이라고 이야기하고 있다. 이 자기회사는 사업이 잘되어 그 해 10월에 1천 주의 주식을 추가 모집하기 위해 전국적으로 주주를 구했다. 평양자기회사는 본격적인 주식회사로 발족하면서 주주가 늘어나 2천 2백 주가 되었고 그 당시 한 주의 가격이 50원으로 총 자본금은 6만 원이었다고 밝혀지고 있다.

평양자기회사의 발기 대표들을 보면 한삼현, 김정민(진남포 축동), 윤재명, 정인숙, 김용정(안악 읍내), 윤성운(평양 관동), 전재풍, 이덕환, 최유문, 이승훈(정주 오산동) 등이었다.

그밖에도 1909년 4월 11일자 〈황성신문〉 광고에 보면 이승훈은 47

명의 주주로 이룩된 '평양상업회의소' 소장으로서 평양 대동문내리 문동 한 모퉁이 2층집에서 회의를 개최하고 있다. 그러니까 평양자기 회사는 2층 자기회사 건물을 둘 정도로 번창했고 이 해에 드러난 평양 상업회의소의 사장은 이승훈, 총무 김남호·정인숙, 감사 김진후·최유 문 등이었다.

그러나 평양자기회사는 그야말로 시리를 타고 2년 동안 급자기 성 장했으나 한일합병 이후부터는 일본 사기들이 대량 상륙하여 아주 싼 가격으로 경쟁을 하는 바람에 더 이상 지탱하지 못하고 문을 닫았다. 물론 가격 면에서 일본 백사기와 우리나라 사람들의 미숙한 시술로 생산한 사기는 경쟁이 되지 못했다.

그리고 더 큰 근본적인 이유는 사기를 일본인들처럼 날렵하고 산뜻 하게 만들어내지 못한 기술상의 문제였다. 일본인들은 양잿물로 사기 의 색깔을 하얗게 돋우고 또 그 위에 여러 가지 그림을 그린 데 반해 우리나라 사람들의 그림은 볼품없고 투박했기 때문이다. 아무리 국산 품 애용이 그 당시 전 국민의 구호처럼 내세워진 단어였다고는 해도 이런 상태에서는 어떻게 할 도리가 없었던 것이다.

그러나 이승훈은 제2의 인생을 출발한 이후 그다운 애국심과 정열 로 사회 각계에서 모범을 보였다. 1909년 2월 9일자 〈황성신문〉의 논 설에서는 독자들에게 이승훈을 본받으라고 한 대목이 발견되고 있다.

태황제 폐하 西巡(서순) 당시 평북 정주 정거장에 御着(어착)하사 該郡(해군)
교육과 이승훈을 揮志(휘지)로 所見(소견)하신 사실을 본보에 기재어니와
… 李承薰(이승훈) 씨는 원래 起身寒微(기신한미)하야 世業(세업)을 승적함이
無(무)하고 自小(자소)로 상업에 종사하야 仰事俯育(앙사부육)의 恒産(항산)을

致(치)하얏는데 心地(심지)가 忠實(충실)하고 품행이 단결하므로 도내 실업
가의 신용을 득하야 영업은 不滯(부체)하나 평생의 의협심을 발휘하야….

즉 〈황성신문〉 논설에서는 물려받은 것 없이 맨주먹으로 가업을 일
으킨 이승훈을 칭찬하고 있다. 1909년 이승훈이 48세 되던 해, 융희황
제가 서선 지방을 돌던 때에 이승훈은 정주역에 나가 임금을 알현했
던 것이다. 그런데 보통 이승훈의 이름을 쓸 때는 오를 승昇 자로 쓴데
비해 여기서는 이을 승承 자로 쓴 대목이 나와 웬일인가 하고 살펴보
니 이것은 일시적으로 잘못된 것일 뿐이었다.
1906년 12월 10일자 〈황성신문〉에 나타난 말을 보자.

평안북도 정주 居(거)하는 전 참봉 이승훈 씨가 경성고아원에서 청조(도와
주기를 청함)위원을 평양에 파송하얏는데 該(해) 7월분에 평양여관에서 고아
원 請助文(청조문)을 見(견)하고 즉시 주머니를 다 털어 금 5환의 의연을 하
더니 또 금방 상경하야 又爲捐助(우위연조) 하얏더니 該(해)씨의 자선지심에
莫不感謝(막불감사) 한다더라.

이승훈은 1906년에 경성고아원에 돈을 기부하여 또 한 번 세상의
칭송을 들었다.
지금도 오산학교를 통해 많은 제자를 길러냈고 남강 이승훈의 제자
들은 그의 뜻을 살려 서울 한복판에 오산학교를 굳건히 일으켜 세우
고 있다.

안순환

安淳煥

거친 인생에서
꽃피운
명월관
설립자

구한말 이래 난다 긴다 하는 명기, 명배우, 명창들이 이름을 날렸던 명월관을 기억하는가?

명월관은 1903년 러일전쟁 직전에 안순환安淳煥이 약 1천 원의 자본금을 들여 시작했던 것인데 이게 우리나라 요리점의 효시였다. 명월관이 한창 빛을 발하고 있던 당시, 서울 장안에는 전차가 막 개통될 무렵이었지만 그때까지만 해도 우리나라에는 요리란 말이 아직 없었다. 구한말 때까지만 해도 요리란 말은 그야말로 두 글자가 번쩍번쩍 빛나고 돈 냄새, 향 냄새가 물씬한 명월관 같은 일류 기생집에서나 쓰는 말이었다.

어느 시골의 밭뙈기나 가진 친구쯤이야 감히 서울 올라와서 그런 요리를 맛볼 수나 있었던가? 그렇다고 해서 음식 먹을 곳이 전혀 없었다는 것은 아니다. 서울 장안 여기저기에 재래식 약식집, 팥죽집, 전골집, 냉면집, 설렁탕집 등이 골목마다 있었지만 그 밥집, 술집들의 모양은 형편없었다.

  귀 떨어진 상에 전라도 대죽大竹을 쭉쭉 쪼개 만든 젓가락에다 애오재 놋숟가락이고 그릇이라고는 뚝배기, 장종지에 이르기까지 모두 볼품없는 질그릇들이었다. 이런 대나무 젓가락에 뚝배기 놓인 상에서 어찌 음식 맛이 제대로 날까? 파리가 왱왱거리고 개숫물이 뚝뚝 흐르는 그런 불결한 음식점에서 키 큰 놈, 키 작은 놈 모두 한방에 둘러앉아 먹는 잡다한 풍경이었다. 이런 시절에 안순환은 고급 요릿집 명월관을 지어 일대 혁신을 일으켰던 것이다. 명월관의 모양이 어땠는지 살펴보자.

> 그러한 時(시)에 일개 新式的(신식적), 파천황적, 청결적, 완전적의 요리점이 黃土峴(황토현)에서 탄생하니 즉 조선 요리점의 鼻祖(비조, 어떤 학문, 기술 등의 길을 처음 연 사람) 명월관이 是也(시야)라. 京城(경성)은 조선의 首府(수부)로 内

外人(내외인)의 교제가 빈번하기 擧杯論事(거배론사)할 處(처)와 娛樂開遊(오락한유)할 場(장)이 일시라도 없으면 불가하던 중 先見之明(선견지명)이 有(유)한 明月館主(명월관주) 안순환 씨가 당시 1천 원의 자본으로 신식의 요리점을 창설하얏으니 這間(저간)에 비상한 風霜(풍상)과 苦痛(고통)을 當(당)함은 一筆(일필)로 말하기 어렵거니와….

개과천선한 패륜아

1911~2년 당시 사진 속의 명월관은 놀랄 정도로 호화롭고 웅장한 모습이다. 신라식 3층 한옥에 마당에서 2, 3층으로 직접 올라가게 화강석 계단을 놓은 것이라든지 양요리관의 정연한 모습, 실내장식 그리고 그곳에서 쓰던 일류 그릇과 인력거 타고 다니며 치마꼬리를 주섬주섬 잡고 명월관 문턱을 들랑거리던 내로라하는 한성 권번(일제 때의 기생들의 조합)의 명기들.

어디로 코를 돌려도 향기로운 술 냄새, 연지 냄새요, 호호, 깔깔, 하하, 허허 웃는 한량과 명기들의 웃음소리와 노랫소리였다. 환락의 집이고 기쁨의 집이었다.

왕궁에서 나온 궁녀들은 새로운 생활 터전을 찾아 명월관의 기생이 되고 벼슬하던 양반 찌꺼기들은 벼슬이란 밥통을 잃어 홧김에 먹어나 주자고 명월관으로 들어갔다. 눈 크게 뜨고 약삭빠르게 일본인에게 붙어서 날뛰던 친일 귀족들과 논도랑의 송사리인 일진회 패거리들도 새 세상을 만난 기쁨에 우쭐우쭐 춤을 추고 좋아서 술 먹을 일이 났던 것이다. 여기다 남녀칠세부동석이라는 봉건적 도덕률에 애정을 속박

x

명월관 기생들
명월관에서 평양기생학교 학생들이 공연을 하고 있다. 서울역사박물관.

당했던 서방님들은 신천지를 찾아 연애 잘하는 신식 기생들을 낚으려
고 논문서를 바늘에 꿴 낚싯대를 들고 명월관으로 모여들었다.

그런가 하면 마포 강변에서 소금장사로 돈을 번 양반들은 평생 손
목 한 번 만져 볼 수 없었던 박꽃 같은 궁녀들을 안아 보려고 엽전 꾸
러미를 차고 덤벼들었다. 에라, 이판사판 돌아가는 것은 노세, 노세 젊
어서 노세다. 늙고 병들면 못 노나니 젊어서 이빨 빠지게 고기도 씹고
콧잔등이 앵돌아지게 술독에도 빠져 보자는 거다.

얼핏 생각하면 세상이 망하고 경기가 잘 안 돌아가면 고급 요정들
이 불경기에 몰려 금방 문을 닫을 것 같지만 옛날부터 극장과 술장사
는 한 번도 왕창 망한 적이 없었다. 단지 한쪽이 망하면 다른 한쪽에
서 새로운 지배자들이 나와 망한 이들이 누리던 영화를 대신해서 누
릴 뿐이다. 그러니까 술장사로 보면 망하고 흥하고 자빠지고 일어서
며 연자방아 도는 사회변혁이 자주 일어날수록 더 좋은 일이 아닌가?

이래서 안순환은 명월관 하나로 일약 전국 한량들의 돈을 쓸어들이

게 되었다.

지금은 1천 4백 명의 초대회와 환영회는 명월관이 아니면 불능하게 되었
다. 명월관을 안 보고 서울 구경을 했다면 헛일일 만큼 명월관은 서울의
대명사가 되었다. 거기다 명월관 주인 안순환은 양식부와 한식부에 다시
13만 원을 투자하야 일대 확장을 기한 바 지금은 명실공히 동양적 환락의
음부陰府가 되어 명가묘무名歌妙舞의 아름다움을 자랑하게 되었다.

과연 명가묘무의 명월관이다. 집 모양도 웅장한 3층 한식집인데 한
번에 1천 4백 명이 모여 잔치를 벌일 수 있을 정도라니 짐작할 만한
규모가 아닌가?

방 안에 척 들어서면 보료에다 팔걸이요, 방망이 병풍이요, 기생이
요, 교자상이 있어 한 번 엉덩이를 붙이고 앉으면 몇 시간이고 한가롭
게 놀던 때였으니 그런 놀이꾼 1천 4백여 명이 들어앉을 수 있었다면
과연 놀라운 규모였다. 안순환의 배짱이 아니고는 아무도 감히 그런
노름을 할 수 없었을 것이다.

그 무렵에 혜천관이라든지 진고개 일대에 자리 잡은 일본인 요리
점, 이화여고 정문 근처에 있었던 손택호텔의 양식부 같은 것이 있긴
했지만 모두 안순환의 명월관에 비하면 규모에 있어서나 맛에 있어서
비교도 되지 않았다. 그러니 안순환이야말로 명월관이라는 이름만으
로 우리나라 풍류사상 불후의 공적을 세운 것이라 할 수 있다.

물론 안순환의 밑천을 길게 이야기하자면 일진회의 송병준이 등장
하지 않을 수 없고 그 때문에 안순환도 뺨맞을 만한 일을 전혀 안한 것
도 아니었다. 안순환은 송병준을 따라다니면서 더러 송병준의 황금마

차를 얻어 타기도 했었고 송병준은 안순환의 요리를 얻어먹고 아랫배에 기름이 차 트림깨나 한 것도 사실이었다.

천한 기생 기둥서방 버릇이 그대로 남아 있어 걸핏하면 주먹 들고 허튼 맹세하기 좋아하고 욕 잘하고 쌈 잘하기로 소문난 송병준, 그것도 알고 보면 다 안순환에게서 배운 것이라고 해도 과언이 아니었다. 왜냐하면 송병준이 기생 맛을 들인 것도 안순환이 가르쳐 준 것이고 주먹 쓰고 쌈질하는 것도 안순환이 송병준의 선생이었기 때문이다. 이래저래 송병준과 안순환은 배가 맞아 돌아갔는데 안순환이 한참 바람을 낼 때의 모습을 기록에서 보자.

1909년 4월 안순환이 일본에 들어가서 연미복 입고 황금마차 타고 달리는 광경이다.

일본에 체재한 안순환 씨가 귀국 후에 內藏院卿(내장원경)을 被任(피임)한다 함은 기보하얏거니와 更聞(경문)한즉 該氏(해씨, 그분, 그 양반)가 모 친지인에게 통신한 잡난 辭意(사의)를 논한즉 궁내부 대신 민○석 씨가 일본 留連時(유연시)에 宮內省(궁내성)을 시찰하겠다 한즉 시찰할 필요가 無(무)하니 同件渡去(동건도거)하자 하되 不聽(불청)하고 기어 주선하야 燕尾服(연미복) 馬車風(마차풍)에 궁내성과 大典司(대전사)를 視察(시찰)하고 待遇(대우)를 受(수)하얏노라 하얏더라.

이렇게 안순환이 일본에 가서 신식 멋을 보고 온갖 멋을 부리는데 아마 일본에서 귀국하기만 하면 내장원경 벼슬을 할 것이라는 기대에 너무 좋아 한 번 놀아 보았던 것 같다. 아닌 게 아니라 명월관 주인 안순환은 단순한 술장수가 아니었다. 그는 여러 가지 벼슬을 골고루 하다 나중에는 정3품 대신급까지 올랐다. 그러니 안순환이 내장원경을 할 듯 말 듯 한다고 해서 웃을 것은 하나도 없다.

안순환이야 본래 글 읽은 적 없고 자기 이름자도 정신 바짝 차려야 겨우 쓸 둥 말 둥 했지만 생기기는 준수하고 장대하여 손바닥 두껍고 얼굴이 동이만하게 큰 데다 목소리까지 종을 치는 듯 우렁우렁하였다. 사내자식이 쩨쩨하게 붓이나 들고 글이나 쓴다든지 시조가락이나 숨넘어가는 소리로 웅얼웅얼 길게 빼서 어디다 쓰는가?

신언서판身言書判(갖추어야 할 네 가지 조건, 신수, 말씨, 문필, 판단력)의 첫째는 몸뚱이 아닌가? 안순환은 몸이 참 좋았다. 기운으로 치거나 싸움 잘하고 발치기, 박치기, 멱살 잡고 흔들흔들하다가 수틀리면 엎어치기로 개구리 길바닥에 내팽개치듯이 메다꽂는 것은 별로 큰 가락이 아니다. 안순환이 한창때 떴다 하고 가락을 피우면 늙은이 상투를 손가락에 꽉 감아쥐고 공중제비로 몸뚱이를 돌리면서 서너 발 저쪽에 내던지는 쌈가락에는 천하가 다 손들고 말았다.

이렇게 얘기하면 허풍 친다 할지 모르지만《조선 인물관》에 기록되어 있는 안순환의 인물평을 보면 확인할 수 있다. 그는 걸핏하면 주먹으로 벽을 쳐 구멍을 내고 수틀리면 사람치고 집 때려 부수기가 예사라고 했다. 황소처럼 벌떡벌떡 일어나는 기운을 쓸 데가 없어 제 기운에 넘쳐서 그렇단다. 사람 치고 물건 때려 부수고 술집, 밥집에 들어가 술상, 밥상을 마당에다 메다꽂는 것도 한두 번 해 보니 가락이 나고 버릇이 되어 이제는 아무 놈이고 붙잡고 쌈질하지 않고는 주먹이 근질근질해서 견딜 수가 없다. 기운을 쓰지 않은 밤이면 주먹을 긁다가 한잠도 못 자는 경우가 태반이었다. 그러니 편안하게 자기 위해서도 실컷 먹고 맘껏 때려 부수고 가슴에 멍울진 것 없이 후련하게 아무 놈이

건 죽도록 패야 잠자리가 편안하다는 것이다. 맞는 놈은 발 뻗고 자도 때린 놈은 발 오므리고 잔다는데, 안순환에게는 통하지 않는 말이다.

그만한 힘을 가지고 팔도강산으로 떠돌면서 씨름판에 붙었더라면 장사 소리 듣고 황소만도 수백 마리는 몰아들였을 텐데 왜 종로, 청계천, 구리개, 애오개, 삼개 등 서울 바닥을 떠돌며 악명을 떨치고 다녔을까?

안순환을 보는 사람마다 욕을 하고 길바닥에도 눈을 흘겼다. 술 퍼먹고 공연한 사람에게 시비를 걸고 밥상을 둘러엎고 발길질이니 어느 눈먼 영감이 얼금뱅이, 앉은뱅이 딸이라도 주어 사위를 삼겠는가? 안순환은 나이 스물이 넘도록 상투도 못 들고 볼썽사납게 총각으로 떠돌았는데 그럴수록 울화가 치밀어 못된 짓만 도맡아 하고 쌈 났다 하면 뛰어들어 사람을 패니 장차 그 버릇을 어찌할 것인가? 그러던 안순환은 스물세 살 때에 마음을 잡고 장사하는 데 뛰어들어 불과 일 년 남짓 만에 수만금을 모았다고 한다. 그가 어떤 일을 계기로 마음을 잡고 새로운 인생을 출발했는지는 분명하지 않다. 또 그가 어떻게 짧은 기간에 일약 수만금의 돈을 벌었는지도 알 수가 없다. 그러나 안순환과 같은 기질의 사내라면 그럴 가능성은 충분히 있다.

서울 장안에서 내로라하는 주먹을 쓰는 사람도 안순환이라면 맥을 못 추었다. 한자리에 앉아서 독한 약주를 백 잔이나 연거푸 마시고도 아랫도리가 후들거리지 않고 수틀리면 벌떡 일어서서 사람 치는데 그런 용맹한 사내가 돈을 잡자고 한번 마음먹으면 무슨 짓을 못 하겠는가?

그런데 수만금의 재산을 모았던 안순환은 갑오동란의 여파로 파산해 버렸다. 이때 역시 그가 어떤 사업에 종사했고 왜 난리통에 파산당해 다시 맨주먹이 되었는지는 밝혀지지 않고 있다. 그러나 갑오년의 파산을 계기로 그는 제3의 인생을 살게 되었다. 덩치만 컸지 까막눈으로야 어떻게 세상에 나가서 제 앞가림을 하고 살겠는가? 스물다섯 살이 넘은 안순환은 비로소 뒤늦은 공부를 시작했는데 케케묵은 서당을 찾지 않고 신개화 문명의 물결을 따라 관립 영어학교에 들어가 영어 공부를 했다. 덕분에 그는 주원전 참봉, 전환국 건축 감독, 전환국 기수, 궁내부 전선사 장선, 황태자 문후사 수원, 이왕직 사무관 등 정3품 벼슬까지 하게 되었고 한일합병 이후에는 장안의 거부 중 한 사람으로 낙산 밑에 별장을 지어 놓고 한가롭게 지냈다.

現今(현금)은 京城(경성)에 有數(유수)한 실업가로 屈指(굴지)함에 至(지)하얏으니 안씨를 謂(위)하야 가히 성공하얏다 할지라. 안씨의 창립한 조선요리점 명월관은 구한국 광무 7년(1903)경에 창설한 것인데 경성 요리점의 효시요, 대왕이며 掛冠(괘관, 벼슬을 내어 놓고 물러남) 후는 동부 駱山(낙산) 新代上(신대상)의 自邸(자저)에 閑臥(한와)하여 閑雲松風(한운송풍)으로 伴侶(반려)를 作(작)하고….

이것이 1912년 안순환의 모습이다. 그는 일진회 평의원으로 애국부인회 찬조원, 적십자사 정사원, 경성상업회의소 특별의원 등의 직함을 가지고 사회단체와 재계에 몸담고 있는 거부로, 화류가에 명월관 같은 왕좌를 만들어 놓았지만 어쩐 일인지 비단옷 안 입고 검소하게 살았다고 한다.

울분 많은 어린 시절

안순환은 안순근의 넷째 아들이고 더 멀리 족보를 대자면 고려시대의 학식 있던 선비 안유의 24대 손이다. 그는 1871년생으로 자는 선후善厚, 호는 죽농竹農으로 이름자로 보면 선하고 후하고 대나무처럼 절개도 곧고 순박하고 빛나는 사람이다. 그러나 자와 호를 좋은 글자로 가져다가 마음을 꼭 묶은 것은 뒷날의 이야기이고 그는 어려서부터 어머니의 젖조차 넉넉하게 빨아 보지 못한 사람이었다.

두 살 때 생모를 잃고 남의 손에 자라다가 아홉 살 때 생부인 안순근이 세상을 떠나고 그 이듬해에는 자기를 데려다 키워 주던 수양어머니마저 죽어 버렸다. 열 살 무렵까지 안순환이 겪었던 비참한 운명은 그를 장안의 개망나니로 만들기에 충분한 요인이었다.

안순환의 집안 형편이 어땠는지는 말로 표현하기 어려울 정도였던 것 같다. 두 살 때 어머니가 죽자 두 살배기 핏덩이를 남의 집 수양아들로 줄 수밖에 없었다. 거기다 열 살에 수양어머니마저 세상을 떠나고 나니 의지할 데가 없었다. 그래서 열 살 난 소년 안순환은 자기 목숨을 보존하기 위해 할 수 없이 생가 형의 집으로 돌아갔지만 그 집 역시 서 발 장대 내둘러도 거칠 것 하나 없이 가난하여 아침에 시래기죽 한 사발을 먹으면 언제 또 죽이라도 얻어먹을까 하는 배고픈 설움을 겪어야 했다.

안순환은 그곳에서조차 견디지 못하고 뛰어나와 이리저리 흘러 다니면서 남의 집살이를 하다가 열일곱이나 열여덟 살 때쯤 되어 술 마시고 제 신세타령을 겸해 장가 못 간 울분, 부모 없는 울분, 형제들로부터도 따뜻한 밥 한 그릇 얻어먹어 보지 못한 울분, 이리저리 떠돌며 남의 집 눈칫밥을 먹으면서 자랐던 울분이 한꺼번에 쏟아져 걸핏하면 주먹질, 발길질이고 사람 만나면 시비 걸고 툭하면 남의 뒤통수나 친 것이다.

안순환은 어찌나 완력이 센지 그가 바른쪽에서 아귀턱을 치면 왼쪽으로 턱이 돌아가 버려 아무도 그의 앞에서 말대답을 못 했다고 한다. 그런 안순환이 명월관으로 대성공을 거둔 것은 적절한 시대의 바람을 만나 돛을 올렸기 때문이었다.

백성을 대신한 원각사 인수

명월관의 주인 안순환은 새로운 시대의 바람을 타고 원각사를 인수했다. 이곳에 당대의 명창 김창환을 불러다가 우리나라 신소설의 효시인 이인직의《은세계》를 창극으로 부르게 했다. 김창환이《은세계》를 한참 신나게 부르고 있을 때였다. 탐관오리 정 감사가 주인공인 최병도를 잡아다가 매를 치고 재산을 뺏는 대목에 이르자 혜천탕 주인 윤계환이 벌떡 일어나 시비를 걸었다. 그러자 안순환은 윤계환을 걸어 업무방해로 재판을 하겠다고 나섰던 일이 있었다. 이것으로 보아 안순환은 반봉건적, 개혁적, 서민적 기질이 농후한 거부였던 것 같다.

혜천탕은 구한말 우리나라 사람으로는 최초로 윤계환이 개설했던 영업용 목욕탕이었다. 혜천탕은 혜천관이란 요릿집에서 부설한 것이었으니 혜천탕 주인 윤계환은 명월관 주인 안순환과 요리 업계에서 서로 라이벌 관계에 있었던 모양이다. 그들은 어떤 의미로 보면 서로 동업자이면서 경쟁자이고 또 앙숙이라고 할 수도 있었다.

원각사

서울 광화문 새문안교회 자리에 있었던 우리나라 최초의 근대식 극장. 원각사는 판소리·민속무용 등 재래의 연희를 주로 공연하였으며, 1908년 11월에는 이인직의《은세계(銀世界)》를 신연극이라는 이름으로 공연하였다.

혜천관도 요리장사를 하는 곳이고 명월관도 요리장사를 하는 곳이니 서로 쌍뿔처럼 돋아 손님 유치 경쟁을 벌였는데 윤계환이 안순환이 사장으로 있는 원각사에 들어가 말하자면 찍자를 붙였던 것이다.

김창환이 한참 천하를 매혹할 듯 한 목소리로《은세계》를 부르자 원각사는 매일같이 구경꾼들로 초만원을 이루었다. 이인직의《은세계》는 우리나라 신소설의 효시를 이루었던 작품으로 봉건적 체제에 항거하는 민중의식을 고취한 것인데, 봉건사회의 탐관오리가 백성을 잡아다 매를 쳐 재물을 뺏는다는 이야기로 엮어져 있다. 이 대목에 이르자 관객들은 물을 끼얹은 듯이 숨을 죽이고 탐관오리 정 감사의 행위를 지켜보고 있었다. 그런데 그때 돌연 윤계환이 벌떡 일어나 무대 위로 올라가 고함을 치는 통에 김창환은 깜짝 놀라 폈던 부채를 딱 오므리면서 노래를 중지하고 뒤로 물러섰다. 그러자 윤계환은 큰 소리로 외쳤다.

"이놈, 창부 김창환아! 그런 탐관오리의 일을 연극의 자료로 올려 만좌중에 노래를 부르는 것은 심히 온당치 못하다. 그 정 감사는 누가 내보낸 목민관이냐? 정 감사를 욕하는 일은 결국 나라의 임금에게 욕하는 일이 아니냐?"

이렇게 시비를 걸었던 것이다. 장내가 소란스럽고 시끌시끌하자 원각사에 파견 나와 있던 순사가 윤계환을 문밖으로 내쫓았는데, 이 소식을 듣고 달려온 안순환은 다짐했다.

"그 윤가는 이런 데까지 와서 나와 겨룰 작정인가? 그러면 어디 한번 해보자. 네 뿔이 센지 내 돌담이 센지 부딪쳐 보자. 감사 아니라 감사 할아비라도 죄 없는 백성을 잡아다 매를 쳐 재산을 뺏는 행동이 옳은 일이란 말인가? 이런 감사가 있으니 우리는 백성된 도리로 나라님에게 일을 알리고 징계하여 다스리는 것이 마땅하거늘 남의 영업장에 와서 이런 야료를 치는 것은 무슨 개수작인가. 두고 봐라. 내가 재판을 해서라도 배상금을 받아 낼 테니."

결국 안순환은 영업방해죄로 윤계환을 걸어 재판을 하겠다고 나섰다. 그런데 그 무렵만 해도 이런 탐관오리의 실상을 폭로한《은세계》 공연은 상류층 지배계급에게는 매우 비위에 거슬렸던 모양이다. 왜냐하면 윤계환이《은세계》의 줄거리를 가지고 말썽을 부리기 바로 며칠전에는 대원군의 손자이던 영선군 이준용 역시 원각사에서 창극《은세계》를 듣다가 이 대목을 보고 화가 나 창부를 불러 즉각 연극을 중지하도록 명령한 일이 있었던 것이다.

불우한 기억이 명월관 탄생

　안순환은 어떻게 남들은 꿈에도 생각하지 못한 요리장사를 할 사업적 안목을 발휘했을까? 안순환이 한때 왕궁 안에서 임금의 반찬을 만들어 올리는 전선사의 장선을 역임했기에 가능했다고 할 수 있다. 그가 전선사의 책임자인 장선 벼슬을 하게 된 것은 음식에 대해서 매우 밝은 식견을 갖고 있었던 탓이다.

　그가 음식에 대해 밝았던 것은 아마도 불우한 10대 소년 시절, 남의 집 밥을 얻어먹을 때 음식점 사환이나 음식점의 숙수(음식을 만드는 일을 업으로 삼는 사람) 노릇을 한 일이 있었기 때문이다. 그리고 그 당시에 익힌 기술은 그가 장성한 뒤에 명월관을 운영하여 거금을 잡는 계기를 만들었다. 또한 왕실의 재정을 정비하면서 왕궁에 있던 많은 궁녀들

태화관
1918년 명월관이 소실되자 안순환은 순화궁(順和宮, 지금의 종로구 인사동 194)에 명월관의 분점격인 태화관(太華館)을 차렸다가 뒤에 태화관(泰和館)으로 개명하였다. 이곳은 3·1독립운동 때 민족대표들이 모여 독립선언문을 낭독하고 축하연을 베푼 곳으로 유명하다.

을 내보내게 되자 그중에는 노래를 잘해 기생으로 전락한 궁녀도 있었고, 또 왕궁 수라간에서 천하제일의 음식 솜씨를 자랑하던 나인들도 많았다. 안순환은 재빨리 명월관을 열어 왕궁에서 흩어져 나오는 그 나인들을 흡수하여 그것이 그대로 명월관의 당당한 권위와 명성을 내건 성을 쌓는데 큰 역할을 하도록 했다.

명월관에만 가면 누구라도 임금의 지척에서 놀던 궁녀, 임금의 수라간에서 자랑하던 궁중요리 솜씨를 모두 즐길 수가 있었다.

그러니 누가 돈을 아끼랴! 더구나 그 많은 사람들이 박꽃같이 흰 살결을 만져 볼 수도 있고 꾀꼬리 같은 노랫소리며 임금님만이 잡수시던 꿀물, 게젓, 하다못해 김치, 깍두기까지 마음 놓고 먹을 수 있으니 그야말로 명월관은 파망한 조선 왕궁의 성을 다시 쌓은 축소판인 셈이고 안순환은 그 권위와 명예를 재빨리 장삿속으로 이용하여 대성공을 거두었던 것이다.

김기덕
金基德

배짱ㅇ으로 밀어붙인 천만장자

배짱으로
밀어붙인
천만장자

구한말의 개항지에 이어 나진, 웅기 같은 새로운 항구가 1920년대부터 북부 지방에서 생겨나기 시작했다. 그래서 허연 모래땅 한 평에 그때 돈으로 최고 40원까지 뛰어올라 북부 지방에 '천만장자'네 '2천만장자'네 하는 벼락부자들이 나타났다. 그때 나타난 홍길동들이 김기덕金基德·김기도 형제와 홍종화이다.

김기덕은 1910년 아니 1920년 전반까지만 해도 도저히 '김기덕'이 될 수가 없었다. 아니 시대가 조금 늦어 그가 호운好運을 맞은 1930년대에서 1940년대라고 하더라도, 그의 활동 무대가 웅기가 아닌 남부 지방이거나 중부 지방이었다고 해도 김기덕은 절대로 탄생하지 못했을 것이다. 그만큼 1930년에서 1940년 사이 북부 지방에 밀어닥친 군항 바람은 김기덕에게 아주 중요한 기회였다.

근세 이후 우리나라에 불어온 '돈 바람大帶'도 1930년을 넘어서면서 남·중부 지방의 토지, 무역 바람에서 북부 지방의 군항과 자원으로 옮겨간 추세였다. 따라서 '한밤을 낭자하게 밝힌 혜성 같은 사나이'들은 거의 다 북부 지방에서 탄생했다.

따라서 1930년대 북부 개발 때는 땅값이 훨씬 더 홍길동 판이었다. 재빠른 친구들이 미리 정보를 입수하고 선수를 쳐 폭리를 보아도 아무런 제재도 할 수 없었다. 김기덕이 느닷없이 전국적인 거부로 일확천금하던 1932년 무렵 나진항에 불어온 돈 바람을 보자.

> 나진항에 황금의 소나기! 벼락부자들이 속출! 평당 몇십 전짜리가 일약 20원.

한 평에 10전, 20전 하던 땅이 갑자기 20원에서 최고 40원까지 껑충 뛰었다니 이것은 10배, 20배가 아니라 1백 배, 2백 배 단위로 둔갑하는 순간이다. 이 정도의 돈벼락이 떨어졌으니 황금의 소나기라고 표현할 수밖에 없었을 것이다.

> 그래서 新安面(신안면) 사무소의 발표에 의하면 羅津洞(나진동), 間依洞(간의
> 동), 新安洞(신안동), 유현동, 明湖洞(명호동)의 5개 동에서 증가 된 富力(부력)
> 만 해도 4, 5백만 원이 되리라고 한다. 이를 동별로 보면 1백만 원 이상이
> 명호동에서 1명, 간의동에서 10명이 탄생했다.

황금의 소나기에 흠뻑 젖은 나진 땅은 이제 허물을 벗고 거부 탄생
의 시대를 맞았다. 땅은 옛땅이로되 값이 틀리다. 사람은 옛 나진 사람
이로되 이제 그 무게가 달라졌다. 나진의 5개 동의 땅 값이 저절로 올
라간 것만 해도 4, 5백만 원, 간의동 같은 데서는 느닷없이 수십만 원
을 가진 거부들만도 한꺼번에 열 명 이상 탄생했다.

도깨비방망이를 휘둘러 '금 나와라 뚝딱! 은 나와라 뚝딱!' 하는 동
화 속의 벼락부자 얘기는 들었어도 이처럼 누운 소 똥 누듯 쉽게 거부
가 되었다는 것은 좀처럼 믿어지지 않는다. 황금의 소나기가 쏟아졌
던 나진 창세기의 대표적인 주인공이 바로 김기덕이다.

> 2천만 평의 海面(해면)과 大草島(대초도), 小草島(소초도)의 수매 값만 5백만
> 원이 뿌려졌다더라.

김기덕은 버려진 땅 대초도, 소초도의 임자였다. 그는 대초도, 소초
도만이 아니라 나진 개항을 예견하고 읍내에도 수십만 평을 사 두었
던 '세기의 도박사'였다. 그 뒤에는 김기덕이 아니고서는 누구도 할
수 없을 만한 배짱과 용단이 숨어 있었다.

김기덕은 1921년 7월 15일 웅기가 정식으로 개항되었을 때도 일확천금의 행운을 잡았던 주인공이다. 그처럼 한 나라의 '큰소리치는 거부'로 자라난 김기덕은 나중에는 청진에 웅거하면서 '조만산 잡곡류 직수이출업直輸移出業, 함경북도 장려 특제 하복지夏服地 마포 일수판매一手販賣(어떤 물건을 혼자 도거리로 맡아서 파는 일)'라는 업종으로 상점을 경영하기도 했다.

그는 웅기, 나진, 청진을 거점으로 토지 도깨비 부자로 성장했고 뒷날 서울에서 학교도 경영한 인물이지만 그도 처음에는 미천한 시골 청년에 불과했다.

김기덕의 인물평을 요약하면 첫째, 기골이 장대하고 건강했다. 둘째, 투기성이 강하고 매우 호탕한 성격이었다. 셋째, 화술이 뛰어났다. 넷째, 지략을 겸비한 머리를 가졌다. 이것은 그가 '정상政商'에 적합한 요건을 충분히 갖췄다는 얘기가 된다.

김기덕
金基德

외국어 공부가 성공의 발판이 되다

김기덕의 출생지는 함북 부령이다. 그는 대대로 농사를 짓는 집안에서 태어났고 김기덕의 아버지 김형국은 농사일에 열심인 평범한 농사꾼이었다. 김기덕은 남과 무엇이 달라도 달랐거나, 성장하는 과정에서 독특한 경험이 있었거나, 혹은 분발심을 일으키게 하는 자극제가 있어서 집을 뛰쳐나가 대성할 수 있었던 것이 아니다. 그는 성격이나 체격이 모두 어머니를 닮았다고 한다.

김기덕의 아버지 김형국은 한 시골 마을의 평범한 농사꾼에 지나지 않았으나 그의 모친되는 황씨는 시골에서는 보기 드문 여걸女傑이었다 한다. 모친 황씨가 가계를 꾸렸으며 지모와 체모가 출중했고 김기덕은 그 모친으로부터 지모와 체모를 물려받았다고 했다.

1892년 김형국의 큰아들로 태어난 김기덕은 청진에서 얼마 떨어지지 않은 새문물이란 곳에서 성장했고, 함경도의 명문이던 함일학교를 졸업하고 고향인 청진으로 돌아왔다. 이때만 해도 구한말이었다. 일본 상인들이 원산, 청진 등지로 수없이 몰려들기 시작했고 큰 거리의 웬만한 점방은 모두 일본 상인들이 차지하고 있었다. 원산은 점차 일본인의 항구가 되어갔다. 해마다 무엇에 쓰는 것인지 엄청난 양의 만주 고량과 콩이 흘러와서 거래되었고 일본 상인들은 함경도 곳곳에 퍼져서 콩을 사들이기도 했다. 일본인이 먹는 왜된장을 담그는 데 조선이나 만주 콩이 그렇게 좋다고도 했고 또 어떤 소문으로는 콩이 독일인가 영국까지 흘러나가 무슨 화학품의 원료로 쓰인다고도 했다. 미국에 흉년이 들면 만주콩 값은 몇 곱절씩 뛰어 올랐다.

"왜놈들은 왜간장이 없으면 밥을 못 먹는다지비?"

"아니, 그놈들은 콩 농사도 못 짓는 게 앵이요?"

"와 못 짓겠습둥. 짓기는 짓는데 조선 콩으로 메주를 쒀야 제 맛이 난다는기 앵이요."

"별일 다 보겠습둥."

"별일일 것 없지비. 위에서 에헴 하고 앉아 있는 놈들이 정치를 잘못해서리 나라가 이 꼴이지, 땅뎅이야 오죽 좋습둥? 오곡에 모두 기름이 자르르 흐르지 않습둥?"

그래서 북부 지방엔 때 아닌 일본 붐이 일어났다. 물론 이런 추세는 원산이나 청진 같은 도시의 일각에서 일었던 초기의 바람이었다.

일찍이 개화물을 마셔서 함일학교를 졸업하고 세상 돌아가는 것을 대강 짐작하게 된 김기덕은 몇 가지 생각을 정리해 나가기 시작했다. 요즘의 석사나 박사보다도 더 귀하고 값진 학교를 나온 개화 청년이 그대로 시골구석에 처박혀 농사나 짓고 살겠는가? 좁은 시골구석에 운이 닥치면 얼마나 큰 운이 오겠는가….

"나가 보디다. 남자는 밖에 나가서리 큰물을 먹어 봐야지비. 이런 시골구석에 박혀 있으면서리 아무짝에도 쓸데없어지는 것임매."

어머니 황씨는 김기덕에게 집안 걱정은 할 것 없이 내게 맡기고 홀홀 어디든지 대처로 나가서 활로를 찾으라고 등을 떠밀었다.

김기덕은 곧 청진으로 나가서 우연한 기회에 이와타岩田라는 일본인을 사귀었다. 그 이와타란 사람은 분명치는 않지만 청진에서 여관을 했던 것 같다. 김기덕은 이와타의 여관에서 잔심부름을 하고 빗자루로 마당도 쓸면서 밥을 얻어먹고 그때 일본말도 배웠던 모양이다. 작은 인연 같지만 김기덕이 그때 이와타의 여관에서 심부름꾼 노릇을 하면서 일어를 배우지 않았다면 그의 인생은 달라지지 않았을 것이다.

우리나라에는 국제적 여건상 강대국의 언어를 빨리 익힌 통역자들이 거금을 잡은 예가 많았다. 해방 이후에도 영어 마디나 하던 통역자들이 군정청시대에 재빨리 적산敵産(8·15해방 이전까지 한국 내에 있던 일본인 소유의 재산을 일컫는 말)인지 일산日産인지 하는 큼직큼직한 가옥이나 재산을 하나씩 차고앉지 않았는가? 일제 초기의 현상도 마찬가지였다. 일본어를 빨리 배워서 그들의 심부름꾼으로 따라다닌 사람들이 한몫씩 잡았던 것이다.

김기덕도 이와타에게서 배운 일본어를 밑천으로 그 후 운을 잡게 된 것이다. 바로 그 무렵 일본상선회사가 청진에 새로 항구를 만들기 위해 측량에 착수했고 마침 이 회사에서 '측량대도 잡고 잔심부름도 할 만한 소년 하나를 구한다.'는 소문을 듣고 이와타의 추천을 받아 소년 김기덕이 취직을 하게 되었다.

김기덕은 함일학교를 다니며 수학 시간에 기하도 조금 배운 일이 있으니까 호박 같은 생내기('생무지'의 사투리, 그 일에 익숙하지 못한 사람)는 아니었던 것이다. 영리하고 눈치가 빠를 뿐만 아니라 일본어도 곧잘 하는 소년이었다. 그래서 김기덕은 측량보조기사로 금방 승진되었고 일 년도 못 되어 어엿한 측량기사가 될 수 있었다. 김기덕은 그 일본인 회사 현장 간부들에게 잘 보여 청진항 측량사업이 끝난 후에도 인연이 계속되어 그들이 일을 끝내고 일본으로 돌아갈 때 함께 따라가게 되었다고 한다.

김기덕은 오사카 어느 간장 도매집 점원으로 일했는데 재치 있고 눈치 빠르고 정직한 점원으로 통했다. 한 푼, 두 푼 월급을 저축하면서 그는 일본인들의 상술이며 그들의 풍습, 습관을 몸에 익히게 되어 불과 4, 5년 만에 김기덕의 일본어나 손님 접대술, 화술은 조선 사람인지 일본 사람인지 구별하기 어려울 만큼 능란해졌다.

김기덕은 어느덧 스물세 살이 되었다. 항상 야심만만하던 그는 1915년 청년이 되어 귀국하자마자 곧 함북 지방의 지역적인 특성과 물산物産 교류 상의 특성 등을 고려해서 러시아 무역업에 손을 대기 시작했다.

김기덕은 우피牛皮와 곡물, 목재를 내보내고 다시 연해주 일대에서 크게 소비되었다.

김기덕의 무역업은 예정대로 잘 진행되었다. 특히 그에게 제법 큰 돈을 안겨 준 것은 그때부터 세계의 이목을 끌게 된 연해주 지방의 청어 붐이었다. 세계 3대 어장의 하나로 기록되는 연해주는 일약 세계의 어장으로 등장했고 그 기미를 눈치 챈 김기덕은 '청어 돈'을 잡으면서 청년 국경 무역가로 고개를 들기 시작했다.

도깨비 놀음에 홀린 김기덕

그러나 김기덕은 한로 무역에 종사한 지 2년 만에 잡았던 거금을 모두 날려 버리는 비운을 만났다. 그는 무역선을 타고 다니며 연해주에서 석유, 성냥, 양초 같은 잡화와 청어를 떼어와 거금을 잡고 곧이어 '루블' 돈 장사에 손을 댔던 것이다.

그때 한로 간에 수호 조약을 맺고 무역을 하자니 일정한 법정 환율과 실세 환율이 있었을 것이다. 실세 환율만 있었다 하더라도 루블은 러시아의 공식 화폐니까 러시아 국내 정세에 따라서 그 대외적인 가치, 즉 구매력에 변동이 있을 것은 뻔했다.

김기덕은 그 당시 연해주 무역을 하면서 루블화가 갑자기 오르는 것을 보았다. 연해주에서 물건을 사오고 또 물건을 가지고 가서 팔자면 루블화의 변동에 민감하지 않을 수가 없었던 것이다.

"연해주에서 요즘 갑자기 루블화가 오름세를 보인다고 합매."

"돈이 귀해진다고 합매."

1915년 말부터 그런 소문이 러시아 현지 상인들 사이에서 나돌기 시작하더니 실제로 루블화의 값이 오르는 묘한 현상이 일어났다. 김기덕은 왜 그런 현상이 벌어지는지 이유는 알 수 없었지만 일선에서 뛰는 무역상인 만큼 현황을 빨리 알았다.

김기덕은 연해주 일대에서 루블화가 귀해지는 원인을 알기 위해 재빨리 부리고 있는 일꾼들을 풀어 정보를 수집하도록 했다. 그러나 근 열흘을 두고 수소문을 했지만 '돈이 본토 쪽으로도 흘러 나가고 유럽으로도 흘러 나가기 때문이라고 한다.'는 정도만 겨우 알 수 있었다.

사실 1915년 무렵 러시아의 정치 사정은 매우 긴박했다. 농노 해방 전선이네 무력 항쟁 세력이네 하는 것이 조직되어 계속해서 봉기가 일어났고 그 영향은 연해주 쪽까지 끼쳤다. 러시아는 황제 세력과 농민 세력이 맞선 혁명 전선이라는 것이 형성되었다. 내란이 됐건 전쟁이 됐건 정세가 이렇게 움직이면 자연히 서로가 무기 구입에 신경을 쓸 것이고 무기 구입에 막대한 돈이 들어가니까 돈이 귀해질 것은 뻔한 일이다. 이런 분위기를 타고 루블화의 품귀 현상이 나타난 것이다.

청년 무역가, 누구보다도 머리가 빨리 돈다는 김기덕이 이 판에 그냥 팔짱만 끼고 있을 리가 없었다.

"루블화를 수집합새."

김기덕은 급히 국내에 들어와서 그동안 함경도 지방에 유입되어 통용되고 있던 막대한 양의 루블화를 거둬들였다. 재빨리 손을 썼던 것이다. 돈을, 재력을 있는 대로 털어서 수백만 루블화를 모았다.

"이젠 됐슴매."

김기덕은 수집한 루블화를 짚섬에 담아 곡물 가마니로 위장하고 급히 선적을 서둘렀다. 이 루블화는 열흘만 지나면 블라디보스토크 항에 떨어져 두 배 이상의 이익을 낼 것이다. 아니 그동안에 연해주의 사정이 더 급박해졌다면 돈은 더 귀해졌을지도 모른다. 김기덕은 회심의 미소를 지었다.

그런데 갑자기 이게 또 무슨 괴보怪報인가? 연해주에서 급히 청진으로 들어온 하수인이 가져온 정보는 '웬일인지 루블화가 떨어지기 시작했다'는 것이 아닌가? 김기덕은 한참 멍하니 바다 위를 흘러가는 구름을 보았다. '대운을 잡을 것인가, 놓칠 것인가?'

"피난민들이 밀려오고 또 군대도 움직인다고 술렁거렸습매."

"드디어 총을 쏘기 시작했구만서리!"

그러나 김기덕은 실망하지 않았다.

"돈섬을 도로 창고에 넣어 두고 자물쇠를 단단히 채워 두기요!"

"두 달만 기다려 보자."

1916년경 유럽에서는 한창 1차 세계대전이 치열하게 벌어지고 있었다. 러시아 국내 정세만 불안한 게 아니었다. 그런 큰 전쟁이 나면 인플레이션이 되고 화폐의 가치가 떨어지는 것은 상례이다. 김기덕이 있는 재산을 다 털어서 루블화에 손을 댄 때는 그 불운의 시기였다. 1916년에 이어 1917년에는 루블의 값은 더욱 폭락해 똥값이 되었다. 두 달만 참고 기다려 보자는 예견은 완전히 빗나가고 만 것이다. 그 후 김기덕이 쌓아 둔 막대한 루블화는 러시아에 볼세비키 혁명이 일어나면서 화폐개혁이 되는 바람에 무용지물이 돼버렸다.

김기덕은 그때 스물여섯 살이었다. 주먹을 쥐고 제 가슴을 치면서 외쳐 보았지만 '망해 버렸다'는 사실에는 변함이 없었다. 재기할 수 없을 정도로 철저히 망해버린 것이다.

'아하, 이것이 투기라는 도깨비놀음인가. 그래서 중국 사람들은 무

슨 물건이건 한 그릇에 다 담아 놓지 말라고 했던가. 무슨 사업을 하든
지 자본을, 밑천을 있는 대로 다 털어서 하지 말라고 했던⋯.'

괘종시계 하나로 재기에 성공하다

너무 쉽게 파산하고 김기덕은 다시 '맨주먹의 사나이'가 되었다. 그
러나 그는 거기서 포기하지 않았다. 재기, 죽지 않는다는 신념의 화신
김기덕은 며칠 동안 밤잠을 자지 않고 궁리를 하더니 부인에게 물었다.

"지금 남아 있는 돈이 얼마나 되지비?"

김기덕의 부인도 보통 여자가 아니었다.

"당신 너무 걱정하지 맙새."

"다 망했는데?"

"무시기 소리지비, 다 망하지 않았습매!"

"어째 다 망하지 않았습둥?"

"하루만 참아 보기요 설마하니⋯."

사실 그동안 부인은 만약을 대비해서 엄청난 양의 금붙이를 따로
모아왔는데 남편이 사업에 실패하여 재기불능인 이 마당에 그냥 보고
만 있을 수가 없었던 것이다. 부인은 금붙이를 모두 처분해서 돈 1만
원을 만들어 김기덕 앞에 가져왔다. 게다가 또 놀라운 일이 생겼다. 요
행으로 아직 남아 있던 김기덕의 부동산이 어느새 20만 원이 넘는 규
모로 자랐던 것이다.

'부동산 20만 원 현금 1만 원.'

김기덕은 궁리에 궁리를 거듭하면서 계획을 짜보다가 '문제는 자

금'이라고 입맛을 다셨다. 자금, 상인에게는 사업자금이 있어야 한다. 사업가에게 사업자금은 물고기에게 물과 다름없다. 여기서 김기덕은 일생일대의 기안을 짜냈다.

현금 1만 원을 몽땅 들여서 순금으로 괘종시계를 하나 만든 것이다. 겉은 나무로 짠 평범한 벽시계였지만 순금으로 추를 만들어 그것을 가지고 김기덕은 상경했다. 그는 서울에 도착하자마자 덮어놓고 총독부 국장을 찾아가서 술을 잔뜩 얻어 마신 후 그 집 사모님에게 선물로 평범한 벽시계 하나를 바치고 왔다. 그 이튿날 김기덕이 묵고 있는 여관에 갑자기 총독부 국장의 전화가 걸려왔다.

"그게 무슨 짓인가?"

"무슨 짓이라니? 자네와는 오랜 친구이고 그동안 신세도 많이 져서 리 벽시계 하나쯤 선물했는데 왜 그럼둥?"

김기덕은 시침을 떼고 농담을 했다. 눈곱만큼도 심각한 말투가 아니다.

"자네, 그거 참말인가?"

"내가 언제 한 입으로 두말 했습둥?"

그러자 오히려 당황한 것은 총독부 국장 쪽이 되어 버렸다.

"시계추가 순금덩이 아닌가?"

"그것은 순금덩이가 아니라 내 불알덩임매."

"뭐라고?"

"내 불알을 떼어서리 그 벽시계의 추를 만들었지비!"

국장은 그제야 말뜻을 알아들었다. 한 사내가 자기 몸뚱이를 걸고 도박을 해 오는 것이구나! 생명을 건 도박을 내게 걸어오는구나!

사나이는 불알 두 쪽의 힘으로 산다. 그런데 자기의 불알 두 쪽을 떼

어 선물한다는 것은 '네게 목숨을 건다'는 뜻으로밖에 볼 수 없다. 그
뜻을 짐작한 총독부 국장은 감격스럽기도 했고 고맙기도 했다. 나를
믿고 온몸을 던져오는 친구에게 내가 해 줄 수 있는 것이 무엇일까?

"김 군, 잘 알았네. 단둘이 한번 만나세."

"고맙습매!"

이렇게 담판을 짓는 데 성공한 김기덕은 그 총독부 국장의 보증으
로 조선은행에서 50만 원을 융자받을 수 있었다.

정상政商(정치가와 결탁하고 있는 상인)이란 특별히 다른 사람이 아니다.
지금 김기덕이 취한 이런 수단을 가진 사람이 바로 정상이다. 1920년
대만 해도 조선 사람이 조선은행으로부터 한 번에 50만 원이라는 거
액을 융자받는다는 것은 꿈에도 생각할 수 없던 시절이다. 공공사업
체도 아닌 한 개인 사업가가 재산을 담보로 하고 50만 원을 빼내자 세
상은 깜짝 놀랐다.

김기덕은 그 50만 원을 가지고 그야말로 도깨비장난 같은 돈놀음을
시작했다.

첫째, 공동무역상사를 확대해서 등일상사를 세웠다(만주, 조선, 연해주
를 연결하는 최대의 국경 무역회사였음).

둘째, 회령에다 백산상점을 차려 목재업, 물화 수집업을 했다.

셋째, 무산에다 목재회사를 설립했다.

넷째, 청진에다 수남제재소를 설립했다.

김기덕은 연해주, 회령, 무산, 청진 일대를 주름잡으면서 무역하는
동시에 주업인 목재업에 손을 대었다. 그는 목재업을 대대적으로 넓
히면서 정상다운 비상한 수완을 발휘했다.

북부 지방에는 개발의 바람을 타고 함경선을 시작하는 철도가 뻗어

올라오고 있었다. 김기덕은 재빨리 총독부 국장에게 청을 넣어 조선 철도국과 계약을 맺고 함경선에 쓰이는 침목을 납품했던 것이다. 또 뻗어 올라오는 전화, 전신의 바람을 타고 전주電柱 공급도 시작했다.

조선은행의 융자를 받아서 철도의 침목과 전주를 납품하는데 어떤 어려움이 있겠는가? 그는 금리가 싼 은행 돈을 빼다가 정부 기관에 물건을, 그것도 엄청나게 많은 물량을 납품했으니 처음부터 팔아먹을 곳까지 보장받았던 것이다. 이렇게 해서 루블화로 망했던 김기덕은 불과 5년도 못 되어 보기 좋게 재기했다.

김기덕은 이처럼 돈을 내버리는 데도 벼락이고 배짱이지만, 다시 벌어들이는 데도 벼락이고 배짱이었다. 그는 새로운 상기를 보면(때로는 그 상기를 조작해내기 위해서도) 서슴없이 돈을 물 쓰듯하는 사업가였다. 김기덕에게는 근검도 없고 저축도 없었다. 그는 노린내 나는 돈을 모아서 대성한 사람도 아니었다. 노린내 나는 돈은커녕 그는 항상 '내 돈은 서슬이 퍼런 새 돈이다'고 자랑했던 것이다. 그러나 김기덕이 결정적으로 '천만장자'의 호칭을 듣게 된 계기는 나진항 축항 공사 때였다.

보잘 것 없는 쌍둥이 섬으로 일확천금

그는 전 재산을 담보로 하여 조선은행에서 융자받았던 거금 50만 원 중 상당량을 떼어 대담하게 청진과 나진 일대에 토지를 사 두었다. 농사를 짓기 위한 전답을 산 것이 아니었다. 그는 시가지와 항구를 꿈꾸며 다시 엉뚱한 투기를 시작했다. 김기덕은 나진 앞바다에 떠 있는 두 섬 대초도와 소초도 1백 20만 평을 몽땅 사들였다. 은행에서 이잣 돈을 얻어다가 나진 앞바다에 떠 있는 돌섬을 샀다는 소문이 퍼지자 사람들은 김기덕의 '미친 짓'을 비웃었다.

"미친놈이지! 그 섬이 농사가 되는 땅임둥? 땔나무가 나오는 섬임 둥? 하구 많은 논밭을 놔두고 서리 왜 하필이면 아무 쓸모도 없는 대초도를 사는 기지?"

"누가 아님둥. 이젠 김기덕이도 망했지비 제가 별수있겠습둥?"

"내버려둬 보오다. 그 짓도 저 하고 싶어서리 하는 짓이니 누가 말리겠습둥."

"아무리 은행 이자가 싸지만서리 어디 그기 공짜임둥? 그것도 잠 안 자고 금리가 크는 돈인데 그런 돈을 빼다가서리 그래 돌섬을 사기요? 하하하…."

웃을 노릇이다. 천하에 정신 나간 짓이다. 세 살 먹은 어린애한테 물어 보아도 '미친 짓'이라고 할 일이다. 왜냐하면 나진 앞바다에 잠길 듯 말 듯 둥둥 떠 있는 쌍둥이 섬은 이름이 좋아서 대초도, 소초도지 순전히 돌덩어리 산이나 마찬가지였기 때문이다. 농사를 지을 수 있는 땅도 아니었다. 개펄이 좋아 갈대농사를 해볼 만한 곳도 못 되었다. 그야말로 아무짝에도 쓸데없는 버려진 땅이었다. 그런 섬이니까 값이 나가겠는가? 그런데 김기덕은 그 섬 두 개를 혼자 몽땅 사들여 놓고 1년이 지나고 2년이 지나는데…. 그 '버려진 섬' 두 개를 가지고 김기덕이 일약 천만장자가 될 줄이야….

1932년 11월 26일자 〈동아일보〉는 이 도깨비 거부 김기덕 얘기를 이렇게 현지 소식으로 전해 주고 있다.

나진의 김기덕 新(신) 조선 갑부로 출현!

그중의 대표적 벼락부자로는 나진, 청진, 웅기에 약 3백만 평의 토지를 소유하야 근 2천만 원(최저 현시가로 평한 것)의 조선 갑부가 되리라는 청진, 웅기의 김기덕, 김기도 양 씨의 형제분을 필두로 웅기의 김영근, 나남羅南의 홍종화 씨인데 이 양 씨는 나진, 웅기에 가각 40만 50만 평의 전답을 소유하야 일약 2, 3백만 원의 거부가 되고….

이 기사에 의하면 벼락부자인 김기덕 형제는 3백만 평, 김영근, 홍종화는 50만 평의 땅을 소유하고 있는데 땅 값이 급등하여 김기덕은 1933년 돈으로 일약 '2천만장자'로 탄생했다는 것이다. 김기덕의 3백만 평 중에는 대초도, 소초도가 1백 20만 평을 차지하고 있으니 이 두 섬 값이 얼마라는 것인가? 이것이야말로 기적의 순간이었다.

세상 사람들이 모두 미친 일이라던 마魔의 섬 두 개가 황금알을 낳는 섬으로 바뀌었으니 이제는 미친놈은 김기덕이 아니라 어리석은 세상 사람들이었다.

물론 김기덕이 그런 엉뚱한 짓을 한 것은 '나진은 틀림없이 곧 항구가 된다'는 예견과 그 시기가 아주 코밑에 육박했다는 예감 때문이었다. 그래서 나진에도 중요한 시가지가 될 간의동과 신안동 일대의 수십만 평을 사둔 것이다. 김기덕은 나진, 웅기만이 아니라 청진과 나남에도 다시 5백만 평이 넘는 땅을 사두었던 것으로 밝혀지고 있다. 그는 거의 땅에 미친 사내였다.

웅기의 공업화를 내다보고 서수라의 해안지대와 은성의 해안지대인 창막동에도 손을 뻗쳤다. 웅기, 은성의 창막동, 나진, 청진, 나남, 이렇게 넓은 요지를 귀신처럼 밟고 다니며 귀신도 모르게 사들인 김기덕이 만약 그가 측량기사 출신이 아니었다면 이렇게 노른자위 같은 건설 요지만을 골라서 척척 사 둘 수 있었을까.

김기덕은 대체 무슨 낌새를 채고 이렇게 무모한 일을 거침없이 저질렀을까.

가장 큰 이유는 첫째로 투기성이 강한 그의 성격 탓일 것이다. 다음으로는 정확한 정보일 것이고 셋째는 그의 비상하고 대담한 속결성일 것이다.

김기덕을 일약 2천만장자로 만들어 준 나진의 대초도, 소초도 도박만 해도 그렇다. 이 무모하게 보이는 대초도 놀음을 저지를 때 그에게는 충분한 근거가 있었다.

첫째, 1920년대의 공황, 일본은 반드시 대륙 정책으로 돌파구를 뚫으려고 할 것이다.

둘째, 그 기미의 척후병으로 일본은 만주 대륙과 가장 가깝게 통할 수 있는 북부 해안지방에다 새로운 군항 또는 항구 도시를 건설할 것이다.

이런 전제 아래 일본이 새롭게 축항할 도시는 여러 가지 지리적 요건상 나진이 될 것이라는 심증이 갔다. 나진을 항구로 개발한다고 치자. 그때 가서는 세상 사람들이 쳐다보지도 않는 저 버려진 대초도와 소초도는 '황금의 좌座'가 될 것이다. 대초도와 소초도가 없이는 나진은 좋은 항구가 될 수 없기 때문이다. 김기덕은 측량기사로서의 판단 결과 대초도와 소초도를 서슴없이 손에 넣었고 세상 사람들은 웃었다. 1932년 나진 축항 사업이 확정되면서 김기덕의 예견은 귀신같이 들어맞고 말았다.

나진이 항구가 되려면 배를 댈 수 있는 축항도 축항이지만 우선 세차게 불어오는 바람을 막아야 한다. 북부 해안지방의 강풍, 나진의 뒷등어리 북동풍은 험준한 산맥이 막아 주지만 바다에서 불어오는 바람을 막아 주는 것은 나진 앞바다에 떠 있는 대초도와 소초도이다. 인천항 앞에 월미도가 있고 부산에는 절영도가 있어 좋은 항구가 되는 것과 같은 이치다.

나진 앞바다의 수심은 3백 척 깊이로 큰 배가 얼마든지 들어올 수 있다. 나진의 앞쪽에 널린 평야는 시가지 건설, 철도 건설의 요지가 되고 만주의 무진장한 물자들은 나진항에 떨어져 이곳에서 가장 가깝게 일본의 서해안으로 수송될 수 있을 것 아닌가? 이런 비상한 예견으로 사들인 대초도와 소초도 1백 20만 평은 나진 축항이 시작되면서 무려 2백 배까지 땅 값이 뛰어 은행 빚 50만 원을 거뜬히 갚아 버릴 수가 있게 되었다.

> 김기덕은 나진 땅 값으로 은행 빚을 전부 다 청산하고 다시 국제 무역에 손을 뻗쳐 웅기와 청진에다 해산물 무역회사를 차렸고 무산과 북만주의 명월구明月構 지방까지 진출하여 목재 회사를 차렸었다. 또 그는 요동반도의 대연大宴에 진출하여 곡물 무역주식회사를 차렸고 두만강, 압록강 연안을 따라 건설해 둔 제재소만도 20여 군데나 되었다.

사업 규모가 얼마나 큰 지 한눈에 알 수 있다. 그는 북만주와 요동반도에까지 손을 뻗쳐 '김기덕'을 심고 다녔다. 그 후 김기덕은 청진 지방에 내려와 동일상회를 경영한 것으로 밝혀지고 있다. 동일상회는 1923년 3월 20일에 설립했던 것으로 주로 청진에서 통관업, 선박보험대리점, 무역업 등을 경영하는 대회사였고 당시 자본금은 10만 원이었다. 이것이《조선인 대상점 사전》에 나타난 김기덕의 면모한 조각이다.

김기덕
金基德

거금은 사회 공동의 재산이다

1935년 북부, 아니 전 조선의 신흥 거부로 나타난 혜성 김기덕은 어느 잡지사 기자와 만나서 그의 금전관과 인생관을 솔직하게 털어놓은 일이 있었다.

"돈이란 1천, 2천 원 또는 1만, 2만 원일 때는 개인의 재산이지만 1백만 원이나 1천만 원이 되고 보면 사회 공동의 재산을 내가 맡고 있다는 생각이 든다."

도깨비놀음 몇 번에 거뜬히 천만장자가 돼버린 김기덕은 이 말을 자기 진심에서 한 것인지 체면 때문에 한 것인지는 몰라도 '거금은 사회 공동의 재산'이라고 시원하게 내뱉고 있다. 짠내 나는 구두쇠, 죽도록 진지리 꼽재기 부자는 천만장자가 되기도 힘들거니와 그런 명답을 하기도 힘들 것이다. 말하자면 '기질'이 그렇다는 것이다.

> 그러므로 자손에게 많은 재산을 물려준다는 데는 불찬성이다. 그것은 결코 좋은 일이 아니다. 자손에게는 교육을 주고 인격을 줄 일이지 돈을 줄 일이 아니다.

그래서 그런지 천만장자 김기덕은 청진에 청덕학교와 중학교 과정의 청덕전기학교도 설립했다. 고향인 청진의 교육 발전에 큰돈을 아낌없이 희사하고 또 서울에 올라와서는 한성실업학교를 인수해서 경영하기도 했다.

한성실업학교는 1928년 일본인 다카하시高橋가 설립 인가를 내어 운영해오다가 1933년에 우종관 씨 명의로 이전되었는데 심한 경영난에 부딪혀 이를 김기덕이 인수하여 소생시켰다.

모험의 상인, 일세의 거부로 풀기가 빳빳한 대금만 만지던 김기덕도 1953년 월남해서 죽을 무렵에는 자손들에게 유산이라고 남겨 준 재산이 별로 없었다고 한다. 모험도 투기도 엄밀히 따지고 보면 시대의 산물이다. 정상政商도 그를 돌봐 주고, 키워 주는 권력의 변화에 따라 달라지는 것이다.

김기덕은 철저한 친일적 정상으로 자란 사람인 셈인데 그의 아우 김기도는 영 딴 길을 걸었다고 한다. 김기도 역시 일세의 거부였다. 그는 일본에 건너가 와세다 대학을 나온 인텔리였지만 형 김기덕과는 달리 민족운동에 거금을 헌납해서 일본 경찰의 요시찰 인물로 항상 괴로움을 당했던 것이다. 한배에서 나온 형제도 오롱이조롱이라지만 어떤 의미에서 보면 형의 치부에 항거한 아우의 민족적 양심이 그렇게 만들었을지도 모를 일이다.

그러나 사업가, 일세의 천만장자도 돌아가는 형세 앞에서는 어쩔 수가 없는 것인가? 김기덕은 해방이 될 때까지 북부 지방에서 손꼽히는 거부로 활약하다가 해방이 되고 나자 다시 맨주먹이 되고 말았다. 그 맨주먹을 가지고 그는 38선을 넘어와 남한에서 고려흥업주식회사를 설립하고 다시 경제 활동을 했으나 큰 재미는 못 본 것으로 알려지고 있다. 다만 월남한 직후 그는 한때 중석重石에 손을 대어 중석 해외 수출로 약간 빛을 보는 듯했지만 사업은 곧 쇠퇴했다.

김기덕은 그 후 자세한 내력은 한이 없겠지만 그의 세 아들은 교육계 등에서 활약했다고 한다.

지난날 청진의 갑부라면 현재 한성중고등학교 재단 이사장 김원갑 씨의 선친 김기덕 씨를 들지 않을 수 없다. 김기덕은 일제 때 한국 사람으로는 함남의 자동차와 방의석方義錫 씨, 서울의 백화점왕 박흥식朴興植 씨와 함께 3대 재벌로 꼽히던 인물이다. 김기덕은 청진 개발의 토지 붐과 목재로 거부가 되었다. 그는 고향인 청진에 청덕소학교, 서울에 한성중학교를 설립하여….

맨손의 측량기술자로 시작한 김기덕은 적어도 1930년대 한때는 우리나라 3대 거부의 한 사람으로 이름 그대로 '천만장자'의 흔적을 남겼던 거인이었다.

崔
楠

최
남

두 발 앞선 신기술의 귀재

두 발 앞선
신기술의
귀재

국일관은 일제 때부터 장안 최고의 요정으로 명월관, 식도원 등과 함께 화려한 명성을 떨치던 명기촌明妓村이다. 해방 후에도 장택상, 이기붕 등이 출입했던 정담촌政談村 1번지로 뭇사람의 화제에 오르내린 곳이었다.

최남崔楠은 바로 1933년에 이 국일관을 지었던 장안의 유명인사다. 그가 양재창과 함께 명월관 식도원과 맞먹는 국일관 요정을 지었을 때는 건평만도 324평이었다. 지금이야 건평 몇만 평이 넘는 큰 빌딩들이 많아 324평짜리 2층 목조건물쯤은 이름만 화려하게 남았을 뿐 아무것도 아닐지 몰라도 그 당시 국일관은 굉장한 규모에다 멋을 부린 건물로 장안의 새로운 명소였다.

그 후 최남은 국일관을 증축하여 1층 286평, 2층 196평 지하실 27평의 매머드 요정으로 또 한 번 변모했는데 자유당 시절 부통령 국회의장을 지냈던 이기붕도 미국 유학을 하고 돌아와 한때 이 요정에서 전무 일을 보면서 망국의 일제강점기를 보냈을 정도이니 그 당시 국일관의 존재는 대강 짐작할 만하다.

국일관은 명주名酒와 명화名花가 기라성처럼 반짝이고 정계와 재계 인사들이 발길이 끊이지 않는 고급 환락가였다. 아무리 불운한 일제 강점기라지만 역시 돈 있는 사람에게는 큰 웃음 짓고 호기를 부릴 꽃밭이 있었던 것이다.

국일관은 해방 직후에 더 유명해졌다. 1945년 해방이 되면서 명월관과 식도원이 장안에서 사라지고 국일관은 명실공히 우리나라 '요정의 왕'으로 군림했다. 정치 거물 이기붕이 나비넥타이를 매고 앉아서 주판을 놓던 시절의 인연으로 보더라도 국일관은 번창할 수밖에 없었다.

들뜬 민주주의 선거로 투표를 거치는 동안 이 땅에서 돈과 술 없이는 상층권 기류가 형성되지 않던 정치 풍토 속에 국일관은 사시장철 꽃이 피고 웃음이 끊이지 않는 환락의 집이 되었다. 아니 그보다도 장택상, 이기붕, 조병옥, 신익희 등 당대의 정치 거물들의 사교 장소로 명성을 더해갔다.

그러나 그 후 국일관은 일류 명기들이 돈 많은 정치 영감들을 봉으로 물고 나가서 독립정신을 발휘해 따로 요정을 차리는 바람에 쇠퇴기에 접어들었다가 6·25를 겪으면서 퇴락했다.

창업주 최남은 죽고 국일관의 꽃밭도 나비 애기도 모두 흘러가는 세월과 함께 퇴색했다. 그 후 국일관 건물은 여러 사람의 손을 거쳐 59년에는 정용섭, 61년엔 조흥은행, 다시 그해에 김용완에게 넘어갔다가 73년 7월에는 삼영개발이 인수해 운영하던 중 2년 만에 불이 나 타버린 것이다.

이런 불운한 세월을 겪으면서 국일관 건물도 산산조각이 나서 카바레, 일식집, 한식집, 세탁소, 이발소에다 심지어는 70년대에 일본 관광객이 밀려들어 오면서 서울의 도심에까지 재등장한 뱀탕집도 들어가 있었다.

서울의 '청년 거부 최남'이라면 보통 사람들은 "최남이 누구야?", "서울에 그런 거부도 있었어?" 하고 잘 모를 것이다. 일반적으로 국일관은 잘 알려져 있지만 국일관의 창업주가 최남이라는 것을 아는 사람은 드물기 때문이다. 그러나 최남은 국일관이란 요정 창업주로서가 아니라 한국인 최초로 백화점을 창업한 아이디어맨이라는 데 진가가 있다.

최남은 1931년 국일관을 짓기 2년 전에 우리나라 사람으로서는 가장 먼저 종로에다 동아 백화점을 열었다.

1930년대 우리나라 주요 도시에 휩쓸고 지나갔던 '동아부인상회'라는 백화점 바람을 기억하고 있는 사람들은 누구나 다 "아, 그것이 최남의 백화점이었나?" 하고 기억할 것이다. 뒷날 최남의 백화점은 박홍식의 화신 백화점에 흡수되고 최남은 백화점에서 손을 떼고 중국 비단장사, 국일관 요리장사 등으로 머리를 돌리기도 했다. 아이디어맨 최남은 이렇게 우리나라 상업사의 한 장을 장식하고 있다.

엽전 한 푼 물려받은 것 없었던 그가 광산기사에서 백화점 주인으로 변신할 수 있었던 원동력은 순전히 뛰어난 머리와 상술이었다.

청년이여, 큰 희망을 품어라

최남은 경기도 양주 출생으로 두 살 때 아버지를 잃고 가난한 홀어머니 슬하에서 성장했다고 한다. 남편을 잃고 아이와 남게 된 그의 어머니는 젖먹이 최남을 안고 서울 장교동의 친정으로 와서 살림을 도우며 살았다.

그러나 친정에 와 봐도 올케 있고 조카들이 있었다. 오누이 사이도 장가가고 시집가기 전의 얘기지 일단 결혼하면 딴 이불을 쓰고 각각 제 자식을 낳아 기르게 되면 입장이 다르다. 더구나 시집가서 성^姓이 다른 남의 아들까지 낳아서 데리고 들어온 입장은 또 달랐다. 게다가 최남의 외가 역시 넉넉한 살림살이는 아니었다. 넉넉했다면 부잣집 서울 여자가 양주 땅까지 보리밥 먹으러 시집갔겠는가?

이래서 20대 청춘과부인 최남의 어머니는 몸만 친정에 의지하고 남의 집 삯바느질을 해주면서 근근이 살아갔으나, 그래도 형제간 우애는 어지간했던지 친정 오빠들의 도움으로 외아들 최남을 중학교까지 보냈다고 한다.

"그러나 늦게야 보성중학교에 들어가 공부하자니 여러 가지로 공부에만 전념할 수 없는 형편이라 스무 살 때 학교를 그만두었다."

최남은 그때 일을 이렇게 회고했다.

가정 형편으로 학교를 그만둔 최남은 실의와 좌절에 빠졌다. 며칠 동안 식욕도 잃고 온갖 공상과 고민에 시달렸다. 하지만 아랫목에 이불을 뒤집어쓰고 누워서 한숨만 쉰다고 무슨 문제가 해결되겠는가? 그는 모든 일을 자기 손으로 해결해야 했다.

결국 최남은 미련 없이 학교를 그만두었다. 하지만 막상 그렇게 자신의 갈 길을 결정하고 나자 마음속에 엄습하는 것은 메울 수 없는 허탈감뿐이었다.

어떤 꿈을 꾸다가 좌절되었을 때 그 허탈감 때문에 흔히 '탈출'을 기도한다. 부모를 뿌리치고 가출도 하고 '무작정 상경'이란 계절병을 앓기도 하는 것이다. 최남도 역시 사람은 무엇을 하든지 좀 더 큰 바닥에 가야 성공을 해도 크게 하는 것이라 생각했다.

손바닥 만한 시골 논고랑을 막고 퍼봐야 미꾸라지 아니면 붕어 새끼지, 재질재질한 논고랑에서 잉어가 잡히겠는가? 사람은 큰물에서 놀아야 큰사람이 된다. 넓은 세계, 나를 모르는 세계로 뛰어들어 처음부터 맨발로 새 인생을 뛰자! 말은 낳으면 제주도로 보내고 사람은 낳으면 서울로 보내랬다. 이 생각 저 생각으로 최남은 야망과 회의와 공포감과 자신감이 교차했다.

그래서 사람들은 스무 살 안팎 때는 그런 병을 한 번씩 앓아 인생이 잘 되기도 하고 용기 없이 주저앉아 평생 시골구석에서 썩는다고 후회도 하는 것이지만 특히 그 무렵에는 '청년이여, 큰 희망을 품어라!'는 말이 크게 유행하여 학생들마다 된 병을 앓았던 시절이었다. 더구

나 감수성이 예민한 최남으로서는 가난한 가정형편에다 학교를 그만
둔 것까지 자신의 환경에 숨이 막힐 것 같았다.

눈칫밥 속 배움의 길

최남은 무작정 일본으로 건너가 도쿄까지 흘러 들어갔다. 그러나
그때까지만 해도 '돈이나 벌겠다'는 생각보다는 어떻게 해서든지 공
부를 더 해보겠다는 생각이었다고 한다.

"돈 20원을 겨우 꾸려 가지고 관부 연락선(한국의 부산과 일본의 시모노
세키 간을 운항하던 연락선)을 타고 시모노세키로 가서 다시 기차를 타고
도쿄까지 갔습니다. 그러니까 돈 8원이 남았어요. 그때만 해도 우리나
라 유학생들이 많았습니다. 한 친구를 만나서 그 친구의 하숙방에 같
이 들었지요."

그해가 1914년 보성중학교를 그만둔 최남은 무작정 일본으로 건너
가서 뭐든지 공부를 더 해볼 생각이었다고 한다.

처음에는 돈 8원이 남아서 아는 친구의 하숙집에 머물렀으나 처음
가 본 도쿄에서 전차도 몇 번 타보고 지리를 익히느라고 여기저기 구
경하러 다니는 사이에 열흘도 못 되어 4원을 또 까먹어 버렸다.

"하숙비를 낼 수도 없고 그렇다고 친구네 하숙 밥을 얻어먹고만 있
을 수도 없었죠. 할 수 없이 콩나물 공장이나 두부 공장으로 찾아다니
며 배달원 노릇을 시작했습니다."

최남은 스스로 자구책을 강구하지 않을 수가 없었다. 사내 나이 스
물인데 무작정 남의 신세만 지는 것도 말이 아니다. 그래서 그는 두부

최남
崔楠

공장 배달원 일을 했다.

"하숙생 셋이서 방을 얻어 함께 지내는 곳에 가서 내가 밥을 해 주기로 했죠. 세 사람의 밥을 해 주는 대가로 나는 공짜로 얻어먹는 거죠. 그렇세 호구지책으로 우선 끼니는 해결해 놓고…."

그는 항상 반찬이 없어서 세 학생이 먹고 남은 찌꺼기로 배를 채우다가 나중엔 그것도 넉넉하지 못해 소금을 사다가 봉투에 넣어 두고 반찬이 떨어지면 남몰래 반찬 대신 소금을 먹으면서 낮에 두부 배달로 모은 돈은 한 푼 두 푼 저축했다고 한다.

그렇게 해서 이듬해 청년 최남은 청운의 꿈을 살려 도쿄 정치학교에 입학했다. 그러나 그것도 여의치 않았다. 무턱대고 영어나 수학 문법이나 공식만 외우는 하얀 백수의 학문을 해서는 아무 희망이 없을 것 같았다. 왜냐하면 최남은 생활 걱정에서 벗어나 10년이고 20년이고 끈질기게 매진해야 열매를 맺을 수 있는 학문의 길을 걸을 수 있는 형편이 아니었기 때문이다. 그는 원리보다도 방편이 더 중요했다. 경제적, 시간적 여유가 없는 고학생이라 고국에서 부쳐 주는 돈으로 공부하기는커녕 어머니와 여동생의 생계를 오히려 이쪽에서 걱정해야 했다.

부잣집 학생 셋의 밥을 해 주면서 밥을 얻어먹고 있던 학생 최남은 생계수단과 직접 연관된 현실적인 학문을 닦아야 했다.

'박사'나 '교수' 하나가 탄생하기까지는 너무도 많은 시간과 돈과 정력이 밑거름으로 바쳐져야 한다. 15년, 20년 아니 30년 동안 생활이라는 것을 도외시하고 학문에 몰두할 수 있는 환경이 아니고서는 성공하기 어려운 분야가 아닌가?

그는 괴롭게 방황하던 시절들을 일기에 기록하고 있었다.

사람은 누구나 큰 나무가 되고자 한다. 입신출세해서 이름을 날리고 가문 家門을 빛내고 싶어 한다. 거목거수巨木巨樹가 되어 울창한 가지를 치고 무성하게 크고 싶어 한다. 나도 그런 거목이 되고 싶어 현해탄을 건너왔다. 그러나 각하脚下를 보라. 땅이 없이는 어느 씨앗이나 자라지 못하지 않는가? 씨앗은 땅에 뿌리를 박고 자라는 법인데 그 땅은 기름지기도 하고 메마르기도 한다. 메마른 땅에 물기도 없는 땅에 거목의 씨앗이 떨어졌다고 가정해 보자. 그런 메마르고 가파른 불모不毛의 땅에서는 거목이 자랄 수가 없다.

인간이 나무이고 뜻이 높고 큰 거목의 바탕이라면 씨앗을 키워 주는 땅은 곧 그 사람이 처해 있는 가정, 경제, 사회, 역사적 환경이다. 돈도 없고 시간도 없는 사람이 20년이나 30년 자라야 잎이 돋고 꽃이 피는 그런 거목이 되겠다는 것은 그만큼 어려운 조건으로 출발하는 것이 된다.

아무리 거목의 씨앗이라도 자기가 떨어진 땅이 메마른 박토일 때는 물기가 없고, 기후 조건이 맞지 않을 때는 거목이 아니라 관목이 되어서라도 죽기 전에 조그만 꽃이라도 피우려 하는 것이 자연의 이치다.

자연의 이치를 거스르고는 거목이고 관목이고 간에 생존할 수가 없다. 아무리 큰 뜻을 품은 사람이라도 '오늘'을 건너뛰어서 오늘은 완전히 죽었다가 '내일' 다시 살 수는 없다는 말이다. 최남은 그런 '오늘'에 대해 처절한 몸부림을 해야 했다.

어머니가 삯바느질로 중학교라도 보낼 수 있게 의지가 되어 주었던 외갓집도 어려워져서 더 이상 도움을 바랄 수 없는 상태였다. 최남은 정치학교를 일 년 다니다가 이듬해 광산을 배우려고 학적을 옮겨 아키타 광산학교를 다녔지만 그것도 뜻처럼 되지 않아 8개월 만에 그만두고 귀국하지 않을 수 없었다. 그는 학교 공부보다도 한 푼이라도 벌어서 당장 어머니와 가족들의 생계를 책임져야 했던 것이다.

황금정에서의 첫 장사

최남은 1930년대 초반에 '장안의 거상'으로 대성한 사람이지만 온갖 고생과 실패와 실직 상태가 이어지는 매우 어려운 청년기를 보냈다. 그런데도 최남은 상업에 투신하여 끝내 성공했던 것이다.

언젠가 그는 '내가 장사에서 성공한 여섯 가지 비결'을 조목조목 얘기한 일이 있었다. 그것은 경제학이나 상학에 나오는 고매한 학문적 이론이 아니라 최남 스스로가 굴곡 많은 상업 전선의 능선을 헤매며 배운 노병의 상술이었다.

> 첫째, 점포는 항상 합리적으로 경영해야 한다. 합리적 경영이란 뜻은 쓸데없는 경비를 단 한 푼이라도 줄이는 데 있다.
>
> 둘째, 상품은 언제나 보다 더 싸게, 보다 더 좋게 하라.
>
> 셋째, 주인은 항상 싸게 많이 파는 박리다매주의를 택하고 대신 더 많은 고객 유치를 염두에 두라. 한 손님에게 3원을 남기고 한 번 찾아오게 하는 것보다 1원을 남기고 세 번 네 번 찾아오게 하라.
>
> 넷째, 점포는 위치가 생명이다.
>
> 다섯째, 진열은 항상 금방 눈에 띄게 해 놓으라. 손님이 점포에 들어서면서 "빵 있어요?", "노트 있어요?" 하고 일일이 묻게 하는 장사군은 상점학

의 낙제생이다.

여섯째, 항상 시대를 생각해라. 시대를 더 세분해서 계절을 생각하고 더 치밀하게는 그 주일에 일어날 일, 행사, 아니 내일 ○○학교 어린이들이 어디로 소풍을 간다든지 운동회를 하는 날까지 생각할 줄 알아야 한다.

1935년 〈삼천리〉 7월호에 발표된 최남의 인터뷰 기사이다.

물론 최남은 최남다운 환경, 최남다운 상업 전선에서 죽지 않고 살아남은 노병이었다. 노병이 현장에서 터득하고 쌓아 올린 상술이니 그에게는 적어도 땀 흘리고 굶주리면서 배운 진리였을 것이다.

스무 살 때 공부를 해보겠다고 일본으로 건너가서 친구들의 밥을 해 주고 두부 배달을 하며 공부한 고학생, 2년 남짓 학교만 옮겨 다니다가 결국 학업에 실패하고 돌아온 최남은 더 이상 학교 공부에 미련을 두지 않았다.

스물두 살에 귀국한 최남은 어떤 사람의 소개장 하나를 얻어 가지고 평안도 수안군에 있던 평원광산으로 찾아갔다. 그 광산은 미국인이 경영하던 곳이었는데 그는 그곳에 야외사원으로 취직했다. 이름은 야외사원이지만 망치를 든 광부들과 함께 갱(땅굴) 속에 들어가서 현장을 정리하고 조사하는 일이라서 책상 앞에 앉아 글씨나 쓰는 편한 사무원이 아닌 월급 15원의 노동자였다. 그때까지는 술도, 담배도 하지 않았다. 최남은 한 달에 식대를 제외한 8원씩을 저축하기 시작했다. 한 달 생활비가 7원이라면 아무리 돈이 귀하고 열악한 환경의 광산 생활이라지만 그렇게 쉬운 일이 아니었다.

"게를 잡으려고 해도 구력이 있어야 한다. 장사꾼에게 있어서, 사업가에게 있어서의 구력은 다름 아닌 밑천이다. 그 밑천을 마련할 때까지는 아무리 고생스러워도 참아야 한다."

최남은 광산 야외사원을 하면서 저축한 돈 40원을 가지고 그곳을 떠났다. 그때 돈으로 40원이면 은행의 부장급 월급 한 달에서 한 달 반 치 정도였으니까 지금의 300만 원 정도이다.

그는 성격이 섬세하고 꼼꼼하며 계산이 빠른데다가 그때그때 반짝반짝 빛나는 아이디어맨이라서 광산 같은 데와 맞지 않았다.

광산은 머리로, 아이디어로 승부를 내는 곳이 아니었다. 고집과 체력과 뱃심이 필요한 곳이 광산터였다. 언제 죽을지 모르는 지하 백 척 갱 속에 들어가서 험한 돌을 다루는 광부들은 하나같이 우락부락한 성미일 수밖에 없다.

게다가 망치와 정을 맞고 우르르 노다지가 누렇게 쏟아지기까지 바위 뒤 한 치 밖의 일도 모르고 덤벼드는 일이기 때문에 요행을 바랄 수밖에 없다. 그런 광산촌 생리가 꼼꼼한 최남에게는 무모하고 어리석은 일처럼만 느껴졌다. 그래서 그는 광구 하나를 맡아서 노다지를 캐보자는 덕대德大(광산주와 계약을 맺고 그 광산의 일부를 맡아 채광하는 사람)들의 권유를 물리치고 돈 40원을 모아가지고 일찌감치 발을 빼고 돌아와 버렸다.

서울로 돌아왔지만 일자리를 마련해 놓은 것도 아니어서 최남은 또 하릴없이 실직자가 되고 말았다. 스물네 살의 실직자 최남은 보성중학교, 도쿄 정치학교, 아키타 광산학교를 비록 제대로 마친 것은 아니지만 그래도 학교 물을 먹어 본 청년이었다.

'그러나 밥을 먹고 나서의 지식이고 식구를 벌어 먹이고 나서의 자존심이지, 병든 홀어머니를 두고 당장 탕약 한 첩 못 쓰는 가난뱅이가 학교 이름만 너절하면 그것이 밥이 되는가?'

최남은 며칠 동안 생각하다가 20원을 들고 거리로 나갔다. 정처 없이 걷다가 발이 닿은 곳은 황금정(지금의 서울 을지로를 일제강점기 때 부르던 이름)이었다.

이른 봄날, 추위가 풀리고 따스한 햇볕이 스며들면서 화창한 바람이 분다. 꼬마들은 동네 어귀로 밀려 나와서 놀기 시작한다. 골목은 아이들이 떠드는 소리, 장난치는 소리로 시끌벅적하고 집집마다 겨우내 닫았던 대문을 열고 할 일 없는 늙은이는 대문 밖 양지에 나와서 놀고 있는 손자들의 모습을 우두커니 바라보며 시간을 보낸다.

그런 봄의 서울 골목 풍경에서 빼놓을 수 없는 것이 있다. 온갖 봄 나물을 이고 나온 아낙네 행상들 틈에 끼어서 "깡깡, 깡깡! 여, 엿 사시오, 엿 사!" 하며 목판을 메고 골목을 뒤지는 엿장수들의 모습도 보였다. 날씨가 풀린 이른 봄이면 엿장수, 강냉이장수, 고물장수들이 매일같이 골목을 누비면서 빈 병, 신문지 등을 모아 가져가는 모습을 볼 수 있었다.

긴긴해, 뛰놀던 아이들은 출출해진 배를 군것질로 채운다. 돈으로 엿을 사 먹기보다는 고물을 들고 나와서 엿과 바꿔 먹는데 헌 고무신, 삼베 걸레 떨어진 것, 유리병 깨진 것, 무명 속곳 떨어진 것, 이런 자질구레한 고물 속에 헌 양복가지도 적지 않게 나왔다. 부촌의 골목일수록 헌 양복가지는 많았다.

삼월 추위에 설늙은이 얼어 죽는다더니 이놈의 날씨가 변덕도 떤다. 햇살이 따뜻해져 봄 안개가 인왕산 허리를 늙은 과부 치맛자락처럼 화악 감더니 울타리 밑에 늘어진 개나리 눈이 필 등 말 등 바람이 획획 불어서 흙먼지가 올라오면 열어 놓았던 장독 뚜껑을 덮기에 바쁘다. 이러면서 날씨는 한 보름쯤 흐렸다 갰다 실랑이를 하다가 활짝

갠다.

살 속으로 스며드는 봄바람은 골목으로 찾아들어 대문을 살랑살랑 흔들면서 봄을 알리고 갔다. 그렇게 두서너 밤 더 자고 나면 으레 아지랑이가 길게 피어오르고 일조 시간이 길어지고 참새도 목이 터졌는지 지붕 용마루 위에서 암놈과 수놈이 째액쨱, 개나리 눈도 완연하게 물기가 올라 봉오리가 도도록해진다. 그러면 사람들은 더 참지 못하고 겨우내 입었던 묵은 옷을 벗어 버린다. 묵은 옷을 벗는 4월엔 고추장, 간장도 새로 담그고 장롱 속도 정리하면서 봄살림 채비를 하는데, 이때가 바로 고물장수들의 대목이다.

그 당시는 기워 입고 다니는 사람이 열에 아홉 정도였다. 해방 직후만 해도 기운 양말을 신어 보지 않은 사람이 거의 없을 정도였다.

최남이 우연히 거리를 지나다가 황금정의 한 골목에 이를 때였다.

"10원만 해!"

"아니야, 옷이 몇 벌인데 12원 내라구."

"허허, 너무 비싸! 아는 얼굴이 이러기야?"

"아주머니 떡도 싸야만 사 먹는단다. 얼굴 아는 것은 아는 것이고 시세는 시세지!"

넓은 공터 한쪽에서 엿장수들이 수집해 온 각종 고물을 놓고 엿장수와 수집상들이 둘러서서 흥정을 하고 있었다.

최남은 발걸음을 멈추고 그 넝마 흥정판에 끼어서 한참을 구경했다. 자세히 보니 각종 고물 중에는 아직 입을 만한 셔츠며 양복바지 떨어진 것, 헌 구두가 꽤 많았다.

"나는 한참 엿장수들이 흥정하는 것을 보다가 돈 20원을 내어 떨어진 내의 몇 장하고 구두를 샀어요."

이 날이 최남이 세상에 나와서 장사를 해본 첫날이었다고 한다.

그는 고물을 샀으나 대낮에 들고 나가 팔 용기가 안 나서 해가 떨어질 무렵까지 흥정판에서 어정거리다가 밤에 고물 보따리를 메고 집으로 왔다. 이튿날 누이동생이 손볼 것은 대충 보아서 시내에 나가 헌 구두는 구두 수선공에게, 헌 내의는 시장 아낙네들에게 팔아 보았더니 제법 남더란다. 최남은 부자 동네 골목에서 한두 벌씩 나오는 헌 양복에 눈독을 들였다.

"황금정에서 헌 넝마 양복을 사서 태평동 근처로 나가 고물상에 팔았더니 6개월 만에 2백 원을 저축할 수 있었다."고 한다.

3·1운동으로 번창한 덕원상회

이듬해 최남은 외가의 주선으로 상업은행 동대문 지점에 은행원으로 취직했다. 그는 은행에 나가서 근무하면서도 밤에는 옛날처럼 넝마 양복을 사다가 고쳐서 되넘겨 파는 장사를 계속했다고 한다.

낮에는 머리에 기름 바르고 양복 입고 넥타이 매고 카운터에 앉아 수금을 하고 전표를 돌리는 은행원이면서도 밤에는 작업복을 입고 넝마 양복장사를 했는데 수입은 오히려 한 달에 13원 받는 은행보다도 넝마 양복을 넘겨 파는 쪽이 더 좋았다고 한다.

넝마 양복장사가 차츰 자리를 잡자, 그는 누이동생에게 중고 재봉틀을 한 대 사주고 양복 수선을 시켰다. 장사는 더 잘 되었다. 헌책도 사들여 떨어진 책장을 새로 붙이고 다림질해서 헌책방에 넘겨보니 이문이 많이 남았다고 한다.

이것이 바로 뒷날의 거상 최남다운 점이라고 할 수 있다. 웬만한 사람 같으면 들어가기 어려운 은행에 들어가서 월급을 받으며 그럭저럭 생활의 기반이 잡히면 그대로 안주하고 주저앉았을 것이다.

최남은 넝마장사로 7백 원을 모으자 또 한편으로 집장사를 시작했다. 은행 창고의 폐물을 사서 되파는 일도 했다. 양잿물도 팔았다. 이렇게 하면서 2, 3년 만에 수천 원을 어렵지 않게 모은 것이다.

그러다가 1917년 최남은 인사동 입구에다 비로소 조그마한 가게를 내고 잡화상을 시작했다. 낮에 그가 은행에 나가면 누이동생이 점포에 나가 손님을 상대했다. 퇴근을 하면 그는 또 작업복을 입고 가게에 나가서 손님을 받고 고물을 떼어 왔다. 그러는 동안 가게는 점점 융성하기 시작했다.

"인사동 입구에다가 덕원상회를 내고 잡화상을 시작했는데 참 잘됐어요. 손님이란 물건이 한 푼이라도 싸면 스스로 찾아오는 겁니다. 그리고 물건을 가지고 손님을 속여선 안 됩니다."

주인이 알면서도 일부러 속여먹는 경우도 있겠지만 본의 아니게 손님을 속이게 되어 신용을 잃는 경우도 있다. 가게 주인이 물건을 잘못 들여놓았거나 비싸게 샀을 때는 손님에게 비싸게 팔 수밖에 없는 것이다. 그러니까 가게 주인은 물건을 들여놓을 때 싸게 구입해야 하고 좋은 상품인가, 튼튼한 상품인가를 스스로 감식할 수 있어야 한다. 그런 면에 있어서 최남은 거의 타고난 사람이었다.

또 하나는 한 번 자기 집에 다녀간 손님은 반드시 얼굴을 기억했다가 다음에 또 가게에 찾아오면 "아 먼젓번에 사간 모기약은 잘 듣던가요?", "그때 데리고 온 꼬마는 아마 금년에 학교에 입학할 나이죠?" 이런 식으로 손님에게 인사를 걸었다. 그러면 손님은 가게 주인이 자기를 기억해 주는 일에 대개는 기분이 좋았다.

사람은 무엇으로 사는가? 사람은 저 잘난 맛에 산다. 구렁이도 추어 주면 춤을 춘다지만 '저 잘난 맛'은 곧 '남이 자기를 알아주는 맛'이다. 최남은 바로 이 방법으로 손님을 잡은 것이다.

이런 면에서 볼 때 최남의 고객 유치술은 단순히 '돈 받고 물건 파는' 상인의 차원에서 '대화하는 상인'으로 한 차원 높은 것이다. 돈을 넣으면 물건이 나오는 자동판매기와 판매대에 앉아 상냥하게 웃으며 얘기하는 여점원과의 차이도 바로 그런 것일 것이다.

청년 점원 최남은 더욱 고객과 밀착하여 '한 번 찾아온 손님은 꼭 기억하고 알아보는' 상술을 이용하였다. 이렇게 큰 점포를 가진 주인이 우리 아이 입학하는 것도 기억해 주는구나, 이래서 서로 믿고 가까운 사이가 되어 손님이 손님을 데리고 오는 덕원상회로 변해갔다.

또 하나 최남은 잠시도 멍청하게 앉아 있는 일이 없었다고 한다. 그는 항상 '이렇게 하면 어떨까?' 하며 쉬지 않고 새로운 것을 추구하는 성미였다. 그리고 때때로 상품의 진열을 바꾸어 항상 산뜻하고 새로운 기분을 내게 하는 진열의 명수였다.

"손님들과 얼굴이 익게 되자, 거의 하루도 빠지지 않고 점포에 직접 나가서 그들을 상대하지 않을 수 없었다. 어떤 물건을 사가면 그 물건을 써보는 쪽은 손님이다. 이 상품과 저 상품의 좋고 나쁜 차이는 손님들이 가장 잘 알고 있었다."

그렇기 때문에 최남은 손님들과 얘기하고 인사하는 사이에 저절로 상품에 대한 품평을 들었고 물건이 나오는 메이커들의 좋고 나쁨 등 모든 정보를 얻을 수 있었다.

손님은 그처럼 고마운 존재인 것이다. 단순히 돈을 내고 물건을 사가는 사람이 아니라 최남에게 '이 물건은 이렇더라, 저 물건은 저렇더라.'고 방향을 일러 주는 지침도 되었다.

덕원상회가 날로 융성하자 최남은 은행을 그만두었다. 그 후부터는 오직 덕원상회를 확장하고 단골손님을 늘리는 데에 전심전력하여 그는 물론 점원들까지 눈코 뜰 새 없이 바빴다.

인사동에서 종로 큰길가로 가게를 확장해서 이사를 했던 덕원상회는 그 이듬해 예기치 못했던 성수기를 맞게 되었다.

1919년 봄 그 해에 3·1운동이 일어났다. 그리고 3·1운동의 여운을 몰아 최남의 덕원상회는 자본금을 두 배로 늘리는 데 성공했다. 얼른 생각하면 3·1운동과 종로의 덕원상회가 무슨 연관이 있을까 의아할 일이다. 그러나 그것은 상기商氣이고 최남 자신도 미리 예측하지 못했던 상운商運이었다.

그가 3·1 운동에 무슨 연관이 있던 것은 전혀 아니었다. 그저 덕원상회의 주인이고 장사꾼일 뿐이었다. 그런데 어떻게 덕원상회는 1919년에 자본금을 두 배나 확장하면서 예기치 못한 성수기에 즐거운 비명을 올렸을까?

이 세상의 어떤 일이 서로가 서로의 꼬리를 물고 돌아가지 않는 법이 있는가? 사람으로부터 상품, 거리, 정치, 친구, 가족, 시대에 이르기까지 세상의 모든 일은 서로 연관성을 가지게 마련이다.

공중에 떠 있는 먼지 하나도 저 혼자 아무 연관 없이 공중에 떠 있고 움직일 수는 없다. 먼지로 쪼개진 더 큰 먼지덩이가 있을 것이고, 그렇게 먼지 알갱이로 쪼개 준 어떤 '힘'이 있었을 것이다. 그것을 공중에 떠오르게 한 바람이 있었을 것이고 또 그것을 날아가게 하고, 빗방울에 젖어서 땅에 떨어지게 하는 무엇이 있었을 것이다. 이런 인간

사 속의 알 수 없는 무엇을 사람들은 '운運'이라고 한다.

3·1운동 바람을 타고 그 운이 덕원상회에 왔다. 왜냐하면 그 사건은 사람들에게 묘한 민족적 결속력을 불러일으켜 배일적인 행동으로 나타났던 것이다.

"국산품을 애용하자."

"조선 사람은 조선 상인의 물건을 팔아 주자."

"종로에 가서 물건을 사자."

그것이 운이었다. 최남이 인사동 입구에서 종로의 큰길가로 점포를 옮겨 오자마자 3·1운동이 일어났고 3·1운동의 바람은 진고개 왜인 상점들을 배격하고 전통적인 조선 상가이던 종로 쪽으로 인파가 몰려들게 했다. 이때 최남의 덕원상회는 또 한 번 기회를 잡았던 것이다.

일제강점기에 발행된 《조선의 대상점 사전》에는 1916년에 자본금 5만 원으로 설립했던 덕원상회의 위치는 종로 2정목丁目 26번지이고, 여기에서 취급했던 주요 상품은 양품, 잡화, 문방구, 학생용품이었다고 쓰여 있다. 또 최남의 덕원상회가 대성하게 된 것은 철저한 정찰제 상술에 있었다고 설명하고 있다.

일본을 견제한 한국판 백화점 설립

덕원상회에서 힘을 얻은 최남은 1925년부터 동아부인상회를 인수해서 운영하기 시작했다. 1919년에 5만 원을 가지고 시작한 점포로 종로 2정목 3번지에 위치하고 있었다.

이렇게 해서 일어난 최남은 불과 8년 만에 종로 큰길가에 점포를 5개나 소유하게 되었고, 20여만 원의 자본금에다 점원만도 40여 명이나 두는 대상점大商店 주인이 되었다.

이것이 1927년의 모습이다. 최남은 33세의 야심만만한 사업가가 되어 이제 백화점을 꾸며 보고 싶은 야망에 불탔다. 역시 상점의 왕은 백화점이다. 그런데 큰 백화점들은 모두 일본인들의 거대한 자본력에 흡수되어 최남과 같은 이, 삼십만 원 자본금으로는 도저히 경쟁할 수가 없었다.

서울의 상권을 압축해서 지배하고 있는 일본인들의 백화점에 대항하여 이기지 못하고서는 '나 여기 종로에 있다'고 최남의 존재를 알릴 계제가 아니었다.

일본은 우리나라에 진출하면서 한일합방 4년 전인 1906년에 일본의 미쓰코시 오복점嗚服店(포목점을 일본인들이 일컫던 말)의 출장소를 서울에 상륙시켰고 미쓰코시는 1929년 지금의 미도파 백화점 건물을 짓고 미쓰코시 백화점을 냈던 것이다. 이보다 앞서 1922년에는 일본인이 미나카이 백화점을 시작하여 1932년에는 7층 건물을 지어 백화점계를 누비고 있었다. 또 정자옥은 양복점으로 큰돈을 벌어 1922년에 남대문로 2가에 양복점을 확장하더니 1834년에는 이것도 백화점으로 등장했다. 1926년에는 히라다 백화점도 나왔다.

이런 일본인들의 거대한 백화점들은 서울의 모든 시장과 상가를 압도하면서 '백화百貨의 집'으로써 그야말로 엄청난 손님과 구매자금을 흡수하고 있었고 최남은 이에 맞서 자기도 백화점을 운영해 보고 싶은 욕망에 불탔던 것이다.

미쓰코시 백화점
일본의 미쓰이 재벌이 1930년 경성부청사 부지를 사들여 개설한 미쓰코시 백화점은 일본 국내를 제외한 동북아시아 최대·최고급 백화점이었다. 주 고객은 일본인과 조선의 상류층이었으며 동화 백화점을 거쳐 지금은 신세계 백화점으로 주인과 이름이 바뀌었다.

"서울에는 일본 사람들의 백화점이 그처럼 많았죠. 그러나 그것은 조선 사람의 백화점이 아니었고 모두 남대문로에서 진고개 일대에 밀집되어 있었죠. 나는 전통적인 조선인 상권의 노른자위 종로에다 백화점을 세우면 성공하리라고 믿었지요."

최남은 '종로'라고 하는 위치와 이미지를 염두에 두었다. 몇 달째 그 생각에 골몰하면서 서울의 백화점 중에서 제일 큰 미쓰코시에 거의 매일같이 출입하여 상황을 조사하기 시작했다. 구입하는 상품은 많았지만 비싼 물건은 사지 않았다. 사치품도 제외했다. 어차피 종로에 백화점을 낸다면 그것은 순전히 조선인 고객을 염두에 둔 것으로 일상성을 띤 생활필수품을 싼 값에 공급해야 한다. 비누, 수건, 와이셔츠, 학용품….

매일 백화점 여기저기와 시장에 들러 가격 차이를 알아보던 최남은 그날도 미쓰코시 백화점에 들어갔다.

"어서 오십시오, 최 선생."

2층 양품부에서 근무하는 와타나베가 반갑게 인사를 했다.

"매우 덥죠?"

"예."

최남도 와타나베에게 반갑게 인사를 건넸다. 최남은 그럭저럭 다섯 달째나 이곳에 들러 와타나베의 양품 코너에서 물건을 샀다. 그러는 동안 두 사람은 어느새 가까운 친구처럼 대하게 되었다.

"와타나베 상은 장가들었소?"

"장가요? 아직 못 갔습니다."

"하하하! 못 간 게 아니라 안 간 게지?"

"어디요. 그럭저럭하다 보니까 이젠 서른 살이나 되었으니….'

아닌 게 아니라 와타나베는 아직 총각이었다. 총각이라도 백화점에서만 굴러서 그런지 어느새 머리가 벗겨지고 이마에는 주름살이 잡히기 시작했다.

"얼른 장가를 가야겠군! 내 중매할까?"

"하하하! 그래 주십시오, 사이 상."

역시 총각은 중매하고 장가가는 얘기가 제일 신나는 모양이다. 최남은 이렇게 친하게 사귀기 시작한 와타나베가 퇴근할 때를 기다렸다가 음식점에도 데리고 갔다. 덕원상회에 점원으로 있는 박 양과도 가끔 만나는 눈치였다.

'됐다. 와타나베란 저 친구가 장삿속은 꼼꼼해도 인간은 제법 서글서글한 데가 있거든, 저 친구를 이용하자.'

후에 와타나베의 고향은 가고시마이며 그곳에는 늙은 어머니 한 분

두 발 앞선 신기술의 귀재

이 살고 계시고 혼자 이곳에 나와 직장생활을 하고 있지만 조금만 힘이 피면 고향에 돌아가서 장가도 가고 늙은 어머니도 모시고 싶어 한다는 것을 알았다.

그 해 9월 어느 날 뜰에 국화가 만발할 때였다. 쉬는 날을 이용해서 최남은 자기 집으로 와타나베를 초청해 점심을 같이하면서 속사정을 얘기했다. 결론은 종로 쪽에 백화점 하나를 차리고 싶다는 상의였다.

"백화점이 가능하겠는가? 50 대 50의 성공률이라고 보지만 나는 50퍼센트를 보고 모험하려 하네. 어떻겠나? 와타나베 상만 좀 도와주면 난 성공할 자신이 있어!"

"제가 도움이 된다면 도와 드리죠. 그러나 지금 미쓰코시나 히라다, 정자옥과 경쟁을 할 수 있을는지?"

와타나베는 안경 너머로 넌지시 최남을 바라보면서 걱정스럽다는 눈빛으로 물었다.

"그러니까 반반이라고 하지 않았어? 그렇지만 와타나베 상이 도와만 준다면 성공은 55퍼센트로 불 수 있지."

"뭘 어떻게 도와 드려야 되죠?"

"간단해, 나와 같이 일하세!"

최남은 벌떡 일어나서 와타나베에게 큰절을 하며 부탁하는 것이 아닌가?

그는 명색이 50만 원을 가진 거상이다. 그것도 종로에만도 5개나 되는 큰 점포를 가진 사업가다. 그런 최남이 일개 백화점 점원에 불과한 와타나베에게 큰절을 하면서 도움을 청했을 때 와타나베는 고맙기도 하고 한편으로는 당황할 수밖에 없었다.

그렇게 해서 최남은 와타나베를 우선 덕원상회 지배인으로 끌어들였다. 와타나베는 미쓰코시에서 7년이나 일한 가장 유능한 점원으로 그에게는 일본인 고객이 있었고 '미쓰코시 백화점 양품계 직원'이라는 명분이 주는 신용도와 안정성은 최남의 사업에 결정적인 영향을 줄 수 있었다. 더구나 와타나베는 아직 총각이고 생김새도 훤칠해서 일본 사람들 특히 화장품을 즐겨 사용하는 여성들 사이에 인기가 많았다.

최남은 미쓰코시가 주는 월급보다도 30원을 더 보태 1백 20원을 주었다. 최남이 노린 것은 와타나베가 가지고 있는 고객과 상술만이 아니었다. 와타나베를 일본으로 출장 보내 상품을 공장에서 직접 백화점, 아니 덕원상회로 사들이기 위한 것이었다. 공장에서 상점으로, 그것이 백화점 경영의 입문이 아니겠는가? 최남은 와타나베를 통해 그 길을 뚫어 놓고 '나도 백화점을 차리겠다.'는 집념을 굳혀가고 있었다.

1931년에 지금은 헐렸지만 화신 백화점 옆으로 맞붙은 4층 건물 하나가 새로 세워지고 있었다. 그 건물은 나중에 화신의 박흥식이 사들여 화신과 나무다리를 놓아 화신 백화점으로 통하게 만들었지만 원래는 따로따로 떨어진 빌딩이었다. 그 건물은 민영휘의 아들인 민규식이 4층 1백 50여 평으로 산뜻하게 지어 준공했던 것이다.

최남은 그 빌딩을 민규식에게서 빌려 거기에서 동아 백화점을 시작했다. 이 건물에 있던 동아부인상회를 인수해서 그대로 동아 백화점을 꾸민 것으로 명색이 한국인이 세운 최초의 백화점이다.

애초에 동아부인상회는 1919년 3·1운동이 일어나면서 민족 자본을 들먹이고 민족의식이 고조되면서 '우리도 국산을 장려하고 일본에 의지하는 경제에서 벗어나야 한다.'는 목표로 몇몇 사람들이 자본을 모아 설립했던 것이고, 전주, 평양, 대구, 부산 등 전국에 지점망을 두고

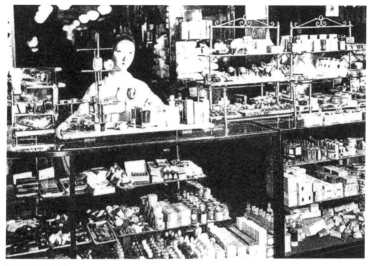

화신 백화점 매장
1931년 박흥식이 36만원에 매수하여 자본금 100만원의 화신상회를 설립한 뒤 종래목조 2층 건물을 3층 콘크리트 건물로 증개축하고, 기구도 영업과, 서무과 등을 두고, 백화의 판매, 제조와 그 부대사업을 시작했다. 1932년 7월 16일 옆 건물의 동아백화점을 인수, 합병하였고 1934년 2월 27일 주식회사 화신으로 상호를 변경했다.

일종의 연쇄점 형태를 띠고 있었다. 그리고 동아부인상회는 단 한 사람의 남자 점원도 없는 여자 점원만의 상점이라는 점에서도 화제를 모았다. 바로 이 점포를 우리나라 최초의 백화점 경영자로 등장했던 최남이 사들여서 경영한 것이다.

몇 해 지나지 않아 최남은 동아부인상회를 화신상회의 박흥식에게 넘겨주고 또 다른 돌출구를 찾아 나섰다. 물론 우리나라 사람 중에도 여러 면에서 시대와 상계商界의 총아인 백화점을 꿈꿔온 사람이 여럿 있었다. 그러나 그들은 모두 백화점 형태의 상점은 실패할 수밖에 없다고 판단하여 손을 대지 못했다. 왜냐하면 일본 사람들의 거대한 자본력에 맞설 수 있고 없고는 둘째 치고 우선 상품을 제조원으로부터 직접 구입할 길이 없었기 때문이다.

대개 일본인 거상들은 제조원들과 서로 독점 판매라는 허울로 결속되어 있었기 때문에 조선인에게는 그런 상품 통로를 뚫어 주지 않았다. 조선 상점들은 상품을 모두 일본인 도매점에서 구입해서 팔아야 하니 소매가격이 비싸져서 백화점은커녕 일반인들의 일반 상점과도 가격 경쟁에서 뒤질 수밖에 없었던 것이다.

그런데 최남의 덕원상회는 와타나베를 끌어들인 다음 '제조원→덕원상회→소비자'의 길을 뚫어 놓고 '좋은 상품을 싸게 판다!'는 구호로 손님을 잡아나갔다. 그러다가 곤경에 빠져 허덕이는 동아부인상회를 인수하여 함흥, 전주, 순천, 평양, 광주, 목포, 대구, 나주 등지에 지점을 개설하면서 백화점 운영을 시작했다.

1931년 민규식의 빌딩을 빌려 백화점을 낸 최남은 3대 경영 방침을 세우고 그것을 실천에 옮겼다.

첫째, 진열장 배치를 색다르게 한다.
둘째, 2백여 점원 중 여점원을 50퍼센트로 한다.
셋째, 점원은 매일 깨끗한 옷을 입고 나온다.

그 무렵에 동아 백화점 여점원들의 인기는 정말로 대단했다. 1930년대에 '50퍼센트 여점원' 상술이란 실로 기상천외한 아이디어였다. 그때까지만 해도 여성들이 판매대에 나와서 남자 손님에게 물건을 파는 일은 극히 드물었다. 직업여성이라야 겨우 버스의 차장 정도여서 그때 파마머리에 가방 끈을 길게 늘어뜨려 옆구리에 찬 그들의 인기는 대단했다. 그 무렵 전라도 거부 백 아무개의 손자가 여차장 아가씨에게 반해 의과대학인가를 다니다가 때려치우고 연애소동을 일으킨 일은 유명했다. 한 마을에서 누가 누구하고 함께 얘기만 주고받아도 그것이 소문이 나 시집을 가네, 못 가네 하던 세상에 동아 백화점에만 가면 누구라도 울긋불긋하게 차려 입은 아가씨들의 얼굴을 얼마든지 쳐다보고 또 얘기도 걸 수 있으니 남자 손님들에게는 그야말로 대단한 인기였던 것이다.

최남의 동아 백화점은 1932년에 화신 금은상회의 박흥식에게 팔렸고 박흥식은 그것을 인수해 화신빌딩과 동아 백화점 벽을 트고 연결해서 종로 네거리에 유명한 화신 백화점을 탄생시켰다.

1932년 2월 21일자 〈동아일보〉는 화신상회의 박흥식과 동아 백화점의 최남이 일본 요리점 남선장에서 만나 서로 인수인계하기로 합의를 보았다고 보도하고 있다. 그러면 동아 백화점을 개설한 최남은 왜 운영 일 년 만에 박흥식에게 백화점을 넘겨주었을까?

그것은 종로 네거리에서 두 거상이 맞붙어 경쟁을 한다면 저절로 일본인의 백화점에 어부지리만 줄 것이 뻔하기 때문이었다. 그래서 두 사람은 서로 타협을 했고 박흥식은 상당한 값을 쳐주어 최남의 상권을 사들였던 것이다.

그 후에도 최남은 성공과 실패의 골짜기를 넘으면서 장사를 계속했고 해방 후에는 은행계로 복귀하여 상업은행 이사를 지내기도 했다.

늘 새로운 것을 시도했던 개척자

동아 백화점을 박흥식에게 넘긴 후에도 그에게는 3층짜리 덕원상회가 있었고 앞서 말한 대로 1933년에는 장안의 신명물 국일관을 지어서 요리장사도 했다. 그는 한 가지 일에만 매달리지 않고 언제나 새로운 것을 추구하는 아이디어맨이었다.

최남은 다시 거금을 투자해서 '동순덕'이라는 중국비단 점포를 개설했는데 보수적이고 긴 담뱃대를 문 양반들이 사는 북촌 쪽에 자리를 잡아 사람들을 깜짝 놀라게 했다.

중국 사람의 대명사는 비단 장수일 만큼 적어도 비단에 있어서만은 지금도 중국비단이 세계시장을 압도하고 있다. 왜 중국비단장사를 시작했을까? 항상 다른 사람보다 두 발 앞, 세 발 앞을 내다보고 통수를 재는 최남이 아무것도 보이지 않는데 쓸데없이 그 짓을 했을 까닭이 없다. 그는 바로 이런 계산을 했다.

비단장사를 하던 중국인들이 만주사변으로 몹시 불안해하던 때였다. 장차 세상이 어떻게 될지 모르는 시대적인 불안 때문에 중국 상인들은 속속 자기 나라로 귀국하고 있었다. 그러자 서울 장안에서도 이렇게 저렇게 이름났던 중국인 비단가게가 속속 문을 닫았다.

시대가 불안하고 물가가 올라갈수록 사치품을 취급하라는 말이 있다. 세상 돌아가는 방향이 뒤뚱거릴수록 술장사가 잘되고 극장이 잘되고 또 보석장사가 잘되고 비단장사가 잘된다. 인간 심리의 역조逆潮 (바람의 방향과 반대 방향으로 흐르는 조류)라 할까?

현실주의와 향락주의는 불안한 오늘을 잊기 위해 화려한 색칠을 했다. 언제 무엇이 어떻게 되는지 모른다. 비단옷 입었다고 일본 순사한테 빰맞는 것도 아닌데 비단 바지저고리에 중절모 쓰고 종로 거리 좀 다녀 보면 사치 풍조는 하루아침에 사라지는 게 아니다.

옷 사치를 하자면 항상 중국비단이 최고니 그들이 닦아 놓은 기반

을 이용한 것이다. 상해나 홍콩에서 중국비단을 직접 수입해다가 장
사를 했다.

누가 보아도 중국 사람이 하는 상점처럼 차렸다. 이름도 '동순덕東順德'이
라고 상호를 내걸고 점원도 모두 중국옷을 입혀 손님을 대하게 했다.

상계의 귀재 최남은 '동순덕'을 웅장하고 사치스럽게 장식하고 점
포를 화려하게 가꾸어 놓았다. 공단, 대단, 호박단, 갑사, 문조, 일월
단, 명월단을 죽 늘어놓고 울긋불긋 꾸며서 모본단, 양단으로 치장했
다. 중국 제품만 취급했고 종업원 역시 완전한 '중국사람'을 썼다. 그
렇게 꾸며 놓으니 사람들은 '동순덕'이 중국사람의 가게인지 한국사
람 최남의 가게인지 전혀 분간할 수가 없었다.

최남은 중국인 점원을 데리고 그들이 거래하던 단골들을 잡고 대외
적으로는 조선 사람 최남이 경영하는 것을 모르게 했던 것이다. 또 그
들이 직접 중국에서 비단을 직수입해다가 싸게 파니까 점포는 자연히
잘되었다. 그래서 최남의 중국비단점 동순덕은 설립 후 수년간 그야
말로 번창했다.

명월관인지 수월루인지 하는 데서 기생을 하는 여자, 쇠똘머리로
얹은 신여성들이 비단 속곳을 뜨려면 모두 동순덕으로 와서 기웃거리
게 되어 한때 동순덕은 서울 장안 비단전의 대명사로 큰돈을 벌었던
것이다.

그러나 최남의 '동순덕'도 1937년을 고비로 늙은이 뱃가죽에서 마
른 때 떨어지듯 풀기가 없어지기 시작했다. 아무리 귀재라도 시세의
흐름 앞에서는 도리가 없었다. 그것은 바로 그 해에 일어났던 북지나

사변과 1940년의 대동아 전쟁 때문이다. 전국이 전시 체제로 돌입하자 중국에서 비단을 수입해올 길이 막혀 버린 것이다.

모든 것이 배급제가 되었다. 먹을 것이 없어 콩깻묵, 뚝새풀을 먹고, 입을 것이 없어서 양말 한 켤레도 없이 사는 세상에 바람난 서방님인들 어느 겨를에 비단 생각을 하겠는가? 혓바닥이 미끌미끌하고 부드러워야 몸뚱이도 부드러운 비단옷을 찾든지 말든지 할 텐데 목구멍으로 넘어갈 여물도 없어서 배가 꼬르륵꼬르륵하는데 굶는 놈이 비단옷을 입고 행차하면 무엇하는가?

그래서 최남의 운수도 1937년을 고비로 점점 하강기에 접어들었던 것이다. 하지만 최남은 실망하지 않았다. 남이 보기에는 계속 '괴짜짓'만 하면서도 대금을 노리는 아이디어를 짜냈다.

이번에 시도한 것은 '10전 균일시十錢均一市'라는 새로운 상술이었다. 10전 균일시는 그때 미국에서 막 탄생해서 인기를 끌고 있던 '10cent store'의 방법을 재빨리 수입해서 시도한 것이다. 즉 온갖 '10전짜리 상품'만 늘어놓고 파는 것으로 그야말로 싼 상품을 많이 팔아서 큰 이익을 보려는 생각이었다.

조선 사람이야 항상 가난하다. 더구나 식민지 수탈정책에 따라 생계가 점점 쪼들리고 일용품을 생산하던 공장들이 점차 군수품으로 전환해 가는 시기였다. 싸야 한다, 값이 싸야 잘 팔린다.

그러나 우리나라 소비자들의 수준은 최남의 생각에 미치지 못했다. 소비자들은 관습적이고 보수적인 데가 있어서 습관화된 일상성을 깨기가 쉽지 않다. 아무리 염불 문자가 좋아도 대중은 몸에 밴 습관을 쉽사리 고치려고 하지 않는다. 아이디어가 시대보다 너무 앞질러서 자기 혼자 뛰어가 버릴 때 소비자들은 쉽사리 따라가려고 하지 않는다.

그런데 최남은 선진국 미국에서 방금 히트를 친 10전 균일시를 그대로 무대 위에 올려놓고 상연했다. 그러나 구경꾼들은 "10전 균일시가 뭐냐?"며 10전 균일시란 말부터 전혀 이해하지 못했던 것이다.

최남은 엄청난 광고를 하기 시작했다. 전단을 뿌렸다. 풍각쟁이 굿패를 불러다가 구경꾼을 모으고 새로 탄생한 10전 균일시를 홍보해 나갔다. 깃발을 꽂고 징, 꽹과리를 치면서 기생들을 인력거에 실어 얼굴을 팔면서 선전에 전력을 기울여서야 겨우 알렸다.

"10전시가 그런것이구먼!"

"응, 싼 것이지."

"뭘, 싼 게 비지떡이지 별거 있냐."

"그래도 싸야지!"

이렇게 왈가왈부 쑥덕공론을 하던 시민들은 '구경이나 한 번 해보자!'고 최남의 10전 균일시로 몰려들기 시작했다.

손님이 왔다. 최남은 이번에도 성공한 것이라고 자부했다. 그러나 손님이 밀려들었음에도 불구하고 최남의 10전 균일시는 결과적으로 실패하고 말았다.

10전짜리 상품을 파니까 값이 싸서 많이는 팔린다. 그러나 10전짜리 상품은 값이 너무 싸고 대개는 부피가 큰데다가 오사카에서 서울까지 실어오자니까 운임이 너무 많이 들었다. 상품이 오는 오사카에서 이런 10전시를 했다면 물건이 팔리는 대로 조금씩 금방금방 다시 사다가 상품의 구색을 맞춰 진열해 두고 팔 수도 있지만 서울서는 어느 품목이 품절되면 그 상품을 다시 가져다 놓기까지 빨라도 일주일 이상의 시일이 소요된다. 그러니까 중요 상품의 품절을 막으려면 똑같은 상품을 다량으로 구입해다가 쌓아두어야 하는데 그러면 자본의 회전이 너무 늦고 또 상품이 재고로 있는 동안에 파손되는 경우도 많다. 따라서 10전 균일시가 서울에서 성공하려면 상품을 생산하는 공장이 서울에 있어야 했다.

그런데 최남의 10전시는 모든 상품을 일본에서 배로 실어 와야 했다. 이것이 실패의 원인이었다. 장사와 운임, 상품 공급과 공장, 상품과 자금의 회전 시간, 최남은 여러모로 선각적인 상인이었다. 변화와 업종이 다양한 상계의 머리 좋은 개척자였지만 멀리만 보고 백리마처럼 눈알을 반짝이며 뛰는 사이에 자기 발아래의 현실을 깜빡 잊어서 결국은 대성했던 열매를 하나 둘씩 까먹어 버리고 만 것이다. 현실을 좀 더 분석하고 소비자들의 문화 수준을 엄밀하게 재어 보지 않고 뛰었던 탓에 절세 아이디어맨의 10전 균일시는 실패하고 만 것이다.

최창학
崔昌學

망치 하나로 거부가 된 황금왕

망치 하나로
거부가 된
황금왕

조선 제1호 갑부로 통칭되던 최창학崔昌學은 암울한 시대를 살던 젊은이들에게 꿈과 무한한 가능성에 대한 도전의식을 심어 주었다는 점에서 이 나라 경제사는 물론 사회에도 큰 공을 세운 사람이다.

세상은 그를 잘 몰랐지만 최창학은 교육사업에 많은 재산을 내놓을 줄 아는 사람이었다. 그는 대체 어떤 사람인가. 세간의 소문처럼 정말 허망하게 목침 만한 노다지를 캤던 것일까? 또 부자라면 대체 얼마나 큰 부자였고 어떻게 살았는가? 또 한때 조선의 땅덩이를 모두 자기 돈으로 덮을 정도로 많았던 재산은 해방 후 어떻게 되었으며 자손들은 지금 어디서 무엇을 하고 있을까?

지난날의 재성財星 최창학의 이름은 영원히 잊혀지지 않을 재계의 추억으로 따지고 보면 이것처럼 궁금한 세상의 뒷얘기도 없을 것이다.

구성광산에서 노다지를 캐다

최창학은 자기 광산에서 노다지를 캐기 시작한 지 10여 년 만에 민영휘, 김성수, 박흥식 등과 함께 당당히 어깨를 겨루는 4대 갑부의 한 사람으로 등장했다. 그것이 1940년 최창학이 등장하여 재계의 풍향을 돌려놓은 우리나라 거부의 새로운 기상도였다.

그렇다면 1930년대 후반부터 1940년대까지 이 나라의 일등 거부였던 최창학의 좌표는 대체 어디쯤에 점을 찍어야 할 것인가?

우선 한일합병이 이루어졌던 1910년 당시 우리나라에 26대 거부명단이 재계에 공개된 적이 있었다. 1915년 무렵부터 1920년대 전반까지 우리나라의 거부 판도는 어땠을까?

1911년 〈시사신보〉에 따르면 우리나라 사람들 중 50만 원 이상의 자본금을 가지고 회사를 경영했던 사람들은 다음과 같다.

농림업 : 송병준, 성차영

수산업 : 이윤용, 박영효

광공업 : 박영효, 민병선, 고희경

은행업 : 이윤용, 민병석, 조진태, 민대식, 김진섭, 정재학, 장길상, 고계하

상업 : 박승직, 김윤면, 김원배, 김대운

이런 판도로 보아 한일합병 직후에 광공업 분야에 대대적인 자본을 투자하여 노다지를 캐려고 했던 인물로는 박영효, 민병선, 고희경 등이 있었음을 알 수 있다. 그러나 1910년대부터 3·1운동이 일어나던 1919년 무렵까지만 해도 우리나라에서 거부 산맥을 이루고 있던 사람들은 거의가 친일 귀족으로 그들은 1912년에 조선귀족회(회장 박영효, 부회장 이완용)를 설립했는데 정계에서 할 일이 없어지자 대부분 교육사업이나 산업 계통으로 눈을 돌렸다.

우리나라에 본격적인 광산 붐이 일어났던 시기는 1920년대 들어서인데 그 열풍은 해방이 될 때까지 하루도 쉬지 않고 몰아쳤다.

최창학이 조선 4대 거부의 한 사람으로 등장하여 일약 명성을 떨쳤던 배경은 무엇인가? 그것은 말할 것도 없이 금광이었다.

광산왕 최창학에게 노다지를 쏟아내 주었던 평안북도 구성군의 조악동 광산은 대체 어떤 곳이기에 조선 거부 최창학을 탄생하게 만들었는가?

최창학이 세상에 얼굴을 내밀기 시작한 것은 조악동 광산에서 노다지를 잡은 1920년대 후반이었다. 이전의 자료에서 최창학은 '최'자도 찾아보기 힘든 이름 없는 사람이었던 그가 명성을 떨친 것은 1920년대 후반부터 1930년대까지로 10여 년 동안에 완전히 기틀을 잡은 셈

금광석

좋은 금광석은 1톤 기준으로 10~50g 정도의 금이 나온다. 금광석 하나하나를 전부 깨뜨리고 불을 때고 녹여서 그 돌에 섞여 있는 금이 흘러나오는 과정을 거쳐야 금이 생산된다.

이었다.

하기야 광산에서 구르다 노다지를 캔 거부에게 이러쿵저러쿵 집안의 내력을 따질 것은 없다. '뼈대 있는 집안의 자손'들 같으면 허리에 망치를 차고 그 깊은 산속에 들어가 밤낮없이 바위를 깨며 노다지 냄새를 맡고 다녔겠는가?

그 무렵만 해도 광산으로 떠도는 사람은 버린 사람 아니면 건달이었고 논 팔아 금 캐는 녀석은 집안에서 '못된 놈', '집안 망치는 놈'으로 몰려 쫓겨나기 일쑤였다.

사실 그들은 무지개를 보고 화려한 초원으로 덤벼드는 나비가 아니라 험악한 첩첩산중 바위덩이에서 인생 도박판을 벌이는 광산 노름꾼들이었다. 도박판 중에서도 양반들이나 하는 유유자적한 바둑놀음이 아니라 그야말로 땀과 눈물이 범벅된 결사의 도박이었다.

그런 노다지 도박판에서 소리를 치고 나온 사람 최창학을 알아보기 위해 우선 1927년 당시 그의 광산이 어땠는지 살펴보자.

대정 11년(1922) 가을 독립단 습격 사건으로 유명해진 평북 龜城(구성)의 三

成(삼성)금광은 그야말로 조선 3대 금광의 하나로 등장했다. 미국 사람이
경영하는 雲山(운산)의 북진광산이나 불란서 사람이 경영하는 昌城(창성)
大楡洞(대유동)금광보다도 3, 4배의 産額(산액)을 가진 큰 금광이다.

이것이 1927년 3월 11일자 기록이다. 운산광산과 대유동광산은 구
한말에 서양 사람들에게 넘어갔는데 운산광산은 연산액 3백만 원을
상회해 우리나라 노다지꾼들은 거기에 비하면 호랑이 앞에서 고양이
문자 쓰기였다. 그처럼 운산금광은 동양 최대의 금광이었고 또 세계
적인 금광이었으며 창성 대유동금광 역시 1940년에 조선총독부 주선
으로 그때 돈 1천 3백만 원에 일본광업 주식회사가 인수한 거대한 규
모의 금광이었다.

이 금광들은 엄청난 금덩이들을 쉴 새 없이 내놓았고 그런 금덩이
들이 미국, 영국, 프랑스 등지로 마구 흘러 나갔다는 것은 참으로 개탄
스러운 일이었다.

운산금광이나 대유동금광은 그야말로 노다지 중의 노다지 금광이
었는데 이 기사에서는 최창학의 구성(삼성)금광이 운산이나 대유동금
광에서 파내는 금의 산출량보다도 3, 4배나 많다고 하지 않는가?

구성금광은 운산금광의 할아버지 격으로 1천 7백만 달러를 쏟아내
세계적 거부를 10여 명이나 탄생시킨 운산의 금구덩이보다 더 깊고
누런 보물 창고였다.

최창학은 1927년 이후에도 근 10여 년이나 계속 광산에서 노다지를
쏟아내 토지에 투자했고 수백만 정보의 압록강 연안 개간사업을 벌이
기도 했다. 또 서울 장안에 '경교장'이라는 으리으리한 집을 짓는 등
그야말로 승승장구하고 있었다. 우선 최창학이 1927년 현재 이 조악

동 광산에서 거부로 입문할 때의 규모를 한번 살펴보자.

조악동 광산에서는 연간 약 2백만 원 어치의 금이 나온다고 한다. 황금 왕국의 총본영總本營인 이곳은 산이나 개천이나 모두 광산왕 최창학의 소유다. 삼성금광 사무소는 그야말로 조선의 황금 왕실이요, 그 왕실의 대왕으로 등장한 사람은 최창학이라는 장년이지만 이 조악동 금을 캐려면 최창학의 허락을 얻은 덕대들이 아니면 불가능하다. 최창학은 덕대들에게 광산 구역을 맡기지만 어찌나 금이 많이 나오고 경기가 좋던지 큰 구역이나 오랜 기간을 허락하지 않는다고 한다. 덕대들은 최창학에게 광산 구역을 얻어내는데 그 구역 중 가장 긴 것이 길이 1백 척(깊이는 상관없음)이며 기한은 최고 6개월인데 최씨는 그 덕대들에게 착수금을 받고 채굴을 허락한다.

최창학의 광산 왕국은 노다지 소문을 듣고 전국 각처에서 몰려든 덕대와 그들이 거느린 수십 수백 명 단위의 광부들로 득실거리게 되는데 위 예문에서 설명하고 있듯이 채광 구역은 아무리 길어야 사방 백 척이라고 하지 않는가? 또 그 사방 백 척 안의 구역에서 최고 6개월 동안만 채굴해야 했다.

앞서 말한 운산광산이나 강원도 금성 당고개광산 권리를 낼 당시만 해도 광산 허가란 보통 40×60이나 아니면 크게는 몇십억 평에서 몇십만 평씩 내는 것이 보통인데 어째서 최창학의 광구는 그야말로 바둑판처럼 조각조각 나뉘었을까? 그러면서 불과 사방 백 자(33×33미터)의 광산 구역을 6개월 동안 채굴할 수 있는 권리금으로 최고 8만 원부터 최하 20원까지 받았다. 바로 이것이 최창학의 광산이 얼마나 큰 노다지 구멍인가를 그대로 설명하고 있다. 말하자면 그만큼 금이 많이 묻혀 있는 땅이라는 것이다.

여기다 덕대들은 그렇게 엄청난 돈을 바치고 광구를 경영하는데 8만 원을 내고 자기 마음대로 금을 다 캐갈 수 있는 것도 아니다. 덕대들은 자기가 전 비용을 부담하고 광부들을 거느려 파들어가되 그곳에서 생산되는 금의 5분의 1은 광주인 최창학에게 바쳐야 했다. 또 이 조악동에서 파낸 금덩이는 모조리 그가 설립한 최창학 제련소에서 제련하게 되어 있었는데 그때 제련비는 또 따로 받았던 것이다.

그러면 새로이 조선의 갑부로 등장한 최창학의 하루 이익은 얼마나 되는가? 최창학은 매일같이 이 구성광산에 설비해 놓은 제련소에서 들어오는 제련비 순이익이 2백 원, 광미鑛尾(복대기, 광석을 빻아 금을 거의 잡고 난 뒤의 찌꺼기 돌가루) 수입이 2백 원, 태분汰紛(금괴를 만들고 난 나머지 가루) 수입이 2백 원이며 광굴에서 나오는 순금의 5분의 1씩 받아들인 것이 2천 원. 착수금 기타 순수입이 5백 원으로 하루 총수입이 3천 1백 원 이하로 내려간 적이 없어 한 달에 9만 3천여 원씩을 벌고 있었다.

1927년 매일같이 구성광산 한 자리에서만 최창학이 벌어들인 돈이 하루 3천 1백 원이고 한 달이면 9만 3천원이었다.

콩구락 콩콩, 콩구락 콩콩, 콩구락 가락으로 밤만 지내고 나면 쏟아지는 최창학의 돈은 얼마나 될까?

그 무렵 금 한 돈에 13원 25전이었으니 1그램에 3원 53전, 최창학의 월 9만 3천여 원 수입을 금값으로 계산해 보면 이해하는 데 더욱 실감이 날 것이다. 당시 서울 장안에서도 땅값이 비싼 삼청동, 수송동 일대가 평당 25원이고 적선동, 소격동 일대가 평당 40원에서 일반 주택가나 조금 들어가는 골목 안이면 평당 5원을 호가하던 때였다. 아니 그보다도 더 절실한 생활 주변의 이야기 한 토막을 직접 살펴보자. 1925

년 7월호 〈개벽〉에는 다음과 같은 대목이 있다.

朝鮮私鐵會社(조선사철회사) 전무 고토後藤는 일전에 어떤 日人(일인) 기자
를 대하여 가로되 사설 철도 現下(현하)의 영업선은 3백 80여 마일인데 이
익은 일 개년에 3백만 원이며 중역 20인의 일 개년 상여금은 단 2만 원(1인
당 1천 원)에 불과한데 동척 중역의 상여금은 연 15만 원. 조선은행은 연 10
만 원을 계산하고 있으니….

당시 우리 재계를 송두리째 침략하고 있던 조선은행과 동양척식회
사 그리고 조선사설철도회사가 매년 상여금으로 설정한 예산 액수를
소개하면서 이들이 이렇게 호화판 인생을 살고 있는데 정작 서울 시
민들의 일반 생활상은 너무도 기막혔다고 말한 대목이다.

그런데 근일 경성부의 조사에 의하면 경성 안에서 움집 생활을 하는 사람
이 6백 30호에 2천여 명인데 그들의 생활비는 1일 5전으로 일 년분을 종
합한댔자 18원 25전에 불과한데….

사람이 모질게 살자면 한이 없지만 하여간 1925년 당시 서울 시내
의 빈민들은 하루 생활비가 불과 5전 꼴이어서 일 년을 종합한댔자 18
원 25전에 불과하다고 한탄하고 있었던 것이다.

이것이 아마 막벌이꾼들이나 지게꾼들의 생활상이었을 것이다. 이
런 인생 밑바닥 부류들이 일 년 생활비로 18원 25전을 가지고 살 때
최창학은 구성광산 한 자리에서만도 하루 순이익이 3천 1백 원이고
한 달이면 9만 3천 원이었다.

또 그 당시의 자동차는 최고급 승용차이던 토링카 5인승 한 대가 1,600원이었고 화물 트럭 한 대가 1,675원이었으니 최창학의 하루 수입 3,100원은 매일같이 최고급 승용차 두 대씩을 살 수 있는 돈이었다. 5관짜리 숯 한 통에 1원 20전, 정작 한 관에는 90전, 홈스펀 양복 한 벌에 45원, 스코치 한 벌에 60원, 서지 양복 한 벌에는 55원 하던 때 최창학의 부력은 충분히 짐작할 만하다.

그 당시 양복을 입었다면 그야말로 '양복쟁이'라 불리던 시절인데 그런 양복이 최상품이라야 한 벌에 60원이 안 되던 시절이었고 인삼 20편짜리 16냥 한 근으로 최상품이 단돈 9원이었으며 보통 인삼이던 120편짜리 한 근에는 5원이던 때였다.

제일 좋은 논이라야 한 마지기 1백 50원에서 2백 원을 넘지 못했고 밭은 한 마지기 70원을 주면 얼마든지 골라잡을 수 있던 때였다. 하루에 3,100원이면 논이 20마지기 밭은 40마지기가 넘는다.

이것으로 보면 이 광산은 매일 산금량은 2만 원 이상에 달한다는 계산이 된다. 1926년 총 산금액은 700만 원이었던 바 최창학의 순이익은 200만 원이 넘었다.

1926년에 최창학이 구성광산에서 번 순이익만 해도 200만 원이 넘었다니 과연 최창학은 최창학이다. 그의 조악동 광산이 비싼 값으로 쪼개져 덕대에게 나가지만 그 덕대들도 웬만하면 모두 한몫씩 잡고 일어섰던 것이다.

분광업자分鑛業者(덕대를 말함)는 칼 물고 뜀뛰고 최씨는 꿩 먹고 알 먹는다. 그러나 그 칼 물고 뜀뛰는 덕대들도 원체 광산이 좋아서 가끔 꿩 먹고 알 먹는 꿈을 잡는 일도 없지 않다. 작년도에 이 광산에서 나온 최고 노다지는 가래봉 아래 있는 황금곡인 바, 11명의 분광업자가 조합을 꾸려 착수금 8만 원을 바치고 6개월 계약을 해서 비용 덜고 각자 1만 원 이상씩 수입을 올렸다.

망치 차고 산 속에 뛰어든 지 5년

최창학의 조악동 구성광산이 본격적으로 누런 금덩이를 뱉어내기 시작한 것은 1923년 가을부터였다. 남들은 최창학이 금세 복이 터져 개광한 지 불과 3, 4년 만에 조선 굴지의 노다지왕으로 등장한 일을 쉽게 이야기할는지 몰라도, 최창학은 최창학대로 그런 노다지 광산을 손에 쥘 만한 응분의 대가를 치른 셈이었다.

물론 광산이라는 게 한 자라도 파 보기 전에는 알 수가 없는 것이라서 열 자, 백 자는커녕 수만 길 땅 속을 파고서도 금이라곤 눈곱만큼도 보지 못한 채 손을 털고 돌아서는 불운의 광산 미치광이들이 한둘일까 마는 최창학 역시 그런 불행한 일생으로 끝장낼 뻔한 운명의 고비를 여러 번 넘긴 사람이었다.

우선 조악동 구성금광에서 금이 쏟아진다는 소문이 퍼진 이후에도 최창학은 보통 사람으로서는 견뎌내기 어려운 시련을 한두 번 겪은 게 아니었다.

다른 것은 다 그만두고 1924년 한 해 동안 소위 시국을 표방한 무장독립단 내습 4번에 강도를 37번이나 당했다. 일 년에 강도 사건을 37번 당했다면 거의 열흘에 한 번 꼴이다. 이런 깊은 산속의 강도, 살인, 협잡, 폭력 사건이란 우리네 상식으로 상상하기 어려울 만큼 거친 것이었다.

원래 도박을 하다시피 그 험한 돌덩이를 부서뜨려서 금을 채취하는 일에 운명을 건 사람들의 성격이란 이만저만 거친 게 아니었다. 광부들은 거의 다 뜨내기들이고 틈만 있으면 금덩이를 숨겨 훔치는 일이 그들의 습성처럼 되어 있었다. 여기다 조악동 산골에 느닷없는 금광이 형성되자 허황한 돈을 쫓는 각종 장사꾼들이 몰려들었다. 거둥에 망아지 새끼 따라다니듯 온갖 하루살이 인생과 장사패들이 붐볐다.

담배장사, 밥장사, 술장사 등 그밖에 고향에서 호미를 버리고 징과 망치를 들고 이곳에 몰려든 그 많은 사람들은 모두 노다지를 캐려는 꿈에 들떠 있었고 그중에는 남이 캔 노다지를 훔치려는 강도들까지 밤마다 날뛰었던 것이다. 잘못하다가는 떡도 떡같이 못해 먹고 생떡국으로 망하게 생겼다.

최창학은 1924년 한 해 동안 당한 강도 사건이 37번이나 되었지만 광산에서 한 치도 물러설 수 없었다고 강인한 성격을 보이기도 했다. 물론 노다지가 쏟아지는 금광에서 기관총을 든 무장 독립단의 내습이나 칼을 들고 덤벼드는 강도떼들을 피해 달아날 사람이었다면 조선 거부 최창학은 처음부터 탄생하지 못했을 것이다. 그는 기관총 세례나 번쩍번쩍하는 시퍼런 칼날도 무섭지 않을 만큼 독이 오른 사람이었다. 금에 독이 오른 사람인데 칼 든 강도가 무서울 까닭이 없었다. 그래서 그는 칼날에 목숨을 맡겨 열흘에 한 번 꼴로 10년 감수할 만한 강도 사건을 당했지만 금광을 버리지 않았다. 자기의 황금덩이를 한 치의 양보 없이 목숨을 걸고 지켰던 것이다.

최창학은 1938년 당시 39세였으니 1899년생이 된다. 즉 우리나라에 전차가 맨 처음 개통되던 그해에 그는 평안북도 구성군 구성면 좌부동 53번지에서 가난한 선비의 아들로 태어났다.

그러나 가난한 선비가 어느 정도의 '선비'였는지는 분명하지 않다. 이것은 최창학이 성공한 뒤에 그의 후손들이 밝힌 것이니 우선 그렇게만 짐작해 볼 뿐이다. 그 후손들의 말로는 최창학이 '개성중학교를 졸업한 뒤 특별하게 할 일이 없어 망치를 허리에 차고 직접 노다지를 찾아 산속을 헤매기 시작했다.'고 한다. 그때부터 최창학은 평북 일대의 산을 전부 헤맸고 구성 군내 한 폐광에서 망치질을 한 지 5년 만에 드디어 노다지 광맥을 발견했다고 한다.

그러나 1926년 최창학이 〈동아일보〉 기자들과 만나 이야기한 대목에는 조악동 광산은 그가 광산에 매달린 지 10여 년 만인 1923년에 개광하기 시작한 것이라고 술회한 것을 볼 때 연대상으로 보아 앞뒤가 좀 맞지 않는다.

왜냐하면 최창학이 1923년에 조악동 광산에 손대기까지 10여 년 동안 실패만 거듭하면서 광산을 헤매고 다녔다면 1913년경부터 산으로 떠돌았다는 증거가 되며 그렇다면 불과 15세 전후부터 광산에 뛰어든 것이 되기 때문이다. 그러니 그가 언제 개성중학교를 마쳤는지 그것은 알 수 없다. 여하튼 그 무렵만 해도 광산에 뛰어드는 일을 별로 탐탁지 않게 여기던 시절이었다. 광산을 한다 하면 집안 망칠 사람, 바람난 청년으로 여겨졌기 때문에 광산 미치광이들에게는 돈이 있어도 좀처럼 빌려 주지 않을 때였다. 너도 나도 황금 열이 올라 농사짓던 사람들이 호미를 내던지고 산에 눌러 앉은 것은 훨씬 세월이 흐른 뒤의 이야기였지, 1910년대 후반까지만 해도 광산은 거의 '사람 못된 놈'이 종사하는 업종으로 쳤던 것이다.

그런데 일찍이 개성중학교를 졸업한 최창학이었다면 당시로서는 군청 서기도 맘대로 골라잡을 수 있는 지식 청년이었을 텐데 어째서 광산에 뛰어들었을까?

광구는 사 놓고 인부들을 데리고 다니면서 산속을 헤맨 지식인 광산가들이 없었던 것은 아니지만 최창학처럼 5년이고 10년이고 자기 꽁무니에 망치를 차고 직접 산을 헤매며 망치질을 했던 지식인은 거의 없었다. 만약 최창학이 중학교 졸업생으로서 그런 짓을 하고 다닌 게 사실이라면 선각적 사상을 지닌 대담한 청년이었다고 하지 않을 수 없다.

그러나 1923년 최창학이 구성광산에서 처음 운명의 황금 문을 여는 그 극적인 순간에는 많은 교훈을 주는 에피소드가 있다. 왜냐하면 최창학과 같은 무서운 집념과 배짱, 강인한 고집 아니고서는 도저히 뚫을 수 없는 문이었기 때문이다.

남이 버리고 간 폐광에 들어가 망치질을 하면서 집념을 불태운 5년 동안 최창학은 많은 동업자들과 함께 그야말로 보물찾기 놀이를 하고 있었다.

그런데 하물며 그 큰 산속의 수백, 수천 척 땅 속에 들어 있을 금덩이를, 보이지 않고 밟히지 않고 만져지지 않는 노다지를 찾아 하루, 이틀, 열흘, 일 년…, 5년씩 매달려 보라. 보통 고집으로는 모르는 작업으로 어깨뼈가 휘는 무서운 중노동의 연속이다. 집안을 버리고 혼자서 산속으로 들어온 광꾼들의 초조함과 거듭되는 실패 속에서 받는 경제적, 심리적 타격은 커져 갔다.

이렇게 해서 최창학과 함께 황금의 문을 열기 위해 망치질을 했던 그 많은 사람들이 모두 지쳐 산을 떠나고 말았다. 처음에는 1백여 명의 노다지꾼들이 모여들어 망치질을 하다가 한 해 두 해 지나는 동안에 스무 명, 열 명, 다섯 명, 끝내는 세 명으로 줄어 버렸다. 모두 다 지쳐서 떠나 버렸다.

뒤바뀔 뻔한 최창학의 운명

개나 물어 갈 조악동 광산, 이전의 광산 주인도 아무리 이 날줄 저 날줄로 땅속을 파고 바위를 깨도 금싹이 비치지 않으니까 폐광 처분 하고 산을 떠나 버린 게 아닌가? 폐광되어 몇십 년이 지난 광산에 풍 덩풍덩 지하수 떨어지는 소리와 썩은 갱목에 버섯이 돋고 박쥐가 날 고 독한 산거미가 여기저기 줄을 늘여 놓은 이 으스스한 굴속에서 최 창학은 무엇을 바라고 20대의 청춘을 불태우며 덤벼든 것일까?

그러나 먹지도 못하는 제사에 절만 하는 것도 한계가 있었다. 설마 하면서 몇 년을 매달렸지만 금싹은 보이지 않았다.

"설마가 사람 잡는다더니 아무리 재수가 없어도 이런 첫모 방정에 새 까먹는 지랄이 있어?"

최창학도 울화통이 치밀어 더 견딜 수가 없었던 것이다. 그러나 최 창학은 다른 동업자들처럼 이제까지 이 산속에 들어와 금을 찾다가 울분과 눈물을 흩뿌리고 비참하게 떠나 버렸던 그 많은 노다지꾼들처 럼 그렇게 떠날 수는 없었다. 그는 성이 최가였다. 최가의 오기와 고집 이 발동했던 것이다.

"이 오사육시誤死戮屍(오사는 형벌이나 재앙으로 비명에 죽는 일, 육시는 이미 죽은 자에게 참형을 가하는 일로 둘 다 참혹한 꼴을 당하는 일임)를 할 놈의 광산! 금이 안 나올 테면 이놈의 구멍 한가운데가 쩍 갈라지게 화약 남포라 도 터뜨려 줄 테다. 내가 5년 동안 여기서 이 지랄을 하다 가면 그냥 갈 줄 아느냐? 나도 그냥은 못 가겠다!"

최창학은 온몸이 분노로 끓어올랐다. 분노는 차츰차츰 열 갈래, 스무 갈래 오기로 변하더니 하염없는 후회의 그림자로 밀려들었다. 그는 끝내 금을 주지 않는 이 산, 이 산을 주관하고 있는 산신령 배꼽 아래까지 난 흰 수염에 도라지나 인삼만 먹고 선녀하고만 노는 영감쟁이가 한없이 미웠다.

결국 이 산에서 금을 주지 않는 것은 산신령의 탓이고 그 산신령의 성이 무엇인지는 모르지만 인간 최창학이 돼지 나발대 뚝심으로 그 산신령 영감과 맞서서 금을 놓고 씨름을 하겠다는 것이다.

얼마나 고약스런 산신령인가? 최창학을 두고 보통 희롱하는 것이 아니었다.

"이놈의 산신령이 나를 놀렸어. 금을 안 줘도 좋아. 네가 나를 5년이나 가지고 놀았어. 그동안 내 청춘을 이 햇빛도 들지 않는 컴컴한 굴속에서 망치질을 하면서 다 써버렸어. 그런데도 산신령 네놈은 내게 싸라기 만한 금도 안 주었지. 아니 차라리 그렇게라도 했다면 내가 무슨 할 짓이 없어서 여기서 5년이나 이 지랄을 하고 있어. 죽자 살자 한 열 자쯤 파고 들어가면 또 콩알 만한 금 한 개를 주면서 나를 희롱했어. 뿌리치고 돌아서려면 그 암캐 오줌 만한 금덩이 하나로 못 가게 내 발목을 붙잡고 '망치질을 더 해 봐라, 망치질을 더 해봐라!' 이러면서 나를 놀렸지. 그러나 이제는 나도 네놈의 수작에 진저리가 난다. 더는 안 속을란다. 이놈의 산신령아, 너나 많이 해 처먹고 잘살아라. 나는 내일 이 산속을 떠나련다."

최창학은 그날 밤 마지막으로 남은 돈 5원을 들고 읍내로 내려가 술집에서 하룻밤을 곤죽처럼 지냈다. 그리고 다음 날 나오려고 하다가,

"에쿠!" 문지방에 걸어 놓은 개 대가리에 이마를 부딪쳐 깜짝 놀랐다. 최창학이 박치기를 한 것은 술집에서 장날이라 팔려고 개 대가리 하나를 사다 삶아서 들보에다 매달아 놓은 것이었다.

"아니 이게 뭐야?"

최창학은 불쑥 이 말을 뱉다가 생각했다.

'옳지! 이놈의 개 대가리 옳다, 요놈의 개 대가리를 갖다 산신령 놈 아가리에 처넣어 주자!'

"이 개 대가리 오늘 팔 거요?"

"오늘이 장날이라서 팔려고 삶아 놨소."

"얼마면 되겠소?"

"살코기 열 근 값은 내야지요."

"살코기 열 근? 옜소. 여기 50전이 있으니 모자라는 돈은 내일 드리리다."

"아, 오늘 팔려고 삶은 개 대가리를 왜 최 생원이 사가려고 그러시오? 그것도 외상으로….'

"아따, 언제 내가 외상 지고 장날 넘긴 적 있었소? 내일 갚는다면 갚는 줄 알고 여러 소리 마쇼."

이래서 최창학은 그 술청 들보에 매달려 있는 삶은 개 대가리를 삼베 자루에 담아 가지고 조악동 광산 광굴로 되돌아갔다.

'이놈의 산신령, 너도 이제는 늙어 이빨이 빠졌겠다. 옜다, 암내 나는 개 대가리다. 싫다 말고 소금 쳐가면서 오물오물 다 먹어라!'

그러고는 그 광굴 앞에다 황토를 깔아 깨끗하게 흙 제단을 만든 뒤 소금 한 주먹을 놓고 외쳤다.

"이놈의 산신령아! 네가 제일 싫어하는 암캐 대가리인지 삽살개 대

가리인지를 가지고 왔으니, 너도 이놈 먹고 설사가 섬으로 나서 요란
스럽게 배앓이라도 해라. 그래야 나도 속이 좀 풀리겠다. 이놈 산신령
아! 네깟놈이 금을 주지 않아도 나는 안 죽어. 최창학이는 안 죽어. 망
치 차고 또 다른 산으로 가볼 테다. 그 대신 개 대가리를 제일 싫어하
니 너도 나한테 골탕 좀 먹어 봐라!"

눈물과 분노로 범벅이 된 얼굴을 쳐들고 최창학은 산신령이 들으라
고 큰 소리로 구시렁거리면서 미친놈처럼 웃어댔다. 그렇게 끈질기던
최가의 집념도 이제는 개 대가리로 오기풀이를 하고 끝내 이 산을 떠
나야 할 날이 왔던 것이다. 떠나면서도 그는 그냥 떠나지 않고 산신령
이 제일 싫어하는 개 그중에서도 호박덩이 만한 누런 개 대가리를 산
신령 앞에 내던져 놓고, 술집에서부터 황새목 병에 담아 가지고 온 소
주를 몇 홉이나 혼자서 들이마시고는 그대로 컴컴한 폐광 속에 들어
가 마지막 잠을 청했다.

이제는 모든 것이 끝났다. 모든 것이 끝나고 말았다. 이 마지막 밤
이 최창학에게 제2의 운명을 열어 줄 황금의 밤이 될 줄이야 누가 짐
작이나 했으랴! 바로 그 밤에 최창학은 금방석 위에 앉을 꿈을 꾸었던
것이다.

대개 산 속으로 산삼을 찾아 헤매는 심마니들은 산신령에게 제사를
지내고 대낮에도 틈만 있으면 잠을 청해 꿈을 꾸려고 애를 쓴다. 그 꿈
속에서 그들은 보물을 찾기 위해 산신령의 계시를 기대했던 것이다.

그런데 최창학도 과연 꿈을 꾸었다. 개고기를 먹인 데에 화가 난 산
신령이 말했다.

"이놈아, 개고기는 싫다. 기왕이면 네놈의 대가리에 붙은 돼지 대가
리를 가져 와! 어리석은 놈, 배꼽 밑으로 걸리는 데 없이 민둥 홀쩍 넘

어간 데만 구멍난 줄 알았냐? 하하하… 헛곳에다 망치질을 백 년 하면 네 팔뚝만 아팠지 무슨 소용 있느냐? 이놈아 눈구멍을 크게 뜨고 네 옆에 있는 너럭바위를 보아라. 그 너럭바위 위에 우뚝 솟은 선바위 하나가 안 보이느냐? 이 어리석은 놈아! 그 바위 앞에 가서 큰절을 하고 꽉 잡아라."

최창학은 잠에서 깨어 벌떡 일어났다. 해는 어느새 불그스름하게 떠올라 그 깊은 굴속에 한 가닥 엷은 햇살을 드리우고 있었다. 그는 눈을 비비면서 금방 꾸었던 꿈을 되새겨 보았다. 그놈의 산신령이 어떤 마음을 먹었는지 몰라도 하필이면 제 놈이 제일 싫어하는 개 대가리를 안긴 나에게 옳게 계시를 했을 리가 없다.

미덥지는 않지만 그놈의 너럭바위 위에 있는 선바위를 잡고 망치질을 한들 늙은 귀신인 제가 산 사람인 나에게 무슨 앙갚음을 할 수 있을 것인가? 그 바위가 무슨 놀부 밥통이라고 한꺼번에 똥 벼락을 내릴 것인가? 아니면 그 바위 속에 화약이 섬으로 들어 있어 망치를 대자마자 돌 파편이 튀어 박살을 낼 것인가?

최창학은 "두 끗 잡은 놈은 빼도 박도 못하고 망설이다가 제 마누라까지 팔아먹는다는데 망설일 것 뭐냐?" 하면서 벌떡 일어났다.

"이놈의 산신령이 끝내 나를 죽이려고 지랄하는구나! 하지만 내가 그 바위를 치면 제가 어쩔 것이야! 네가 해보라면 한 번 해보자."

망치를 들고 달려가 그 옆에 우뚝 솟은 너럭바위를 두들겨 봤다.

"탕!"

그런데 이게 웬일인가?

'툭!' 하고 둔탁한 소리를 내야 할 텐데 무엇인지 날카롭고 예리한 금속성을 내는 것이 아닌가? 최창학은 순간 자기 귀를 의심했다.

'아마 내 귀가 헛소리를 들은 것이겠지.'

그는 두 번째, 세 번째 망치질을 그 바위에 퍼부으며 제 귀를 의심했다. 그때마다 "쨍! 쨍!" 하고 울리는 바윗소리, 그 소리는 이때까지 자기가 들어왔던 소리와는 전혀 달랐다.

최창학은 순간 온몸으로 피가 역류하는 것을 느끼면서 '쨍' 소리가 난 바윗조각 하나를 들고 나와 망치로 깨어 보니 정말 노다지 금맥이 아닌가!

"아!"

최창학은 아랫도리의 힘이 일시에 빠져 그대로 자리에 주저앉고 말았다. 정수리를 얻어맞은 황소처럼 두 다리가 팍 꺾였다.

최창학은 얼른 그 바윗덩이를 집어 아무도 없는 산속에서 사정없이 망치질을 하여 돌가루를 만들고 그 가루 속에 섞여 있는 누런 금가루를 만져 보고 비벼 보면서 그는 미치광이가 되다시피 했다.

"이제 최창학이는 살았다!"

금가루를 정신없이 호주머니에 쓸어 담으면서 "이제는 최창학이 나도 살았다!" 하며 아무도 없는 산에 대고 고함을 쳐대면서 "이놈의 산신령아! 고맙다!" 하며 헛웃음을 짓다가 기절하고 말았다. 이렇게 해서 다시 깊은 잠이 들었던 최창학은 거의 한나절이나 지난 뒤에야 의식을 회복하기 시작했다. 그때야 깨달았다.

노다지가 나오면 사람은 미친다더라, 정신을 차려야겠다. 노다지가 나왔다는 소문이 먼저 퍼지면 이것은 헛일이 되고 마는 것이다. 먼저 출원出院을 하여 광구를 확보해 놓는 것이 급선무였다.

최창학은 바로 자기 주머니에 넣었던 금가루를 꺼내 땅을 깊이 파고 묻어 버린 뒤 자기가 망치질 했던 그 바위의 흔적을 재빨리 지워 버리고 아무 일 없었다는 듯이 다시 폐광으로 돌아왔다. 그 폐광 앞에 쭈그리고 앉아 담배 한 대를 피웠다.

'그러면 대체 어떻게 해야 할 것인가?'

우선 서울로 달려가 총독부에다가 이 광산을 출원하여 권리를 확보해 놓아야 한다. 그런데 최창학에게는 당장 1전 한 푼도 없지 않은가? 광구 출원에 필요한 몇백 원이나마 급히 마련해야 했다. 그는 그 길로 선천에 내려가 거기서 1백 20원을 꾸어 가지고 밤차를 타고 서울로 올라갔다.

이튿날, 총독부 광산과로 가서 서류를 들이밀었다. 그런데 광산과에서는 돈 20원이 모자란다며 출원 수속 서류를 퇴짜 놓는 것이 아닌가? 최창학은 기가 막혔다.

우선 서류를 총독부 광산과에 선착으로 접수라도 시켜 달라고 애걸복걸했다.

"한 시간만 참아 주시오. 내가 20원을 만들어 가지고 오겠소."

급히 광산과를 나오다가 총독부 마당 한가운데 털썩 주저앉았다. 하늘을 쳐다보고 한탄을 하지 않을 수 없었다.

'아! 이렇게 사나이 운명이 막혀 버리는 것인가! 돈 20원 때문에 수속을 못 하고 딴 놈이 발등걸이를 해 버리면 어쩐다….'

바로 그때였다. 도리우치(사냥할 때 흔히 쓰는 운두가 낮고 둥글넓적한 모자. 헌팅 캡)를 쓴 김대홍이 부랴부랴 총독부 마당으로 들어서는 것이다. 어제까지 조약동 폐광터에 혼자 남아 망치질을 하던 최창학이 갑자기 없어지자 예감이 이상하여 덮어놓고 총독부 광산과로 달려오던 참이었다. 아무래도 그 고집불통 최창학이 없어진 것은 무엇인가 노다지 맥을 찾은 것임에 틀림없고 그러면 그 일대를 자기가 먼저 광구 설정

최창학 崔昌學

을 해 버려도 틀림없으리란 생각 때문이었다.

김대홍은 선천에서 최창학이 돈 1백 20원을 꾸어 급히 서울로 올라 갔다는 소문을 듣자 뒤따라왔던 것인데 공교롭게도 이 시간에 총독부 마당 한가운데서 서로 만나게 된 것이다. 최창학도 자기 뒤를 밟아 급 히 총독부 마당으로 들어서고 있는 김대홍을 발견하자마자 이상한 예 감이 번개처럼 머리를 스쳤다.

최창학은 순간 입술을 떨면서 "너도 노다지를 찾았구나!" 하고 말을 건넸다. 그러자 한 걸음 뒤로 풀썩 물러설 정도로 놀란 김대홍은 "그걸 네가 어떻게 아냐?"라며 자기도 모르게 소스라치게 놀라는 것이다. 이 렇게 되고 보면 인생의 운명은 실로 순간에 왔다 갔다 하는 것이고 이 인생의 소용돌이에서 최창학은 하늘이 준 예지를 발휘한 것이다.

왜냐하면 김대홍 역시 조악동 어딘가에서 무엇을 발견하고 급히 광 구 설정을 하기 위해 서울로 올라온 것이 틀림없으며 최창학이 없어 져 덮어놓고 그의 뒤만 밟아 온 것은 아니었다. 그래서 김대홍은 최창 학을 보자 오히려 자기가 그렇게 놀랐던 것이다. 최창학이 '너도 노다 지가 나왔구나!' 하고 말하자 김대홍은 얼떨결에 '그걸 네가 어떻게 아느냐?'고 물은 것이다. 최창학은 껄껄껄 웃었다.

"그래도 네가 한 발 늦었어. 꼭 한 발 늦었어, 하하하!"

"늦었다니? 그럼 너도…."

"그 조악동 광구는 이미 내가 출원해 버리고 나오는 길일세."

"뭐라고?"

"하하하하! 지금 막 내가 그 광구를 다 먹고 배가 불러서 이렇게 총 독부 마당에 앉아 하늘을 보고 있다네. 하하하! 아깝지만 할 수 없지, 네가 한 발 늦은 걸 어떻게 해. 한 시간 아니 반시간만 빨랐어도 그곳

은 모두 네가 먹을 뻔했다. 허지만 내가 너하고 지내던 정리를 생각하
니….”

“…….”

김대홍은 순간 얼굴이 백지장처럼 하얗게 되더니 최창학 앞에 털썩
주저앉아 땅이 꺼지게 한숨을 쉬는 것이 아닌가? 최창학은 아무 말 없
이 호주머니에서 담배를 꺼내 그에게 건네주었다.

“담배나 피우게. 이것도 다 운인데 어떻게 하겠는가. 그러나 자네하
고 지내던 정리를 생각하니 좀 안 됐군. 정 섭섭하다면 자네하고 같이
할 용의는 있어. 어차피 나는 빈털터리이고 그 광산을 운영하자면 막
대한 자금이 있어야….”

“…….”

“어서 일어나, 안 됐지만 이 앞에 나가 약주나 한 잔 하며….”

최창학이 일어서자 김대홍도 힘없이 따라 일어섰다. 최창학의 머리
위에서는 노란 하늘이 한바퀴 팽그르르 돌았다.

돈 20원이 모자라 수속을 완결하지 못했던 최창학의 순간적 예지에
쫓겨 김대홍은 자기 역시 서류를 꾸며 달려왔다가 포기한 것이다. 열
발만 더 들어가 총독부 광산과에 직접 자기 서류를 내밀어 보기만 했
더라도 아니 최창학이 수속을 끝냈는지의 여부를 단 한 마디만 물어
보았더라도 조선 갑부의 역사는 바뀌었을지 모른다.

그러나 김대홍은 총독부 마당에서 최창학의 운에 치여 두말없이 굴
복해 버리고 말았다. 최창학이 제의한 대로 자금을 대고 동업하기로
했던 것이다.

이렇게 출원된 것이 바로 명성이 드높던 구성군 광서면 조악동 금
광이었다.

노다지 굴에 쳐들어온 무장 독립단

1923년부터 노다지를 쏟아 내기 시작한 구성금광 소문은 10년 수절 과부 아들 낳은 것만큼이나 금방 온 천지에 시끌벅적하게 퍼져 나갔다. 맨주먹만 쥐고 눌어붙었던 최창학이 하룻밤에 금방석 위에 앉게 되었다는 소문이 후끈한 화제가 되어 서북 일대에 퍼져나가자 바로 그 이듬해부터 조악동 광산으로는 금을 노리고 덤벼든 사나이들이 속속 출현했다.

또 이런 금광터로는 독립운동을 빙자한 강도단이, 때로는 직접 독립운동에 참여하는 무장 집단들이 손을 벌리고 들어와 군자금을 요구하는 일들이 비일비재하였다.

> 평북 구성군 관서면 조악동은 유명한 산금지로 이미 삼성금광 주인 최창학 씨가 다량의 금을 캐어 내었고 따라서 그 금광 소재지인 조악동 일대에는 수천 광부가 거주하는 관계로 즐비한 시가를 이루어 금과 돈이 샘솟듯 하는 곳이라….

즉 최창학이 조악동 광산을 개광하기 시작한 지 불과 10개월 만인 그 이듬해 8월 이 광산촌에는 수천 명의 광부가 운집하여 금을 캐는 황금 타운을 이루었다.

"최창학이 부자됐다네."

"나도 소문 들었어. 최창학이는 이제 금똥을 싼다며?"

"암, 최창학이는 금똥만 싸는 사람이지."

실로 너무도 성적이 우수한 금광이었다. 아니, 무한정의 금을 지닌 황금의 광혈鑛穴이었다. 이래서 농사꾼 인심은 쌀독에서 나고 광산꾼 인심은 항상 금이 잘 나는 광산에서 나는 것으로 한 구역씩 맡아 덕대로 활약하고 일당을 벌어도 넉넉히 벌 수 있는 소문난 광산으로 광부들이 몰려들었다.

조악동 광산이 이렇게 요란하게 금을 뱉어내기 시작하자 압록강이나 만주 벌판에서 찬이슬 맞고 밀림 속으로 헤매던 무장 독립단원들이 군자금을 마련하기 위해 최창학에게 몇 번이나 덤벼들어 금을 요구하고 나섰다.

"최창학도 조선 사람이거든 독립운동 자금을 내놓아라!"

이런 일은 일찍이 1910년에 평안도 의병대장으로서 만주 관순현 일대에서 무력 독립집단을 양성하고 있던 이진용의 부하, 황봉신과 그의 형 황봉운 등이 운산금광에서 금궤 호송차를 습격하려다가 실패한 사건 이후 줄곧 일어났다.

최창학의 조악동 광산이 날마다 노다지를 캐낸다는 소문을 듣자 다른 것은 다 그만두고 1924년 6월부터 그해 12월까지 소위 무장 독립단 습격 사건만도 집요하고 끈질기게 계속되었다.

지난 달 29일 하오 11시경, 평북 구성군 관서면 조악동에 무장한 독립단 20여 명이 들어왔다 함은 기보하얏거니와 어제 선천 방면으로 도착한 후보後報를 들건대 그들은 경고문과 독립신문을 배포하고 그곳 삼성금광 사무소에 가서 광주鑛主 최창학에게 상해임시정부의 신임할 만한 문서를 보이고 군자금 10만 원을 청구하얏는데 뒷날 어느 곳에서 청구하든지 곧 지정한 곳으로 보내라 하고 만일 보내지 않으면 좋지 못한 얼굴로 만나게 될 터이니 꼭 준비해 놓으라 하고 어느 곳으로 몸을 감추었다 하며 이 소식을 접한 선천경찰서는 총출동하여….

최창학은 해방 이후 상해임시정부를 지도하던 김구 선생과 손을 잡
게 되었지만 따지고 보면 그가 상해임시정부 무장 독립단과 인연을
맺게 된 것은 실로 오랜 일이었다.

이 기사에도 나타난 바와 같이 무장 독립단 20여 명은 조악동 삼성
금광 사무소에 나타나 경고문과 독립신문을 배포하고 상해임시정부
의 신임할 만한 문서를 보이고 나서 군자금 10만 원을 청구한 것이다.

그런데 이런 일이 있은 지 불과 두 달도 못 된 그해 8월 8일에도 역
시 최창학은 무장 독립단을 만나 구사일생으로 위기를 모면한 일이
나타나 있다.

> 지난 4월 26일에도 그 독립단이 최창학에게 일금 10만 원을 요구하얏다는
> 사실의 보도가 있었는데 그간에 응치 않는다는 이유로 지난 8일 오후 8시
> 경에 독립단 수십 명이 삼성금광을 급습격하얏다는데 현하 피신하여 온
> 최창학의 말을 듣건대….

그러나 최창학도 먹고살아야 할 텐데 어떻게 독립단이 요구하는대
로 덥석덥석 금덩이를 보내 줄 수 있겠는가? 이런 승강이를 벌이던
1924년 8월 긴긴 한여름 해가 거의 서산에 질 무렵이었다.

수천 명의 광부들이 일을 막 끝내고 해거름판 땅거미를 쫓아 산에
서 마을로 내려올 무렵 느닷없이 수십 명의 무장 독립군들이 조악동
금광을 습격했다. 최창학이 요구한 군자금 10만 원을 얼른 내놓지 않
아 보복하려는 것이었다.

최창학은 그날 잡혔으면 꼼짝없이 저승으로 갈 사람이었다. 온 광산촌 마을이 불타 버렸고 금광 사무소 역시 불타 버렸다. 그래도 독립단은 눈이 벌게서 최창학을 찾았다.

"최창학은 어디갔느냐?"

"최창학을 잡아라!"

고래고래 소리를 지르는가 하면 '독립 만세'를 요란하게 외치면서 광산을 습격하여 들어왔다.

최창학은 남산 꼭대기에서 이 모습을 보다가 혼비백산하여 산을 넘고 넘어서 어떤 마을까지 내려가 그곳에서 말을 얻어 타고 곧장 선천으로 도망치고 말았다.

무장 독립단의 조악동 광산 습격이 알려지자 그날 밤에는 선천경찰서 서원들이 무장을 하고 조악동으로 소탕을 나갔지만 독립단은 한 사람도 잡지 못한 채 선천경찰서 순사 김용정만 독립단에게 잡혀 총상을 당했고, 문봉현도 독립단이 쏜 유탄에 맞아 중상을 입고 선천읍 미동병원으로 후송되어 치료를 받았다.

그날 최창학이 입은 손해액만도 약 7천 원어치였다. 그런데 그날 저녁 무장 독립단은 조악동 광산을 습격하고 약탈과 방화를 하는 한편 광부로 일하던 11명을 독립군으로 납치해 갔다고 한다. 광산을 제대로 하자면 독립단에게 돈을 바쳐야 하고 독립단에게 돈을 바치면 일본 경찰서로부터 쇠좃매를 맞게 되는 진퇴양난이었다.

이래서 최창학은 알몸이 된 채 도망했지만 무장 독립단은 8시에 침입해 들어와 그날 새벽 2시까지 수천 광부들을 모아 놓고 그들에게 항일 연설을 하고 만세를 부르면서 즉석에서 독립단 가담에 응낙한 11명을 데려갔던 것이다.

궁금한 것은 최창학의 조악동 광산을 습격했던 그 무장 독립 세력이 대체 누구였을까 하는 점이다. 선천, 신의주 경찰은 그 조악동 일대의 금광을 습격한 독립단을 잡으려고 혈안이 되어 비상 경계령을 내리고 수색 작전을 벌였지만 오리무중 한 사람도 잡지 못했다.

실은 조악동 광산을 습격했던 무장 독립 세력은 평북 태천군 강서면 양덕동에 살던 39세의 나정환으로 그는 허망하게도 그해 12월 만주에서 체포당했다.

나정환은 그의 정체를 봉황성에서 동양정미소를 하다가 무장 독립단 세력인 손 대장 밑에서 참사 노릇을 하던 사람이라고 했다. 그는 자기 애첩에게 구성금광을 습격하여 가져온 금궤와 가지고 있는 금 2개(9냥 2돈쫑)를 호기롭게 보이며 말조심을 못한 것이 탈이었다고 한다.

이런 무장 독립단 습격이 있기 이전인 5월 29일자 〈개벽〉지에는 다음과 같은 기사가 보인다.

조악동 금광에 무장 독립단이 출현하여 돈 2천 냥쫑을 요구.

조악동의 최창학 광산에서는 얼마나 많은 금이 쏟아졌는지는 모르지만 이렇게 2천 냥쫑씩이나 군자금을 요구하고 있는 것을 보면 노다지 소문이 얼마나 요란했는지 충분히 짐작할 만한 일이다.

사회사업에도 명성을 떨치다

이렇게 노다지를 잡고 등장한 최창학은 불과 2, 3년 만에 평안도 최대의 거부로 명성을 떨치게 되었고, 그 명성에 못지않게 여기저기 거금을 기부해 사회사업도 게을리 하지 않았다.

1928년부터 그 이듬해까지의 대공황기에 정주 오산학교가 심한 운영난에 빠졌을 때 최창학은 한 번에 5만 원을 희사하여 세상 사람을 놀라게 했다. 그가 구체적으로 사회사업에 거금을 기부한 것은 아마 처음이었을 것이다.

이처럼 5만 원을 들여 정주 오산학교를 재건토록 한 것은 최창학이 개광 5년 남짓 만에 한 번에 5만 원이나 기부할 수 있는 힘이 생겼다는 것을 방증한다.

그런가 하면 1933년에 최창학은 거금 1백만 원을 투자하여 압록강 하류 1천 8백여 정보 개간 사업에 손을 대고 있었다. 평안북도 용천군 양서면과 북중면에 걸친 압록강 하류 1천 8백여 정보는 해마다 홍수가 질 때면 일대의 농작물을 쓸어가는 홍수 피해 상습지로 한때는 4백여 주민들이 홍수에 휩쓸려 함몰당하는 비극을 겪기도 했던 곳이다.

이 1천 8백여 정보에 둑을 막고 토지개량사업을 정비하기 위하여 압록강 토지개량회사가 1933년에 본격적으로 개간을 착수한 것인데 그 당시 예산은 2백만 원이었다.

최창학의 압록강 토지개량주식회사가 토지사업을 벌인 1천 8백여 정보는 얼마나 넓은 땅인가? 1정보에 3천 평이니까 1천 8백여 정보라면 5백 40만 평이다.

그런데 그 넓고 비옥한 땅을 개량하기 위한 총예산 2백만 원 중 1백만 원은 조선 총독부가 출자하고 나머지 1백만 원은 전부 최창학이 출자했던 것이니 바로 이 1천 8백여 정보 개간사업의 반절을 최창학 개인이 부담한 것이다. 용천군 양서면과 북중면 일대에 걸친 이 땅은 한

때 운현궁이 소유했던 곳이었다.

그런가 하면 1935년, 그해에 구성군에는 말할 수 없는 흉년이 들어 3만여 명의 군민들이 그대로 굶어 죽을 판이었다. 추수철에 빈 쭉정이만 가늑 찬 들판을 보며 한숨을 쉬다 못한 군민들은 어떻게 하면 이 난국을 넘길까 하고 궁리하다가 이공후, 원봉순, 장요관 세 사람을 서울로 올려 보내 최창학에게 구조를 요청했다. 그 소식을 들은 최창학은 자기 고향 사람들을 살려내기 위해 3만 원을 이자 없이 돌려주어 구제한 것이다.

그밖에도 최창학은 1934년에 송은松檼 장학회를 설립하여 장학금을 내놓았고 경성광업전문학교(서울공대 전신)와 현 경동중·고등학교, 무학여자중·고등학교 등에도 많은 기부를 하였고 그의 고향인 구성군에도 초등학교 4개를 설립해 주었다고 한다.

비행기 한 대 값을 바친 황금왕

뿐만 아니라 최창학은 1937년에 조선군사령부에 비행기 한 대를 헌납하여 또 한 번 세상을 놀라게 했다.

바로 이때가 소위 북지사변이 일어나 군국주의 일본이 한참 화약냄새를 풍길 때였다. 이에 그들은 우리나라 거부들에게 음으로 양으로 협박하거나 회유하여 비행기 헌납금을 받아들였는데 그 당시 최창학도 비행기 한 대 값이 얼마인지는 알 수 없지만 1930년대에 우리나라 사람으로서 비행기 한 대씩을 바치기란 그리 쉬운 일이 아니었다.

1937년부터 이런 국방헌금은 우리나라 거부 명사들이 한결같이 적지 않은 돈을 내놓아 이름을 드날리고 있었지만 좋은 의미가 되었건 나쁜 의미가 되었건 그 당시 1천 원 이상의 국방헌금을 낸 면면을 살펴보자.

김○수金○洙	1만 5,000원	박영철朴榮喆	1만 원
민영은閔泳殷	1만 원	전형○全瀅○	1만 원
김○근金○根	5,000원	민규식閔圭植	5,000원
민대덕閔大德	5,000원	민영택閔泳澤	2,000원
이희준李熙俊	1,500원	백상규白象圭	1,000원
이신원李信源	1,000원	한상룡韓相龍	500원

여기서만 보아도 당시 상업은행 은행장이었던 박영철이 1만 원, 조선 거부 민영휘의 아들 민규식이 5천 원을 내놓았으며 이완용의 생질로 한때 한성은행을 쥐고 흔들던 한국의 거부이자 친일파의 거두였던 한상룡도 겨우 500원을 내놓을 만큼 몰락한 때였다.

그러던 때에 최창학이 한뭉텅이 떼어 내어 비행기 한 대 값을 선선히 내놓았던 일은 보통 이야기가 아닌 것이다.

왜냐하면 그해 개성 인삼 거부의 후예이던 손홍준 역시 1만 원을 헌납하면서 그 명목을 비행기 제작 자금의 일부로 내놓았으니 비행기 한 대는 아마 5, 6만 원 이상이 가지 않았나 싶다.

이미 1937년 무렵 국방헌금을 바칠 때만 해도 박영효나 윤덕용, 이달용 등 구한말에 명성을 떨쳤던 거부 장자들은 몰락하여 500원을 내놓았고 이완용의 아들, 손자들도 겨우 1,000원 내외의 돈을 내놓았다.

그 당시 최대의 국방헌금 액수는 얼마였을까? 조선피혁주식회사가

20만 원을 바쳐 세상을 놀라게 했고, 그보다 더 놀라운 것은 재벌이던 김○수金○洙의 ○○ 방직○○紡織이 50만 원을 바쳤다.

이 액수는 그 당시 우리나라 최대의 착취 기관이고 최대의 자본력을 자랑하던 동양척식회사가 겨우 5만 원을 기부했던 것에 비하면 매우 놀라운 액수였다. 저축은행이 5천 원, 상업은행이 5천 원을 바친 때에 최창학 개인이 비행기 한 대 값을 내놓았던 것은 당시로는 조선 최대의 국방헌납금이었던 것이다.

최창학이 노다지가 나와서 조선 최대 거부로 살기는 한다지만 무슨 정성으로 일제에 비행기까지 바치면서 충성을 하였을까?

아무리 얼굴에 금물을 누렇게 들여 번쩍번쩍하는 조선 최대 거부의 체면을 세우려는 것이라 할지언정 불과 10여 년 전만 해도 그는 떨어진 양복바지에다 망치 하나를 차고 남이 파먹고 남은 폐광터를 쓰레기통 뒤지듯 헤치고 다니던 장본인이 아닌가?

그런 사람이 뭐 그렇게 체면 차릴 것이 많고 걸릴 것이 많아 돈 만 원이나 내놓으면 충분할 것을 두 날개가 번쩍번쩍한 비행기 한 대를 사령관에게 직접 전달했을까?

그 이면을 두고 그의 후손들은 이렇게 설명한 일이 있었다.

최창학은 1927년에 친일파의 대명사로 유명했던 박춘금으로부터 폐광으로 내버렸던 벽동금광을 싼값에 사둔 일이 있었다. 그런데 박춘금이 가지고 있을 때에는 금을 캐내지 못했던 벽동금광이 최창학에게 넘어오자마자 심심찮게 노다지가 쏟아져 나오는 게 아닌가? 이러니 사람의 운이란 알 수 없는 것이다. 그러나 박춘금 입장에서 보면 자기가 헐값에 넘긴 광산에서 최창학이 연간 수십만 원어치를 캐내는 노다지 바람을 일으키자 뱃속에서 회란놈이 요동을 쳤을 것은 뻔하다.

일자무식 친일 거두였던 박춘금은 11년이 지난 바로 그해에 법원에 소송을 걸었다. 자기가 돈 받고 팔아먹은 그 광산을 빌미로 최창학에게 억지를 부린 것이다. 최창학은 결국 심리적 압력을 견디다 못해 일제에 비행기 한 대 값을 내놓았다는 것이다.

물론 이것은 1937년의 이야기이고 그 이후부터 해방 당시까지 최창학이 일제에 얼마만큼이나 쥐어 짜이고 또 자의 반 타의 반으로 국방헌납금을 바쳤는가는 알 수 없다.

김구 선생에게 헌납한 경교장

최창학은 해방이 되자 이번에는 자기가 살던 집을 상해에서 귀국한 김구 선생에게 재빨리 헌납하였는데 그 집이 유명한 경교장京橋莊*이 되었던 것은 세상 사람들이 다 아는 이야기다. 그 경교장은 주인이 바뀌어 옛날 서대문 충정로 언덕 위에 우뚝 솟아 있는 고려병원 자리가 되었다.

경교장, 아니 최창학의 집은 일제강점기에 그야말로 우리나라 거부의 호화로움을 그대로 자랑하면서 지어진 저택이었다. 1천 7백 평 대지 위에 2백 90평짜리 양옥, 거기다가 다시 1백 50평짜리 학이 날아갈 듯한 한식 기와집 추녀… 문고리, 창호지 하나하나가 모두 돈을 바르다시피 했다. 최창학이 일본에서 직접 설계사와 건축사를 초빙해 마음먹고 지은 집이었다.

이 집은 그 당시 돈으로도 반도 호텔 건축비의 절반 정도가 들었다고 하니 우리나라 개인 저택 건축사에 한 이정표를 남겼다 해도 과언

경교장

백범 김구 선생은 경교장에서 환국 후 첫 국무회의를 소집했고 남북통일 을 위한 북행을 결행했으며 또한 백 범일지를 집필하기도 했다. 김구는 1949년 이 집에서 안두희의 총탄에 의해 서거했다.

위 사진은 경교장으로 사용되기 전인 1938년 당시 최창학의 저택. 아래는 서대문역 근처 강북삼성병원 본관으 로 사용되고 있는 현재의 경교장.

이 아니다.

사람은 가고 집만 남아 시간은 유수같이 흘렀다. 해방이 되자마자 김구 선생의 소유가 된 경교장은 후에 선생이 안두희의 총을 맞고 피살된 곳으로 사람들의 기억에 남아 있다.

그보다도 더 세태 무상을 여실히 드러낸 곳은 1960년부터 65년까지 있었던 최창학의 옛집터 경교장이다.

경교장은 김구 선생이 죽은 후 그의 아들 김신에게 상속되었고 그것을 다시 미국인에게 세를 주어 그곳에서 모텔을 경영하면서 영업세까지 포탈하여 말썽을 빚었다. 그런데 어째서 최창학은 김구 선생이 상해임시정부 요원들을 거느리고 이 땅에 들어오자마자 바로 자기 집으로 모시고 와 그 집을 헌납했을까? 이것을 길게 설명할 필요는 없을 것 같다.

왜냐하면 최창학만이 그런 것이 아니라 일제강점기의 거부였던 임종상의 후예들이 한○당韓○黨에 정치 자금을 내놓았던 일 등도 다 그런 것이겠지만 돈과 정치의 함수 관계는 세상 사람이 다 알면서도 모르는 이야기이기 때문이다.

어찌 되었건 최창학은 김구 선생의 임시정부에 한 발을 들여놓고 깊은 관계를 맺었다. 그러다 6·25를 겪었고 1958년 10월 죽을 때까지 그는 적지 않은 자금을 가지고 사업계의 뒷돈을 조정하던 실력자이기도 했다.

그러나 최창학의 재산은 해방과 함께 전 재산의 3분의 2에 가까운 8백만 원의 현금과 휴전선 이북에 있는 부동산 광산 모두를 그대로 동결당해 죽은 재산이 되고 말았다. 그러니까 최창학이 가지고 있던 전 재산 3분의 2는 해방과 함께 휴전선 이북에 묶여 버린 셈이고 그는 나머지 500만 원으로 몸부림을 쳤던 것이다.

그렇지만 해방 직후 남은 500만 원 자본도 한 나라를 들었다 놓았다 할 만한 거금이었다. 그러나 해방 이후 급변하는 여러 정세는 최창학을 뿔 빠진 황소처럼 힘을 쓰지 못하도록 만들었다.

우선 해방 직후에 관련을 맺었던 임시정부, 한독당, 김구 선생과의 연관으로 이승만 자유당 정부로부터 미움을 받아 모든 정책적 산업이나 혜택에서 제외되었음은 말할 것도 없다. 거기다 해방, 6·25를 겪는 동안 사회적 불안은 투지와 배짱으로 일관했던 그도 적당하게 투자할 마당을 찾지 못하게 했다. 그래서 그 돈의 대부분을 싼 금리로 무역업자들에게 빌려 주었다.

그러나 그런 혼란기가 지나는 동안 인플레이션은 날이 갈수록 심해져 최창학의 돈 가치는 시시각각 떨어졌다. 최창학이 빌려 준 돈의 이자가 불어나는 것보다 몇 배나 빠른 속도로 돈 가치가 떨어진 것이다. 사회가 점차 안정되면서 대금업보다도 생산 공업자가 자리를 잡으면서 최창학의 힘은 줄어들 수밖에 없었다.

여기다 자유당 정권에 등을 대고 미국의 원조 자금으로 일어서는 기업들에 눌려 최창학은 불운한 세월을 보내다 1958년 10월 눈을 감고 말았다.

그러나 최창학은 그렇게 악명 높은 거부는 아니었다. 세상에 못할 짓으로 어린 기생의 허리를 꺾어 놓는 데 호가 붙은 사람도 아니었다. 돈이라면 의리도 앞뒤도 가리지 않고 남의 입으로 들어가는 밥숟갈까지 빼앗아서 자기가 먹는 사람도 아니었다.

그가 사회사업에 적지 않게 돈을 던졌던 일은 앞에서도 얘기했지만 최창학이 죽은 후에 알려진 사실로 그가 장학금으로 끝까지 돌봐 준 사람이 무려 500여 명이나 되었다. 그중에서 정주 오산학교 졸업생들은 그의 은혜를 잊지 못해 장지인 염해군 염해면 상계리까지 유족과 함께 상여를 따라가 애도하였다.

최창학의 후손으로는 장남 최응호, 장손 최동진 등이 있어 최창학의 유산관리를 했는데 그가 남기고 간 많은 재산의 행방은 자세히 알 길이 없지만 대략 20년 전에 서울 통의동에 있는 백송나무를 그의 후손이 정부에 바쳐 또 한 번 옛 기억을 되살리게 한 적이 있었다.

천연기념물 4호, 서울 통의동 백송은 개인 소유의 지정 문화재

최동훈, 최동진 씨는 지난 7월 말 백송과 그 터 40평을 문화재 관리국에 기

통의동 백송
최창학의 후손이 기증한 서울 통의동의 백송은 대한민국의 천연기념물이었으나 1993년 천연기념물에서 해제되었다. 이 백송은 1990년 7월 돌풍에 쓰러져 줄기가 부러졌다. 이후 나무를 살리기 위해 애를 썼지만 목재를 탐내는 사람들이 몰래 제초제를 뿌리는 바람에 상태가 더욱 악화되어 1993년 천연기념물에서 해제되었고, 그해 5월 13일에 나무를 잘라낼 수밖에 없었다.

중, 부동산 문화재를 국가에 기증하는 선례를 만들었다.

"조부께서 남긴 마지막 재산입니다만 아무런 보상 없이 기증하기로 했습니다."

조부란 수십 년 전 당대의 거부였던 고 최창학 씨. 서울 통의동 일대의 이 땅은 한말(1871)에 이미 일제의 동양척식주식회사에 넘어갔다가 최씨에게 인수된 것인데 해방 후 대지는 모두 분할 매각되고 그 한복판에 39평의 땅만이 한 그루 백송과 함께 남았었다.

이 백송과 터는 일제 때부터 보호 대상으로 지정된 만큼 정부에서 보호 조처를 해 주지만 개인의 입장으로선 손댈 수 없는 쓸모없는 땅이다. 백송이 지금 값을 매길 수 없는 진귀품임은 물론 땅 값만도 2천만 원.

"어떤 사람들은 정부 상대로 환지소송(땅을 되돌려 받기 위한 소송)을 해보라고 권하기도 하지만 조부의 일이라고 생각해 영구히 보존하고 싶군요. 역시 개인 소유보다 국유로 해두는 것이 보존상 효과적이지 않겠어요?"

관리자 최동훈 씨는 기탁 이유를 그렇게 말한다. 그의 가세는 어려운 처지이니 새삼스레 욕심내지 않기로 했다는 설명이다.

최창학의 손자 최동훈이 자기 할아버지의 마지막 유산인 백송과 그 소나무 밑에 깔린 40평의 땅을 마지막으로 문화재 관리국에 기증한다는 대목에서도 나타난 바와 같이 이 일대 수만 평의 대지들도 한때는 최창학이 동양척식회사로부터 사들였던 것이고 해방과 함께 그 대지들 역시 모두 분할되어 흔적 없이 사라졌다.

경주 최부자

12대를 거쳐 300년을 이어온 부의 비밀

12대를 거쳐
300년을 이어온
부의 비밀

최부자는 조선조 최진립崔震立이 가문인 경주 최씨 가문이 17세기 초반부터 20세기 중반까지 약 300년 동안 부를 이어온 집안이다. 12대로 대대손손 가훈을 지켜가며 원칙을 지켜 부를 쌓았고, 어려울 때는 지나가는 나그네나 거지들에게도 돈을 나누어 주고 밥을 먹여주는 좋은 선행을 한 가문으로 노블레스 오블리주를 몸소 실천한 것으로 유명하다.

원칙을 철저히 지켜 부를 이루고 유지하면서 가훈을 정해 실천한 대표적인 가문으로 12대 300년을 이어온 부자가 경주 최부자다.

최부잣집에서 전해오는 전통은 진사 이상의 벼슬을 금지했고, 만석 이상의 재산을 모으지 말라고 했다. 또한 찾아오는 과객을 후하게 대접하고, 흉년에 남의 논밭을 사들이지 못하게 했다. 그리고 며느리는 3년 동안 무명옷을 입고 사방 100리 안에 굶어서 죽는 사람이 없게 하라고 했다. 최부잣집의 1년 쌀 생산량은 약 3천 석이었는데 1천 석은 사용하고, 1천 석은 과객에게 베풀고 나머지 1천 석은 주변에 어려운 사람들에게 나누어 주었다고 한다.

　최부잣집은 19세기 조정의 부패와 일본에 의해 나라가 혼란스러워지자 덩달아 무너져 갔다. 11대 최부자 최현식은 활빈당에 의해 최부잣집이 무너질 위기에 처했다. 그러나 최부잣집의 도움을 받았던 농민과 거지들이 스스로 말하지 않고도 활빈당을 물리쳐 줬으며, 무사히 이어지는 듯 했다. 그러나 12대 최부자 최준崔浚은 한일병합조약이 되면서, 최준은 일제강점기에도 독립자금 마련을 위해 백산무역주식회사를 세워 안희제安熙濟와 운영하며 임시정부 재정부장을 맡아 독립운동 자금줄 역할을 했으며, 그 증거 문서들이 2018년 고택 광에서 발견되기도 하였다. 해방 후엔 전 재산을 모두 털어 대구대학(현재의 영남대학교)과 계림학숙을 세웠다. 이로써 최부잣집은 12대 300년의 역사를 이어오다 막을 내렸다.

해방 후 최준은 김구를 만난 자리에서 자신이 안희제에게 주어 전 달한 독립자금이 한 푼도 빠지지 않고 전달된 사실을 확인하고 안희 제의 무덤에서 그를 기리며 통곡하였다는 일화는 유명하다. 이후 전 재산은 교육사업에 뜻을 둔 최준의 뜻에 따라 대구대학교(영남대학교 전 신) 재단에 기부하였다.

세상을 살면서 원칙을 지키다 보면 손해를 보게 되는 일도 있고 고 루하게 여겨지기도 한다. 그러나 긴 시간을 지나보면 철저하게 원칙 을 지키는 경우가 오히려 크게 성공하는 밑거름이 되는 경우가 많다. 재산을 축적한 많은 사람들이 의외로 원칙을 철저히 지키고 실행한 사람들로서 가족과 함께 명예도 지키고 후세에 남는 철학으로 부의 진면목을 보여주고 있다.

부는 이루는 것도 어렵지만 지키는 것이 더욱 어렵다. 따라서 경주 최부잣집이 오랫동안 부를 이어온 것은 우리에게 경탄을 자아내게 한 다. 더욱 놀라운 것은 사촌이 땅을 사면 배가 아프다는 우리 정서에도 불구하고 부를 얻었으면서도 존경받는 부자로 그 많은 세월을 유지했 다는 사실에 경외심을 가질 수밖에 없다. 한 가문이나 기업이 흥하고 오랫동안 유지한 데에는 반드시 그럴만한 이유와 비결이 있다. 그런 면에서 최부잣집은 어느 한 개인도 아닌 가문 전체의 영광으로 지금 까지도 존경받는 부자의 전형으로 꼽힌다. 이 집안은 여섯 가지 가훈 과 살아가는데 필요한 처신의 법칙 6연이 그들 가문의 정신적 저력이 자 구심점으로 작용해 300년의 부를 이어온 명문가를 이루어 왔다. 오 랜 세월을 이어온 최부잣집의 가훈을 읽어가다 보면 세상을 살아가는 지혜와 인간의 심리와 본능을 꿰뚫는 통찰이 뿌리 깊게 녹아 있음을 깨닫고 이해할 수 있을 것이다.

국가민속문화재인 최부잣집 가옥

현재의 최부잣집 가옥은 170여 년 전의 건축으로, 그 평면구조가 경상도 지방의 전형적인 모습을 지니고 있다. 건물재목들도 일반 가옥에서는 보기 어려운 좋은 재목을 썼을 뿐 아니라, 건축물 자체의 조형적인 아름다움도 뛰어나다. 부지는 약 2천여 평이고 후원이 약 1만 평이었으며 집은 99칸의 대저택이었다. 이 집에 살았던 하인이 약 100여 명이나 되었다고 전해진다. 그러나 1969년의 화재로 사랑채, 행랑, 새사랑채와 그 남쪽에 달린 바깥 화장실 등이 소실되었고, 문간채, 고방, 안채, 사당, 뒤주 등이 남아있다. 특히 뒤주는 정면 5칸 측면 2칸의 맞배지붕으로 되어 있는데 쌀 800석을 보관할 수 있었다. 이런 뒤주(쌀창고)가 여러 채 있었지만 현재는 1채만 남아있다.

그러면 300년을 이어온 경주 최부잣집의 자손들이 따르고 지킨 가훈인 육훈六訓과 자신을 지키는 육연六然을 살펴보자.

먼저 최부잣집 가문이 지켜 온 여섯 가지 가훈이다.

최부잣집의 육훈六訓

첫째, 진사 이상의 벼슬은 절대 하지 말라.

품위 유지를 위해 제일 낮은 벼슬인 진사 벼슬은 반드시 해야 하지만 절대 그 이상의 벼슬은 탐하지 말라는 것이다. 왜냐하면 높은 벼슬에 오르면 정쟁에 휘말려 집안이 화를 당할 수 있기 때문이라는 것이다. 또한 높은 벼슬로 올라가려면 로비를 해야 하고 여기저기 뇌물도 바쳐야 한다. 그러려면 땅을 팔고 싶은 유혹에 빠진다. 또한, 높은 벼슬을 하게 되면 본가의 농사일을 다른 사람에게 맡기게 된다. 까딱하면 생산력에 손실이 온다. 본업을 잘 지키라는 뜻이다. 높은 벼슬에 오르면 자칫 책임을 지고 벼슬을 잃게 되는 수가 있는데, 자칫 사화에 연루되어 집안이 큰 화를 입게 될 수도 있기 때문이다.

둘째, 만석 이상의 재산을 모으지도 보유하지도 말라.

사람은 누구나 지나친 욕심을 부리면 반드시 화를 부른다. 최부자는 1만석 이상의 재산은 이웃과 소작농들에게 나누어줬으며, 12대에 걸쳐 이 가훈을 철저히 지켰다. 또한 재산이 만석을 넘게 되면 관리가 힘들어지고 일 안 하고 먹고 살 수 있다는 생각을 갖게 된다. 그러니 만석을 잘 유지하고 농사를 잘 지어서 살림을 유지하는 게 모두에게 이익으로 돌아온다는 사실을 알았기 때문이 아닐까 생각한다.

　셋째, 흉년에는 논이나 밭을 절대 사지 말라.
　흉년 때 먹을 것이 없어서 남들이 싼 값에 내 놓은 논밭을 사면 손쉽게 재산을 늘릴 수는 있지만, 흉년이 지나면 그들의 원한을 살 수 있기 때문이다. 상대의 원과 한이 서린 재산은 싼 값에 취득한 것만큼 원성의 대상이 될 수 있으며, 정당한 방법으로 부를 축적할 때만이 기치가 있는 것이다. 사람은 쉽게 얻은 재산은 쉽게 쓰려 한다. 싼 값에 산 땅이 나중에 값이 오르면 그것을 팔아서 쓰고 싶은 생각이 쉽게 들 것이다. 그러다 보면 일 잘하는 사람도 나중에는 일 안 하고 놀고먹을 생각을 하게 될 것이다.

　넷째, 찾아오는 과객은 후하게 대접하라.
　집에 찾아오는 과객은 누가 와도 넉넉히 대접하고 하룻밤 잠자리까지 마련해 주고 나서 보냈다. 예나 지금이나 정보를 장악하는 자가 세상을 지배해 왔다. 최부자는 나그네들에게 작은 베풂으로 가만히 앉아서 1천리 밖의 소식을 소상하게 알 수 있었다. 최부자는 이렇게 과객을 대접해주고 인간관계를 넓히고, 인심도 얻고, 다양한 정보를 바탕으로 세상 돌아가는 사정을 속속들이 알게 된다.

　다섯째, 시집온 며느리는 3년 동안 무명옷을 입혀라.
　며느리는 말 그대로 새 식구이자 안주인이다. 바꾸어 말하면 며느리가 잘못하면 그 집안이 망하는 건 시간문제다. 내가 어려움을 알아야 다른 사람의 고통을 헤아릴 수 있다. 3년간의 이 같은 과정을 통해

진정한 최부자의 안주인으로 거듭나게 하는 지혜가 숨어 있다. 이것이 바로 최부잣집의 며느리가 되는 과정이자 의무다. 어느 집안이나 일을 등한시하고 좋은 옷 입고 노는 쪽으로 빠지면 집안 살림은 기울어진다. 일하고 생산하는 것을 멈추지 않도록 그 정신을 잃지 않도록 하는 것이다. 무명옷을 입고 일하는 것은 근면정신을 잃지 말자는 것이다.

여섯째, 사방 100리 안에 굶어죽는 사람이 없게 하라.

지금도 최부잣집 안채 마루에는 쌀뒤주가 놓여 있는데 그 뒤주는 자신들을 위한 것이 아니라 가난한 이웃을 위한 것으로 1년 365일 항상 대문 밖에 내놓았다고 한다. 누구든 필요한 만큼 퍼가라는 의미도 있었지만, 그 이면에는 양식을 구하러 온 자들의 자존심을 지켜주기 위한 배려가 숨어 있었다. 이렇게 해서 최부잣집은 자신들의 명예도 소중하게 생각한 만큼 곡식을 퍼가는 이웃들에게도 자존심을 지키게 해준 인성이 하늘에 닿는 진정한 부자의 이상형이라 할 수 있다.

최부잣집의 이 같은 철저한 배려와 나눔은 구한말 굶주린 백성들이 도적떼로 변해 스스로를 의적이라고 부르며 조선8도의 부잣집을 약탈하는 등 부자들이 수난을 겪을 때 오히려 최부잣집은 그들이 호위하며 지켜주었다고 한다.

최부자 가문의 마지막 부자였던 최준의 결단은 또 하나의 인생 사표師表라 할 수 있다.

최준은 자신의 못다 푼 신학문의 열망으로, 영남대학의 전신인 대구대학을 세우고, 백산상회를 세웠다. 그리고 일제 때는 안희제를 통해 독립자금을 지원했다. 그는 어느 날 존경하던 노스님에게서 받은 금언—재물은 분뇨와 같아서 한 곳에 모아 두면 악취가 나 견딜 수 없지만, 골고루 사방에 흩뿌리면 거름이 되는 법이다—을 평생 잊지 않고 실천에 옮겼다. 이 금언은 모두가 가슴에 새기고, 실천해야 할 진리의 말씀이 아니겠는가?

그러면 최부잣집의 자손들이 따르고 지킨 육연(자신을 지키는 지침)을 살펴보자.

최부잣집의 육연六然

첫째, 자처초연自處超然, 스스로 고요하고 초연하게 살아라.

혼자 있을 때 고요하고 초연함이란 어느 한 가지에 집착함이 없고 얽매임에서 벗어나는 것이다. 사람이 혼자 있을 때는 어느 한쪽에 쏠리거나, 어느 한 가지에 매이고 집착하면 중용의 도를 잃어버리고 평정심이 흔들리게 되어 본질이 사실과 다르게 해석되거나 그릇되는 일이 생기거나 나쁜 쪽으로 집착하게 된다.

둘째, 대인애연對人靄然, 남에게는 항상 온화하게 대해라.

인간관계의 기본은 남을 배려하는 따뜻한 마음을 가지는 것이다. 따라서 사람과 사람의 만남에서는 자신의 입장에서 상대를 보고 자신에게 이익이 되거나 유리한 입장에서 판단하기 때문에 상대방을 배려하지 않거나 상대방의 마음을 거스르기 쉬운 것이다. 누구나 싫어하거나 적대하는 마음을 가지고 사람을 대하면 따뜻한 마음이 나올 수

경주 최부잣집 가옥의 곳간(위)과 안채(아래 왼쪽)

없다.

셋째, 무사징연無事澄然, 일이 없을 때는 맑고 투명하게 지내라.

물속에 불순물 혹은 찌꺼기가 있으면 물이 맑을 수가 없듯이 마음 속에 욕심이 있으면 마음이 절대 맑을 수 없다. 그러므로 욕심을 버리고 불순한 생각을 버려야 한다. 따라서 혼자 조용히 사색의 시간을 자주 가지면서 독서로 지식과 지혜를 습득하고 명상을 즐기다 보면 세상을 읽는 그릇이 달라지고 덤으로 인생의 혜안도 열릴 것이다.

넷째, 유사감연有事敢然, 결정할 때는 과감하게 실행하라.

군자에게는 정적인 면만 있는 것은 아니다. 혼자 있을 때는 초연하고, 일이 없을 때는 맑은 물처럼 조용히 스스로의 내면을 바라보다가도 일이 생기면 과감하게 추진한다는 것이다. 이러한 과감한 행동은 앞에서의 조용한 자기성찰 없이는 이루어지지 않으므로 정작 자기성찰이 없는 과감한 행동은 무모할 뿐이다.

다섯째, 득의담연得意淡然, 뜻을 이뤘다면 담담하게 행동하라.

보통 사람의 경우 성공하면 기쁨을 감추지 못하고 흥분하는 경우가 많다. 그러나 일이 잘 되어 성공을 거두었을 때 흥분하지 않고 담담하게 처신해야 한다는 것이다. 너무 기쁜 나머지 흥분하면 실수를 할 수도 있고 남에게 시기와 모함을 받을 수도 있을 뿐 아니라 오히려 일을 그르칠 수도 있다.

여섯째, 실의태연失意泰然, 뜻을 잃어도 태연하게 행동하라.

우리는 어떤 일을 추진하다가 실패했거나 그 결과가 마음에 들지 않는 경우 괴로워하고 좌절하여 허둥대기도 한다. 그러나 허둥대고 낙담한다고 해서 결과는 절대 바뀌지 않는다. 실패했더라도 태연한 모습으로 차분하게 실패의 원인을 찾아 실패를 다시는 되풀이하지 않게 대비하는 자세를 가지는 것이 성공의 지름길이다.

이것이 최부잣집에서 대대로 내려오는 수신제가를 위한 육연이다. 얼핏 보면 일반적인 처세에 관한 가훈과 유사하지만 최부자의 자손들이 결코 유유자적하지만은 않았다는 것을 알 수 있을 것이다. 일이 생기면 과감하게 처리하고, 뜻을 이루었어도 드러내지 않고 담담하게 임하라는 가훈은 부에 대한 처신의 경지를 넘어 세상을 보는 지혜와 인생의 지침이 될 것이다. 더욱이 최부자가 대대로 만석꾼 이상의 부를 더 갖지 않으려 했다는 것은 부에 대한 철학이 얼마나 건강했는가를 말해주고 있다.

우리는 부자를 말할 때 흔히 못된 졸부를 떠올리게 된다. 갑자기 투기나 나쁜 짓으로 돈을 모아 가난한 사람을 멸시하고 품격이라고는 전혀 느껴지지 않는 인간 같지도 않은 사람을 떠올린다. 하지만 진정한 부자는 노블레스 오블리주를 실천하고 주위를 두루 살필 줄 아는 최부자 같은 사람을 일컫는 말이 아닐까 싶다.

절대 흉년에는 재산을 늘이지 말라, 찾아오는 과객은 후하게 대접하라, 만석 이상의 재산은 모으지 말라 등은 아무나 실천할 수 없는 원칙을 담은 최부자의 철학이다. 따라서 대대로 내려오는 최부잣집의 육훈과 육연은 단순한 부의 기술로 작용한 것이 아니라 정신과 마음을 다지는 원칙으로 재물과 권력과 명예와 품격을 지키는 농축된 지혜다. 자기 대의 자신만이 부자가 되는 것이 아니라 가문이 대대로 오 랫동안 부자를 유지하도록 가훈을 만들어 전승하게 했던 진정한 부자의 아름다운 전형이라 할 수 있다.

조선부자의 세상을 읽는 지혜

초판 인쇄 2021년 11월 25일
초판 발행 2021년 12월 2일

편저자   이준구·강호성
펴낸이   김상철
발행처   스타북스
등록번호   제300-2006-00104호
주소   서울시 종로구 종로 19 르메이에르종로타운 B동 920호
전화   02) 735-1312
팩스   02) 735-5501
이메일   starbooks22@naver.com
ISBN   979-11-5795-624-1 03910

ⓒ 2021 Starbooks Inc.
Printed in Seoul, Korea